# 事典 観桜会・観菊会全史

## 戦前の〈園遊会〉

川上寿代

吉川弘文館

# 目次

# 凡　例

一、特に必要のない限り、漢字は現行の字体（常用字体）に改めた。

一、判読の便のために適宜ふりがなを施した。

一、仮名遣い、踊り字（大返し含む）、送り仮名などは同一史料の中で不統一の場合があるが、史料の表記法に準拠した。判読の煩を避けるため一々「ママ」は付していない。

一、新聞などで頻用される強調のための傍点、圏点などについては、特段の理由がない限り煩を避けるため省略した。

一、見せ消ち部分については、論述の上で必要な場合は原文通りとしたが、特に必要のない場合は省略した。

一、著者による補注は引用文中に〔　〕で示した。

一、刊行史料の引用の際、編者・校訂者が付した注については、論述の上で必要なものは残したが、そうでない場合は省略した。

# はじめに

現在、天皇皇后の主催で毎年春と秋に赤坂御苑において園遊会が催されている。昭和二十八年（一九五三）十一月に開催されたのが始まりで、その後三十九年までは年に一度、十月下旬から十一月初旬の間に行われ、四十年からは年に二度（春と秋）の開催となり、現在に至っている。(1)

しかしながら、この園遊会は第二次世界大戦後に新たに始まった行事ではなく、その前身となる皇室の園遊会が戦前にも開催されていた。その起源は明治期に遡り、本書で取り上げる観桜会と観菊会がそれにあたる。明治十三年（一八八〇）十一月に観菊会が、翌十四年四月に観桜会が開始された。

さて、明治維新によって成立した新政府は近代国家建設を目指した。周知の通り、その際に政治的・外交的な最重要課題の一つとなったのが、幕末に締結されたいわゆる不平等条約の改正だった。日米修好通商条約をはじめとする列強諸国との条約には、協定関税、領事裁判権、片務的最恵国待遇など日本側に不利な内容が盛り込まれ、これは国家としての自己完結性・独立性の毀損を意味した。(2)

そのため明治新政府が発足すると、条約改正の交渉準備が始まった。諸条約は明治五年から改正交渉ができることになっており、その予備交渉として、明治四年に右大臣の岩倉具視《いわくらともみ》を特命全権大使とする使節団を米欧に派遣した（いわゆる「岩倉遣外使節団」）。しかしこの予備交渉は、使節が当初、政府からの全権委任状を持参していなかったというミスに加え、米欧側にまだ交渉に応じる姿勢がなかったことから失敗に終わる。

次いで明治九年からは、参議兼外務卿・寺島宗則《てらじまむねのり》による交渉が始まった。寺島は関税自主権の回復を第一に目指し、同十一年にはアメリカとの間に日本の関税自主権を承認する日米新通商条約案を成立させた。しかし、本条約案では条約の実施は他の国がこれと同等の条約を締結することが条件と規定してあり、その後に起きたイギリスやドイツの反対によりアメリカとの新通商条約は実施に至らず、交渉は失敗に終わった。

このような状況の中で明治十二年、次に参議兼外務卿（十八年十二月から外務大臣）に就任したのが井上馨《いのうえかおる》だ。井上は長州藩出身で、新政府の主要メンバーとなり、後に伊藤博文《いとうひろぶみ》らとともに元老・元勲に列せられるほどの政治的実力者で、外務卿・外務大臣時代に八年にわたり条約改正交渉に奔走している。そして観桜会と観菊会は、この間に井上自身の発案によって始まったのである。井上は条約改正を、政府間交渉という正攻法によって解決に導くことのほかに、「側面工作」(3)の必要性を感じ、この園遊会にその役割を求めたのであった。

井上が鹿鳴館《ろくめいかん》を建設し、西洋風の舞踏会・舞楽会（社交ダンスの講習会）やバザーなどを開催することによって日本の指導層に西洋文化が浸透していると列強諸国に印象づけ、それに改正交渉の補助的役割を求めたことは広く語られている（いわゆる「鹿鳴館外交」）。欧米諸国は日本が異質の価値観を持つことを疑い恐れていたため、こうした疑念を表層的にでも解く必要があったのであった。実は本書の主題である観桜会と観菊会は、同様の観点から開始されたのだが、井上とどのようなつながりがあり、いつ、いかなる理由で始まり、どのような内容だったのかということは一般には知られていない。むしろ、そもそも観桜会と観菊会の存在自体がほとんど知られていないのが実際のところだ。その後の展開（特に条約改正後）についてはほとんどが等閑に付せられており、明治の年中行事の一つとして触れられる程度である。

現在この園遊会が鹿鳴館ほど知られていないのは、それが天皇皇后主催であったために批判の対象となりづらかったであろうことや、[4]また開催時期が明治十三年から昭和十二年までと長く、次第に「単なる年中行事」と化していった経緯により（事実、多くの俳句歳時記に季語として載せられている）、近代史研究の表舞台に登場してこなかったからかもしれない。

しかし、条約改正交渉は近代日本の政治的・外交的課題における最重要案件の一つであり、観桜会・観菊会はそれに由来して開始された。さらに鹿鳴館外交が批判に曝され短命で終わったのに対し、目立つ批判も見あたらず、かつ条約改正が終了し本来の役目を終えた後も長きにわたり開催され続けた。こうした経緯・経過を有する以上、観桜会・観菊会を多角度から詳述し全体像を明らかにすることは、日本近代史を知る上で必要なことであろう。条約改正に貢献した後、戦後の変革も乗り越えて存続していることには歴史的意義があるはずだ。これが、本書を執筆する理由である。

この園遊会について知る術としては、宮内省作成の「現行宮中年中行事調査部報告十六　観桜会」と「現行宮中年中行事調査部報告二十八　観菊会」（宮内庁宮内公文書館所蔵）という記録がある。これらは宮内省図書寮編修課年中行事調査部が昭和十三年一月より十五年六月にかけて行った、宮中における現行（当時）の恒例年中行事に関する調査の中でまとめたうちの二冊である。この二冊により、園遊会の沿革、次第（プログラム）、招待客の範囲、服装規程や会場の変遷、園遊会当日雨天の際の処置や園遊会開催後に開かれた後日拝観についてなど、園遊会の概要を知ることができる。また若月紫蘭《わかつきしらん》（万朝報《よろずちょうほう》社の記者で園遊会開催後、新聞社社員として会場の庭園を鑑賞している）が明治四十四年に記した『東京年中行事』（春陽堂）にも同様に、次第、招待者の範囲、服装等が簡潔に記述されており、観菊会については設えられた菊花の種類までも挙げられている。下って昭和四十三年には、槌田満文《つちだみつふみ》が『明治東京歳時記』（青蛙房）の中で年中行事の一つとして簡潔に開催時期や会場などを解説している。比較的新しいものでは、鳥海靖が平成十四年（二〇〇二）に『動き出した近代日本―外国人の開化見聞―』（教育出版）において、開催の背景、会場、服装規程、次第などを紹介している。

観桜会・観菊会の概要は、著者の知る限りこれらによって知ることが可能である。しかし、そこからはあくまで一時点での簡単な情報しか得られず、右に挙げた諸項目に関する詳細な経緯（たとえば、招待客の範囲がどのように、何故に拡大したかなど）は示されていない。また、宮内省作成の二冊はそうした点をかなりの程度詳述しているが、園遊会を運営する事務方の作業や奮闘などは必ずしも伝えきれてはいない。さらに、この二冊は現在では宮内庁宮内公文書館が所蔵し閲覧可能ではあるが、広く一般に知られているものではない。

著者は平成十二年に、雑誌『日本歴史』六三〇号（日本歴史学会編集、吉川弘文館発行）に「観菊会小史」として園遊会開始の背景、招待客の範囲、招待客の感想などを取り上げてそのアウトラインを示した。また、平成十八年には『ヴィジュアル・ワイド　明治時代館』（小学館）で図版入りで紹介した。それらの際、これらの史資料はもちろんであるが、このほかに、現在宮内庁宮内公文書館が所蔵する「観桜会録」と「観菊会録」という史料を主に参照した。これらは年ごとに宮内省が取りまとめた記録で、宮内省内での事務に関わる書類や他機関との往復の書類などが綴じられている。「現行宮中年中行事調査部報告十六　観桜会」「現行宮中年中行事調査部報告二十八　観菊会」、あるいは『明治天皇紀』の観桜会・観菊会に関する条の作成にあたっても利用されているが、それらには提示されていないその他多くの情報が含まれており、大変貴重な記録である。

ただしこの史料にも難点があり、それは集録する各案件の文書（事務書類）が必ずしも毎年漏れなく揃っているわけではなく、年によって情報量と内容に多少の精疎・異同が見られることである。たとえば、例年行われている事務案件の文書が収録されていない（欠落）年があるだけでなく、ある年については欠落なのか、あるいはその年に限ってはそもその案件が行われなかったのか、判別ができない年もある。また、同種の案件でも年によって記述や保存の方法がまちまちなこともある。このことが、各案件の詳細を正確に調べる上で大きなネックとなっている。さらに、記録は観桜会・観菊会それぞれの第一回目の準備段階以降のもののみで、そもそもの園遊会の開始決定に至るまでの記録が一切含まれていない。

しかしそれらを考え併せても、観桜会・観菊会を知る上での第一級の史料であることに変わりはない。そこで本書では、この「観桜会録」「観菊会録」を中心に、その他の関連史料、たとえば、宮内庁宮内公文書館所蔵の「例規録」（天皇や皇族あるいは宮中行事や宮内省に関係する案件を集録した記録で、宮内省の部局ごとに整理されている。本書では主に式部職および総務課のものを参照した）や、宮中関係者の日記や回顧録、外国人の日記や日本見聞記、日本人招待客の日記、あるいは新聞・雑誌記事などを利用して、前掲拙稿で割愛した服装規程や各種寸話・余聞なども取り上げ、この園遊会をより詳しくかつ系統的・総合的に論述することにしたい。

前述の通り、観桜会・観菊会は、条約改正交渉の側面工作としての役割を担ったため、その内容には政府の採った欧化政策の様々な事象を見ることができる。そしてまた、側面工作であるがゆえに、天皇の招宴、叙勲、あるいは位階、叙爵といった栄誉の配分に比して、招待客の人選には機動的・弾力的な運用が可能であったため、より多くの人々に栄誉を分配することを可能としていたこともわかってくるのである。もっとも栄誉の範囲を拡げればそれだけ「均霑《きんてん》」を求める人々も増えるわけで、本文に詳述するように様々な問題が発生することにもなった。鹿鳴館だけではない、明治人の腐心の跡を辿ることになるだろう。

すなわち本書の目的は、知られざる観桜会・観菊会の歴史を解明・再現するとともに、条約改正への貢献、栄誉の配分（特に勲章、位階などの栄誉の体系から漏れた人々や、女子、外国人への補完・均霑）などの実態と歴史的意義を明らかにすることにある。

現在の皇室の園遊会の前身が、どのような形で開催されていたのかを知るのは興味深いことである。会場で繰り広げられる光景、その背後で行われている運営作業、数々の逸話、いずれも歴史に埋もれさせるべきではなかろう。条約改正交渉の側面工作という観点で考えた場合、同様の趣旨で始まった鹿鳴館外交だけが連綿と語り継がれるのは均衡に欠ける。前述の通り、鹿鳴館外交が批判のうちに終焉を迎え、さらに条約改正が達成された後においてもなお観桜会・観菊会は継続した。その理由・意味を考察することは必要な作業であろう。

なお、観桜会・観菊会は正式には「園遊会」とは呼ばれなかった。しかし、開催初期から運営に携わった宮内官僚・長崎省吾《ながさきしょうご》は、大正・昭和期に入ってからの回想の中で度々「園遊会」と表現している。[5] それに倣い本書でも、便宜上、場合により観桜会・観菊会を「園遊会」と称することにする。

また、観桜会・観菊会はもともとヨーロッパ王室のガーデンパーティーを手本としており、宴という色彩が濃い。明治十三年の「観菊会録」には「菊花御宴会」[6]の文字が出てくる。「観菊会」に訂正されるものの、意識としては宴会であったのだろう。ほかにも、明治二十六年観桜会に際して準備されたフランス公使夫人への皇后の御言葉の中で「会宴」[7]という言葉が用いられ、明治天皇に四〇年以上にわたって仕えた侍従長・徳大寺実則《とくだいじさねつね》や宮内大臣を務めた土《ひじ》方久元《かたひさもと》はそれぞれ日記に、「観菊宴」[8]「桜花宴」「菊花宴」[9]、「観菊ノ御宴」[10]と記している。明治天皇の侍従たちによる記録「侍従日録」[11]などにも、「宴」の文字が頻繁に使用されている。昭和に入っても内大臣・牧野《まきの》伸顕《のぶあき》が「観桜御宴」[12]と日記に記述し、宮内省の内部書類でも「御宴」と記している。[13] さらに、新聞紙上などにも「観菊御宴」などと記載されることが度々あった。

そのため、宴としての皇室の行事という意味では、三大節宴会（新年宴会、紀《き》元節《げんせつ》宴会、天長節《てんちょうせつ》宴会。昭和二年には明治節が加わり四大節となる）との比較検討も視野に入ってくる。しかし本書は当面、条約改正交渉を起源の背景とし、かつ現在においても同様の催しが継承されているという点を重視し、観桜会・観菊会の全体像を世に明らかにするものであるため、三（四）大節宴会に関する記述は最小限となることを付言しておく。

# 第一章　開催理由と背景

# 一　条約改正と井上馨

## 皇室と社交

さて、観桜会・観菊会が開催されるに至った理由・背景は、『明治天皇紀[14]』第五や宮中顧問官・長崎省吾《ながさきしょうご》の手記「長崎省吾手記写」と談話「長崎省吾第一回談話速記」などによって知られる（前掲「現行宮中年中行事調査部報告十六観桜会」でもこれらの史料が利用されている）。

長崎省吾は、薩摩藩士の子として嘉永三年（一八五〇）に生まれ、藩校の造士館《ぞうしかん》および江戸の昌平黌《しょうへいこう》で学問を修めた後に、アメリカのミシガン大学を卒業する。その後、在英日本公使館に六年間勤務し、明治十三年（一八八〇）に宮内省に入った人物だ。長崎の証言によると、明治初期にイギリスで勤務していた際、井上馨《いのうえかおる》が元老院議官としてロンドンを訪れた時に話は遡る。曰く、

明治十三年ニ長崎ガ英国公使館ヨリ帰リマシタ、丁度井上外務卿ガ条約改正ニ付テ熱心ニ御勤労ノ際デゴザイマシタ、条約改正ニ付キマシテハ当時帝室ニ於カレマシテモ、何トカ外国公使ニ御仕向ケアラセラレルヤウニト云フガ井上外務卿ノ願デゴザイマシタ、其ノ願ノ起ル所以ハ、明治ノ確カ八年ノ暮カ九年ノ頃ト思ヒマス、私ガ英国ノ公使館ニ勤メテ居リマストキニ、井上卿ガ元老院議官トシテ倫敦《ロンドン》ニ御出デニナリマシタ、当時私ハ皇室并社会全般ニ渡リ研究セヨト云フ其頃ノ公使ノ上野景範《うえのかげのり》カラノ訓示ガゴザイマシテヤツテ居リマシタ、英吉利《イギリス》ノ皇室並ニ独逸《ドイツ》ノ帝室ニ於キマシテハSeason ニナリマスト、英吉利デ申シマスルト謁見式ガDrawing room デゴザイマス、ソレカラCourt ト云フ名ガゴザイマスケレドモ、是モ矢張謁見室デゴザイマス、ソレガ終リマスト宮

中デハ音楽会ガアル、舞踏会ガアル、内外ノ人ニ対シテ種々御仕向ケガゴザイマス、ソレト云フモノハ、欧羅巴《ヨーロッパ》デハ皇室ハ社交ノ中心ト成ツテ居リマス、万事万端皆之ニ由ルト云フヤウナ姿ニナツテ居リマス、譬《たと》ヘテ申シマスト英吉利デ身柄ノアル令嬢ガ社交界ニ起チマスルニ付テハ、先以テ Drawing room ニ於テ両親ニ伴レラレテ、サウシテ　陛下ニ謁見シ、然ル後初メテ社交界デ認メラレルト云フヤウナ順序ガアリマス、其事ヲ井上元老院議官ハ能ク見ラレ、聴カレテ、ドウゾ我皇室ニ於カセラレテモ何トカ御仕向ケガアルヤウニト云フコトデアリマシタ(15)

外遊中の井上は、欧洲では「皇室」「帝室」（長崎の表記通り）が社交の中心となり、内外の人物との謁見が行われ、音楽会や舞踏会が開かれていることを知った。そして、日本の皇室においても同様に社交の中心となってほしいとの希望を抱いたというのである。

そして井上は、この後、明治十二年九月に参議兼外務卿に就任する。条約改正交渉が膠着状態に陥るさなかだった。井上は鹿鳴館《ろくめいかん》外交に象徴されるように極端な欧化政策を採ったことで知られるが、外務卿就任後、条約改正交渉に取り組むにあたり、次のように思索した。

茲《ここ》ニ側面工作トシテ外人ヲシテ欧洲文明ノ我国ニ瀰漫《びまん》セルヲ知ラシムル必要アリ(16)

つまり、欧米の列強諸国に条約改正を受け入れさせるには、日本も彼らと同様の近代的文明を有する国家であると認められることが不可欠と判断したのである。そしてこの認識は参議兼内務卿の伊藤博文《いとうひろぶみ》と一致したため、ここに欧化政策が採られることになったのだ。井上と伊藤は、幕府により日本人の海外渡航が禁止されていた文久三年（一八六三）に極秘にイギリスに渡り、留学生活を送った経験がある。その際に見聞した近代化したイギリスの政治、経済、生活、文化に触発された経験が根底にあったことは想像に難くないだろう。

こうして取り上げられたのが、皇室による社交活動だった。前述の通り、井上は二度目の欧州滞在中に各国の「皇室」「帝室」が社交の中心となって内外の人物の接待にあたっていることを知り、日本においても皇室による接待が「外交上ニヨキ影響」を与えると考えていた。[17] そして、「条約改正ニ付キマシテハ当時帝室ニ於カレマシテモ、何トカ外国公使ニ御仕向ケアラセラレルヤウニ」[18]と望み、「いぎりすノ皇室ニ於テ行ハセラルルガ如キ内外人ニ対スル御仕向ヲ我皇室ニ於テモ賜ハランコト」[19]を天皇に奏請したのである。

## ガーデンパーティーの採用

具体的方法として、ヨーロッパの「皇室」「帝室」で広く行われていたガーデンパーティーを参照し、観桜会・観菊会という園遊会を開催して内外人を招待する運びとなった。[20]

観桜会・観菊会はこのように、「外交上、特ニ条約改正交渉ニ当リテノ必要」[21]から始まった。すなわち皇室による園遊会は、新政府の重要課題である条約改正交渉をスムースに進めるため、欧米列強諸国に対し日本を彼らと同様の文明国として認識させるべく、皇室による「外交官接待ノ途」[22]を開くという政策上の思惑を端緒とする催しだったのである。

なお、ヨーロッパ「皇室」「帝室」のガーデンパーティーであるが、日本が倣ったのはイギリス王室であった。井上や長崎が見聞したことがその理由であろうが、そもそもヨーロッパにあって、ガーデンパーティーはイギリスが「本」[23]だったからだ。イギリスではヴィクトリア女王の時代、一八六〇年代からガーデンパーティーが始まった。イギリスの絵入り新聞『The Illustrated London News』や『The Graphic』には、その模様を描く多数の絵が掲載されている。図1はウィンザー城で行われたガーデンパーティーの様子で、図中左の黒色の傘をさし、全身黒色の衣装をまとった女性がヴィクトリア女王(24)で、招待客と握手をしている。イギリス王室の華やかな社交活動の一端が伝わってくるだろう。

ところで、こうして井上は皇室による社交活動の端緒を開いたが、その際、明治十三年には、外務三等書記生だった長崎省吾を宮内省御用掛兼式部寮《しきぶりょう》御用掛に転任させた。これ以後長崎は、「観桜菊会ノ両園遊会ヲ初メトシ三大節宴会ニ外交官ヲ列セシムルノ端緒ヲ開キ又ハ外交官団体ノ新年祝賀ヲ受ケサセラル、事ニ付専ラ其ノ取調ノ事務ヲ担当(25)」する。井上は、イギリス勤務で欧洲の社交事情に詳しい長崎を宮内省に異動させることで、本格的に皇室による社交活動の導入を推進したのである。井上はさらに同じく外務一等書記生の山内勝明《やまうちかつあき》も同様に宮内省に異動させている。両名とも「永クいぎりす公使館ニ在勤シ、ソノ礼法儀式等ヲ熟知(26)」していることを買われたからだが、井上が皇室の社交活動を利用した「側面工作」にいかに尽力していたかが窺えるだろう。

図1　ヴィクトリア女王のガーデンパーティー

かくして観菊会は明治十三年十一月十八日、赤坂仮皇居御苑(27)で第一回目が、観桜会は翌十四年四月二十六日、吹上《ふきあげ》御苑において開始される（観菊会は昭和四年〈一九二九〉より新宿御苑へ変更。観桜会は明治十六年より浜離宮御苑、大正六年〈一九一七〉より新宿御苑へ変更）。

なお、観菊会が先行したことについては「コハコノ両御会ヲ催ス議ノ出デシ時期ニ依レルモノニシテ、観菊会ヲ先ニ定メラレ、然ル後観桜会ヲ議セラレシヲ意味スルモノニアラズ」[28]という経緯によるもので、両者の間に「軽重ノ差」[29]は存在しない。また、観桜会・観菊会は法規上定められた行事ではなく、戦前に皇室の「御慣習」[30]「御慣例」[31]として開催されていた。

## 二　見える天皇と社交

### 試行錯誤の礼典・儀典

さて、観桜会・観菊会開催にあわせ、三大節（新年、紀元節《きげんせつ》、天長節《てんちょうせつ》）に行われていた宮中での宴会にも外交官の招待が決定した[32]。しかし、ヨーロッパの「皇室」「帝室」のような社交といっても、日本の皇室が同様のことを行うのは容易ではなかった。長崎省吾は次のように述べている。

二、当時宮内省ノ状況タル恰《あたか》モ一帝室ニ各国ノ礼典ヲ混用スルノ観アリタリ英国公使ハ本国ノ習慣ヲ述ヘ独逸《ドイツ》公使ハ自国ノ典例ヲ陳シ澳国ノ如キモ亦然リ依テ一定ノ方針ヲ立テ日本帝室ノ謁見式ヲ示スニアラサレハ毎ニ外交官ヲシテ帝室ノ儀式ニ容セシムルノ弊ヲ醸生スルノ憂ナキニシモアラス独立国ノ体面ニ於テモ如何ト切ニ憂慮シ日本帝室謁見式ヲ創定スルノ必要ヲ感シ内外ノ典例ヲ参酌シ遂ニ謁見式発表ノ運ニ至リタリ

三、明治十三年頃宮内省ニ於ケル外交的ノ思想ハ殆ント絶無ト謂フモ敢テ過言ニテアラサルヘシ依テ新ニ宮内省中ニ外事課ヲ設置シ我帝室ト外国帝室トノ間ニ関スル事項ヲ処理シ一面外事思想ヲ注入シテ大ニ研鑚スルコト、セリ其ノ後時勢ノ進運ニ伴ヒ墺《ママ》国幷仏国帝政ノ主猟官制ヲ斟酌シ従来ノ御猟場掛ヲ刷新シテ主猟局ヲ設置シ聊《いささ》カ帝室交際機関ノ一助ニ供スルコト、為リタルカ終始其事務ヲ担任セリ[33]

すなわち、近代国家建設過程で皇室にも新たな役割が求められるようになったものの、当時の宮内省は未だ外国と

の交際に関する体制が整わず、礼典・儀典も明確には定まっていなかった。そして「皇室」「帝室」を戴くヨーロッパ各国公使たちからのそれぞれの進言の間で右往左往しながら、独立国家としての体面の維持に苦心していたのだ。

さらに長崎は次のように述懐している。

偖《さて》園遊会ヲ催フサル、コトニナリマスルト、明治天皇ノ御動作ニ大ナル御関係ガアルノデアリマス、殊ニ内外人多数召サレテトフコトハ古来日本ニ於テ無イコトデアル、ソレデ初メノ中ハ非常ニ之ヲ重大視セラレマシテ、明治十三年ノ秋デアツタカト思ヒマス、初メテ観菊ノ御宴ヲ催サレマス折ハ、下見聞トシテハ岩倉〔具視〕右大臣其他参議宮内卿〔徳大寺実則〕、皆出ラレマシテ、其設備ノ方法トカ、ソレカラ　陛下ハドウ云フ風ニ遊バスカ、何処デドウ遊バスカト云フコトヲ余程重キヲ措イデ《ママ》研究セラレタノデアリマス、今日デハ皆サン御承知ノ通リ観桜会観菊会ト云フヤウナモノハ年中行事ノ一トシテ格別何デモゴザイマセヌガ、当初ニ於キマシテハ非常ニ重大視セラレマシテ岩倉右大臣ヲ初メ宮内卿等モ非常ニ心配セラレテ居ツタノデアリマス(34)

井上の肝いりで決定した観桜会・観菊会だが、それ以前に皇室がこうした社交活動を行うことはなかった。そのため天皇の諸動作をはじめ、会場設営など、諸事にわたり試行錯誤をしなければならず、右大臣や宮内卿、参議たち自らがその運営に携わったのだ。高官たちにとっても緊張を伴う試みであったことが窺える話だ。なお、観桜会・観菊会の所管は当初は宮内省庶務課だったが、明治十七年（一八八四）十月にそれまであった式部寮が廃止され代わって式部職が設置されると、同月二十日には「新年並天長節御内儀拝賀」とともに式部職に移管されることが決まった(35)。ただし施行は同年天長節からである(36)。

## 天皇の「顕現化」

ここで天皇の「顕現化」について触れておきたい。そもそも、幕末まで二三七年の長期間にわたって歴代天皇は御所の中におり、人々の前に現れることはなかった。その状況が変化するのは幕末の動乱以降の話である。文久三年（一八六三）、孝明《こうめい》天皇が攘夷祈願のため賀茂神社、石清水《いわしみず》八幡宮に行幸し、王政復古後の慶応三年（一八六七）には、明治天皇が建春門《けんしゅんもん》の外に出て四藩の兵（薩摩、長州、安芸、土佐）の調練を見ることになる。この後、慶応四年には大阪行幸、さらに改元後の明治元年九月には東京行幸、十月に京都還幸、そして明治二年三月には再び東京へ行幸した（いわゆる遷都）。そして天皇が東京在となった後には、行幸、巡幸が本格化した。特に明治五年から十八年の間には、計六回の巡幸が行われ（六代巡幸）、巡幸先では親謁や天顔《てんがん》奉拝が行われている。(37)

新政府は近代国家建設にあたり、天皇の存在を目に見える形で広く国民に知らせていくことにしたのである。二〇〇年以上続いた幕藩体制が崩壊し、維新によって新政権が樹立された大きな変革期・混乱期には、政治的、思想的に人心をまとめる強い求心力が求められ、国家を統合する要としての天皇の顕現化を必要としたからだった。なお、巡幸先での親謁と天顔奉拝の規定が定められたのも明治十三年のことである。同年六月に行われた甲州東山道巡幸から、地方勅・奏任官、六級以上の教導職、従六位以上、勲六等以上の者が御座所において親謁が許され、正七位以下、勲七等以下および維新前後の勲労により賞典を受けた者は、次の間などで天顔奉拝を賜ることとなった。(38)

こうして行幸、巡幸、あるいは後のいわゆる御真影の配布などによって国民に対して天皇の存在が示されることになったのである。

## 天皇の外国人接遇

一方、同様のことが外国人に対しても行われることになる。それは、日本が西洋式外交関係を列強諸国との間に樹立するために、天皇を国家元首として対外的にアピールすることが急務だったことによる。すなわち、政権が変わり、国家元首である天皇を戴く新政権が日本の正統な政権であると承認してもらう必要性があったこと、また一方、国家元首による外交団や外国要人の接遇という西洋の流儀を取り入れることによって、日本が欧米列強諸国の価値基準を共有していることを示す、という意味もあったのだ。

こうしたことから、明治元年二月（一八六三年三月）、当時京都に居た天皇は、神戸に滞在していた外国公使（フランス、オランダ、イギリス）と京都御所の紫宸殿《ししんでん》で対面した。その後も天皇と公使たちの対面は行われ、順次、各国公使は各元首から託された特命全権公使の信任状を日本の唯一の元首と認める天皇に奉呈した（これにより、新政権が正統な政権であることが認められたことになる）。これは、天皇も、日本という国家も、西洋の外交関係の枠組みの中に正式にデビューしたことを示した。なお、広く国内で配布された御真影は国民に対する天皇の顕現化に利用されたが、対外的には、外交上の儀礼品として不可欠なものだった。西洋の外交では、国家元首の写真の交換が友好の証であり、また、国家元首の確認という意味があったからだという(39)。

さて、こうして西洋の外交関係の枠組みの中に飛び込むこととなった天皇は、なお一層外国人への応接が求められるようになった。一つには、来日した外国要人との対面が始まった。明治二年には、イギリスのヴィクトリア女王の次男・エジンバラ公アルフレッド王子が外遊の途中来日した。初めての外国王族を迎え、天皇はエジンバラ公を応接した。十二年には、アメリカの前大統領であるユリシーズ・グラント将軍がやはり世界旅行の最終訪問国として来日し、天皇は将軍を国賓として迎えた。さらに十四年には、初の外国元首・ハワイ王国デイヴィット・カラカウア国王、と続く。

また、外国王族や要人だけでなく、在日外交団やいわゆるお雇い外国人（正式呼称は「雇外国人《やとい》」）への応接も行うようになった。明治五年一月二日（一八七二年二月十日）には、宮中で行われた新年祝賀の儀に初めて外国公使が招かれ、翌六年の元日には、雇外国人たちも公使たちとともに皇居で天皇に拝謁している。また同年からは、天皇と皇后が一月十日に非公式に公使とその夫人に会い、新年の祝辞を受けている。さらに皇后は明治七年に初めて新年祝賀の儀に臨み、以後、毎年この儀式に出、十四年には新年祝賀の儀式に公使の夫人も参列することとなる。(40)こうして天皇および皇后は、各国公使夫妻や雇外国人に恒常的に応接するようになった。

さて、このように天皇や皇后、また他の皇族が外国人の応接にあたることになったのであるが、これらは外国要人の来日時という臨時の場合と、宮中での儀式の中で行われるものに限定されていた。そのため、欧洲の「皇室」「帝室」が内外人を招き、舞踏会や音楽会などを開いて社交活動を行っていることを見ていた井上は、日本の皇室にも儀式とは違った位置づけと形式を求めて観桜会・観菊会を設けたのだ。

しかし、ここで求められた社交は外国人（特に外交団）を接待の主対象とした上、さらに日本人も含めた多数の人間が集まる初の催しであった。前例のない「明治天皇の御動作」によほど苦心したのも至極当然だったのである。そのため、観桜会・観菊会での様々な細目（たとえば、後述する立食所の設置場所や食事の献立など）について、宮内省側は度々外務卿を含む外務省側に所見を求めたのだった。

かくして宮内省では天皇皇后および皇室の儀典を定めていくが、その作業はこの後も長く続いた。長崎省吾曰く、

四、帝室ノ儀式ニ就テハ元式部寮《しきぶりよう》時代ヨリ其研鑽ニ心思ヲ傾注シ祭典ノ儀式ト人事ノ儀式トノ別ヲ明ニセンコトヲ期シ明治十八年大改革ノ際意見書ヲ時ノ宮内卿ニ呈シ考慮ヲ仰キタリ翌十九年宮内省官制発布ノ際ニハ式部ト掌典トノ職務章程モ明ニナリ爾後《じご》儀式上ニ於テ大ニ改善シ殊ニ明治二十年独逸国ヨリ儀式上ノ顧問トシテフォ

ン・モール氏ヲ宮内省ニ傭聘セラレ諸般ノ儀式ニ付同氏ト共ニ取調ニ従事シタルコト殆ント二ヶ年余此ノ間或ル事項ニ於テハ之カ根底ヨリ改正シ若シクハ修正シタルモノ少ナカラスシテ今日ノ状況ニ至リタリ(41)

引用文中に見られるオットマール・フォン・モールはドイツ人貴族で、ヨーロッパの宮中の制度や儀式に詳しいことから宮内省に雇外国人として招聘された。すなわち、明治二十年代になってもまだ儀典について試行錯誤が繰り返されていたのだ。

## 社交期間の設定

ところで、観桜会・観菊会は公的社交期間の時期を決定することとなる。明治十八年、宮内卿であった伊藤博文は各皇族、大臣、参議に宛てた書簡の中で次のように述べている。

近年内外国人ノ交際月ヲ逐テ進歩シ会食饗宴等頻繁拡張之勢ニ向ヒ候ニ付テハ従前ノ如ク年中季節ノ如何ヲ問ハス時ト相催テハ実ニ際限ナキ義ニ付欧州諸国ニテ大抵冬春ノ間ヲ以テ交際季節トスルノ慣例ニ倣ヒ毎年観菊ノ御宴ヲ以季節ノ始トシ観桜ノ御宴ヲ以其終リトシ内外人会食夜会舞踏会等ハ此時節内ニ於テ相催候筈ニ内定致置度尤臨時外国ヨリ来賓ノ為メ不得止相開キ候宴会或ハ各家ノ私宴等ハ此交際季節ニ関セサルハ勿論ノ義ニ有之候右ノ如ク相定候ヘハ夥多ノ煩累ヲ省キ便益不少ニ付於（殿下 閣下）モ御同見ト致信用此段内啓候也(42)

つまり伊藤は、当時頻繁に開かれるようになった各種公的宴会が負担となっている現状に鑑み、欧洲流に倣って冬に始まり春に終わる社交期間の設定を望み、その初めと終わりの社交行事として観菊会と観桜会を挙げたのである。熾仁《たるひと》親王（有栖川宮《ありすがわのみや》）は日記にこの書簡の全文を書き写しているが(43)、それは社交期間の決定が大きな意味を持っていたということだろう。同年十一月十八日付『読売新聞』も、「近年内外国人の交際進歩し会食饗宴等頻繁の勢ひなるも季節を問はず時々会宴等相催し候事にては際限なきに至るべき儀につき毎年観菊の御宴を以て始めとし観桜の御宴を以て終りとし冬春の両季節間に於て内外人会宴等の催し相成るべき様宮内卿より夫々へ協議して内定せられし」と記事にしているほどだ。高木博志はこれを、欧洲王室間と互換性を持たせようとしたものと指摘している。(44)

かくして、観桜会・観菊会は社交期間を定める節目の意味合いも持つようになったのである。槌田満文《つちだみつふみ》『明治東京歳時記』は、「官宴、公宴は菊に始まり、桜に終る。毎年、十一月から四月までが宴会の季節(45)」と紹介している。

ただし、社交期間が秋から春と定まっても、宮内省内での記録や招待客らの日記などに見られる記載では、観桜会・観菊会という順序で語られることがほとんどで、実際には年度内による順序、あるいは生活実感による順序の方が意識としては優先されていたようだ。

## 三　桜と菊

なぜ皇室の社交行事として観桜・観菊という方法が採られたのかといえば、理由は次の如くである。

> 宮中ニ於ケル公式ノ御行事トシテハ、いぎりす皇室ニ於ケルガ如キモノヲ行フヲ得ズ、依リテ古来ヨリ公事トシテノ沿革ヲ有シ、且我国ニ於ケル優美ナル行事トシテ外人ニ示スニ足ル観桜・観菊ノコトヲ採ラセラレシ(46)

園遊会開催はそもそもイギリス王室を参照したものであるが、しかし皇室の行事である以上、完全にイギリス式であるわけにいかず、日本の伝統と美を外国人に示すに相応しいものとして観桜・観菊を採用したということだ。

前述の通り『明治東京歳時記』に「官宴、公宴は菊に始まり、桜に終る」と詩的に書かれる如く、桜と菊は日本人がことのほか親しんできた花であり、特に皇室では古来より観桜、観菊が年中行事として行われていたのである。ここでは「現行宮中年中行事調査部報告十六　観桜会」「現行宮中年中行事調査部報告二十八　観菊会」、および同じく宮内省作成の「現行宮中年中行事調査部報告二十二　九月節日」（宮内庁宮内公文書館所蔵）を参照してその歴史に触れておきたい。

## 観桜の宴

まず観桜について見ると、もともと古くから宮中、あるいは公家の邸では桜花を鑑賞しながら宴が開かれていたが、嵯峨《さが》天皇の時代に初の公式の宴となる花宴が催された。嵯峨天皇は、弘仁三年（八一二）二月に神泉苑《しんせんえん》に行幸し、桜を眺め、文人に命じて漢詩を詠ませた。

次に記録に明らかな花宴は、弘仁六年二月に、同じく嵯峨天皇が神泉苑に行幸して開催している。この後、天長八年（八三一）二月には、淳和《じゅんな》天皇の後宮において、曲宴ながら観桜の宴が行われている。ただしその後の宴は宮中では開催されず、天皇が臣下の邸に行幸して行われた。宮中での開催でないことなどにより公式の花宴ではないが、内容からいえば同じ流れにあるとされる。

この後、醍醐《だいご》天皇の時代になると宴は再び宮中で催されるようになった。延喜十七年（九一七）三月、常寧殿《じょうねいでん》で花宴が行われた。この時、黄昏時になると清涼殿《せいりょうでん》に移り、夜更けまで宴は続いたという。

そして同じく醍醐天皇の時代、延長四年（九二六）二月には、宴は始めから清涼殿において開催されるようになり、ここに公の儀式としての花宴の形式が概ね整った。

花宴の大まかな内容は、天皇が清涼殿に出御《しゅつぎょ》し、親王、公卿が参入、文人が献詩を行い、次いで親王、公卿なども同様に漢詩を詠む。その後酒肴が下賜され、漢詩の献上は終了し、次に和歌を詠み、音楽を奏で、親王公卿以下に天皇から緑が下賜されるというものだった。従来と違い、国風化の動きが興り漢詩だけでなく和歌も詠まれるようになった。

こうして定まった花宴は、平安時代における春の風流な行事として当時の上層社会の嗜好に合致したため盛んに行われた。

しかし武士の時代が到来し、天皇をはじめとする公家社会の勢いが衰えるとともに、花宴も行われなくなってくる。嘉暦元年（一三二六）三月には、以前の栄えた時代を蘇らせようとの後醍醐天皇の命で紫宸殿で花宴が催され、元徳三年（一三三一）三月には観桜のために京都の北山に行幸が行われ、次いで無量光院という寺院でかつての本格的な花宴を模した花見の会が開催された。しかしこれは後に続かず、この後は南北朝の戦乱の時代となり、宮中の公の行事としての花宴は完全に途絶えてしまった。

ただし、御所の中で桜を見ながら和歌を詠むなどのことは、内々の催しとして開催された。戦乱の時代が続き宮中では公の宴など行う余裕はなかったが、内々では観桜をしながらの宴は続けられたのである。そしてこの後、江戸時代に入り泰平の時代となっても宮中において花宴が公式の行事として復活することはなく、御所内で内々に宴が開かれるだけで、そのまま明治時代を迎えることになる。

## 観菊の宴

観菊についてみると、これは五節句の一つである九月九日の重陽《ちょうよう》の節句（重陽節）を祝う宮中行事に関係する。重陽節になぜ菊が関係するかといえば、これは古代中国に由来する。古代中国では菊花には邪気を払う力があるとされ、さらに不老長寿を象徴するという思想があったため、重陽の日に菊花を飾ったり、菊酒を飲む習慣があった。その思想・風習が日本にも伝わり、重陽節には天皇の前に菊花が飾られ、菊酒が振る舞われた。

重陽節に菊花の宴が催されたのが明らかなのは弘仁（八一〇～八二四）の頃で、宴は菊花宴といわれ当初は神泉苑で開催されたが、天長（八二四～八三四）の末年以後、紫宸殿に場所を変えて行われるようになった。宴の内容は花宴と似通っていたという。これ以降、宮中では重陽節の儀式として宴を開催することが定着し、文徳《もんとく》天皇（在位八五〇～八五八）の頃には重陽宴と称されるようになった。

この後、重陽宴は一時行われなくなったが、朱雀《すざく》天皇（在位九三〇～九四六）の時代には菊花宴の形式に準じて再び宴が催されるようになった。続く村上天皇の時代の天暦四年（九五〇）には公式の宴となり、名称も残菊宴と称されるようになった。しかし、その宴も冷泉《れいぜい》天皇の時代、安和元年（九六八）には「停廃」となった（ただしそれ以降も、宮中での臣下に対する菊酒の下賜などは行われた）。

他方、平安時代中期以後、宇多《うだ》天皇（八八七～八九七）の頃に「着綿《きせわた》」という風習が起こり、これも重陽節の行事となっていた。これは九月八日の晩に菊花の上に真綿を被せて夜露を含ませ、翌九日にその真綿で身体を拭き遅老延寿を願う、という風習だった。これは盛んに行われ、平安時代以後も継続した。宮中においては重陽節での宴の風習は廃れたが、菊酒や着綿の風習、つまり菊花を使う行事は残ったのだった。

以上のように、観桜と観菊は皇室の行事として長い歴史を有していた。そのため外国人を主対象とする社交行事としては、古くから宮中でなじみのある観桜と観菊が適当として採用されたのだ（後鳥羽《ごとば》院に菊の文様が好まれて以降、皇室の紋として使用されてきたのは広く知られている）。極端な欧化政策で、政治、経済、生活、文化などに欧風が取り込まれていくなかでも、「古来ヨリ公事トシテノ沿革ヲ有シ、且我国ニ於ケル優美ナル行事トシテ外人ニ示スニ足ル」というその必要性は捨て去られてはいなかったのである。また、日本の気候条件からみて、春と秋は最も過ごしやすいため、必然的にこうした時期になったとも言えるだろう。

## 明治初期の観桜・観菊の宴と菊花拝観

ところで宮中における観桜と観菊だが、明治時代初期、すなわち維新期の諸事多忙な時期にはかつてのような宴は開かれなかったようだ。

しかし時局が安定してくると、次第に宴は復活してきた。『明治天皇紀』によると、明治七年（一八七四）四月十七日には天皇が吹上御苑で新政府の大臣や参議などとともに桜を観賞し、宴を開いているが[47]、これ以降、度々天皇は皇后や皇太后、あるいは宮内省の側近奉仕者などと宴を催している。

観菊についても、八年以降観桜と同様だが、なかでも十年になると、官吏や華族などに初めて菊花拝観が許可された。十一月十二日に大臣、参議以下勅任官の夫妻に吹上御苑内と青山御所御苑内の菊花拝観が許され、十五日には有位華族夫妻も許可された（ただし夫人は単独での参苑は許されない）。両日とも天皇と皇太后が臨御《りんぎょ》して拝観者に賜謁《しえつ》した（皇后は「御不例」のため臨御せず[48]）。

十一年十一月十八日には、赤坂仮皇居御苑において、皇族が家族同伴で、大臣、参議以下在京文武勅任官、麝香間《じゃこうのま》祗候《しこう》[49]が妻帯で菊花拝観が許された（拝観者三八人。不参者百余人）。二十三日には有位華族が家族同伴で許可され、拝観者は二二八人だった。両日とも茶菓が下賜されている[50]。

十二年十一月九日には、近衛士官、近衛局奏任官に赤坂仮皇居御苑の菊花拝観を許可（拝観者は三九人）。十一日には皇族および勅任官、海軍諸艦長、宮内省奏任官、十二日には有位華族に拝観させたが、海陸武官を除いては家族の同伴が許された（両日の拝観者は計六九六人）。さらに十七日には各国公使（妻子とも）および各国公使館書記官などに拝観を許可し、三五人が参苑している。また二十日には従二位毛利《もうり》元徳《もとのり》と従三位尚泰《しょうたい》に家族同伴の拝観を許している。

これらの拝観では、各日拝観者に茶菓が下賜された(51)。

このように、明治期に入ると観桜や観菊の宴が内々に行われるようになった。そして特に観菊については、皇族、華族や官吏などに拝観を許可し、天皇や皇太后による賜謁が行われたり、茶菓の下賜などがあった。これらが観桜会・観菊会開催に際して参考となった可能性はあるだろう。

# 第二章　会場と次第（プログラム）

## 一　会場の変遷

### 観菊会―赤坂仮皇居／離宮の御苑から新宿御苑へ

では観桜会・観菊会はどのような内容だったのだろうか。

まず会場から見てみると、観菊会は第一回目が開かれた明治十三年（一八八〇）から長い間、赤坂仮皇居／離宮[52]の御苑（庭園）で行われた。その後、昭和四年（一九二九）からは新宿御苑で開かれることになり、最後の観菊会までここが会場となった。この地はもともと紀州徳川家の江戸中屋敷があったところで、その庭園は尾張徳川家の下屋敷があった戸山山荘、水戸徳川家の上屋敷があった小石川後楽園とともに、江戸有数の庭園の一つだった。そして明治五年三月に徳川氏がこの地を天皇に献上したことにより赤坂離宮となり、六年五月に皇居である東京城（もとの江戸城）が火災で全焼すると、新しい皇居が完成する二十一年十月までここが仮皇居となった。

つまり観菊会は、当初は皇居の庭園で行われていたことになる。「現行宮中年中行事調査部報告二十八　観菊会」によると、仮とはいえなぜ皇居の敷地が大勢が集う園遊会会場として選ばれたのかは不明だという[53]。単純に推測すれば、園遊会を開催できるほどの広さと地の利の良さを備え、かつ菊花の展示に適した場所（赤坂仮皇居／離宮内では菊栽培が行われていた。第六章参照）として適当と考えられたものと思われる。なお、広い敷地内を周遊しての園遊会だったため、「大使公使等老齢ノ向疲労ヲ感スルヤニ聞ケル[54]」こともあったという。

昭和四年になって会場が新宿御苑に移ったことについては、赤坂離宮とは庭続きとなっている青山御所の中に貞明《ていめい》皇后（大正天皇の后で当時は皇太后）の住まいである大宮御所が造営されていたために、当時観桜会会場となっていた新

宿御苑に移ったのではないかと、やはり同報告書内で推測されている。(55)

## 観桜会―吹上御苑、浜離宮から新宿御苑へ

一方、明治十四年の第一回の観桜会は、本来の皇居にある吹上《ふきあげ》御苑で開かれ、十六年から浜離宮に変更される。その理由はやはり判然としないが、翌十七年から同地で新皇居の建設工事が着工されることになっていたため、吹上御苑では不都合となったと「現行宮中年中行事調査部報告十六　観桜会」では推測している。(56)なお両報告書が作成されたのは昭和十三年以降だが、かくも報告書が推論を必要とするように、観桜会・観菊会の運営に関する経緯には不明点が少なくない。

この浜離宮はもともと徳川将軍家の庭園（回遊式築山泉水庭の典型的な作りとして知られる）で、明治元年に東京府に編入され、三年に天皇に献上されて浜離宮となった。敷地の中には慶応二年（一八六六）に造営された石造りの洋館を修復した延遼館《えんりようかん》という外国からの客をもてなす招宴場があり、新政府は明治十六年に同じく外国人接待用の施設として鹿鳴館《ろくめいかん》が完成した後も、ここを併用していた。

そして大正六年（一九一七）に会場は新宿御苑に移る。この理由は明白で、観桜会と、対になる観菊会は、開催当初は招待客の範囲が小さく参加人数も少なかったが、次第に招待範囲が拡大し招待客が増加したため（後述）、浜離宮では手狭になった。そのため広大な敷地を持つ新宿御苑に場所替えが行われたのだ。(57)新宿御苑は信州高遠藩主内藤駿河守の下屋敷があったところで、維新後に政府に上納され、明治五年に「内藤新宿試験場」という農業試験場となっていた。十二年に宮内省所管となり「新宿植物御苑」と改称し、三十九年に「新宿御苑」(58)となった場所だ。なお、会場移動の議論は大正五年から行われていたが、それに伴ってか同年から新宿御苑には八重、一重、普賢象《ふげんぞう》など数千本

の桜も栽植され始めていた。(59)

以上が開催場所の変遷だが、どこであっても皇室が所有する庭園、すなわち御苑であったことに変わりはない。招待客は御苑に参入を許されるという栄誉を与えられたのだった。

赤坂仮皇居／離宮では菊の栽培が行われていた。浜離宮は、今でこそ桜の木は少ないが、以前は相当あったと言われる。新宿御苑は現在でも桜の名所だ。こうした場所で内外人が集う園遊会が繰り広げられたのである。

## 二　次第（プログラム）

### 園遊会の流れ

では、これらの庭園でどのような園遊会が行われたのだろうか。その次第（プログラム）は回を重ねるたびに変更されていくが、基本となる明治十三年（一八八〇）第一回目の観菊会の次第は、天皇や関係部局等へ配布された次の次第書(60)の通りである（「次第」は明治三十一年観桜会まで「手続」と称されていたが、ここではわかりやすく「次第」で統一する）。

一　当日午後一時皇族各国交際官（書記官並書記生ニ至ル迄）大臣参議諸省卿元老院副議長幹事外務省勅任官《ちょくにんかん》陸海軍将官麝香間祗《じゃこうのまし》候《こう》各妻女ヲ携帯参内之事

一　各員高帽フロックコート夫人ハ袿緋袴《うちきひばかま》或ハ紋付又ハ西洋服着用之事

一　各員御車寄ニ至リ下車昇殿之事

　但各員通行ノ節番兵奉銃之事

一　宮内省官員各員ヲ迎ヘ化粧之間ヘ誘導ス

一　外務卿宮内卿皇后宮大夫外務卿妻女之ニ接ス
一　午後十二時五十分迄ニ
一　両陛下各員御接面ノ為大広間ヘ出御《しゆつぎよ》ノ事
一　立御《りつぎよ》
一　各員進テ拝謁《はいえつ》
一　御会釈アリ
　但米魯伊独ノ四公使ハ両陛下握手ノ礼ヲ賜フ
　米魯伊三公使夫人モ同断
一　拝謁畢《おわり》テ各員御苑ヘ出ツ
一　宮内省官員各員ヲ御苑ヘ誘導ス
一　各員御馬場脇御花苑ヨリ青山御花苑（此所ニ於テ奏楽）洗心亭寒香亭ヲ経テ丸山御苑ニ至ル
一　午後二時四十五分　両陛下丸山御苑ヘ出御
一　午後三時丸山御苑ニ於テ立食ヲ賜フ（此時奏楽）
一　両陛下御食饌後御苑内御散歩（此間各国公使ト御会話アリ）
　右畢テ　入御《じゆぎよ》各員退出

招待客は会場到着後、そろって皇居内の賜謁所で天皇皇后に拝謁し、会釈を受ける。外国公使（特命全権公使のみ）とその夫人へは天皇皇后から握手があった。その後、招待客は御苑に出て菊花を観賞し、天皇皇后も御苑に出御して立食が振る舞われた。そして食事の後、天皇皇后は苑内を散策し、その際各国公使と言葉を交わし、お開きとなる。

これが一連の流れだ。

## 西洋式のガーデンパーティー

この次第での注目すべき点は、やはりまず、天皇皇后が多数の外国人と日本人を前にして賜謁《しえつ》することである。顕現化の一つとも言えよう。

次に、招待客が拝謁する際、天皇皇后が立っていた（立御）ことである。もともと引見の場において天皇は立つことはなかったが、新政府が手本としたヨーロッパの「皇室」「帝室」では王族は立って拝謁者からの礼を受けていた。そのため、その流儀と対応するよう、天皇もこうした形式を受け入れていたのである。簡単にその経緯に触れておくと、すでに慶応四年二月三十日（一八六八年三月二十三日）にフランス、オランダの各公使が謁見した時には、天皇は立御している[61]。伝統との葛藤から、この後しばらくすると天皇は再び座って礼を受けるようになり、外国使節から抗議が続くことになる。そのため明治五年になると、再び立って外国使節と対面するように変化したという経緯がある[62]。

また、外交団への賜謁に握手を取り入れた点が注目される。天皇皇后は、外国公使夫妻とは握手まで行っているのだ（ただし、園遊会に限らず他の機会でも握手はすでに取り入れられている）。握手は、前出の長崎省吾《ながさきしょうご》によればイギリスのガーデンパーティーで行われていた[63]。後に臨時帝室編修局総裁（昭和四年〈一九二九〉当時）の金子《かねこ》堅太《けんた》郎《ろう》は西洋の王族がこうした場合に握手をすることはなかったというが[64]、しかしイギリス王室のガーデンパーティーを描いた多数の絵（前掲の『The Illustrated London News』や『The Graphic』の挿絵）には女王が招待客と握手をする場面が多数描かれており（図1参照）、実際にイギリスに駐在経験のある長崎の証言に分があると思われる。

この他の注目すべき点は、招待客には立食形式で食事が振る舞われたことだ。『The Illustrated London News』（一八六八年七月四日付）の記事によれば、イギリス王室のガーデンパーティーでは庭園にテントが設置され、そこに軽食、飲料が用意されていたので、それに準じたのだろう。また天皇皇后は招待客と同卓で食事を共にしたのだった。西洋の流儀に倣ったものと言え、これらについては後述することとする。

## 三　拝謁の形式

### 開催初期の拝謁

こうした次第の基本的な流れはこの後も継承された。ただし、招待客の拝謁の形式には度々変更が施されたので、少々複雑だがその過程を追ってみたい。この変遷を正確に捉えるのは史料の記載の曖昧さにより少々難しいが、以下、「観桜会録」「観菊会録」とその他の史料の記載に従って列挙することとする。

まず明治十三年（一八八〇）の第一回観菊会では、前述のように招待客は赤坂仮皇居建物内の大広間（図2の右上「宮殿」が仮皇居の建物）で、立御する天皇皇后に「各員進テ拝謁」し、天皇皇后から会釈があった。さらに各国特命全権公使とその夫人は天皇皇后から握手を賜った（次第書中のアメリカ、ロシア、イタリア、ドイツの公使がそれにあたり、それ以外の弁理公使や代理公使にはその夫人とも握手はなかった）。その後御苑に出て、立食終了後に天皇皇后が御苑を散策する際、天皇皇后と各国公使たちは談話をした(65)。

翌十四年の第一回観桜会では、招待客は吹上御苑の庭園内にある富士見台下に設けられた立食所（図3のB）前で天皇皇后を待ち、そこで拝謁が行われた。天皇皇后から各員に会釈があり、さらに各国公使（特命全権公使だけでなく、弁理・代理公使も）と夫人に握手を行った(66)。なお、この回以降、観桜会・観菊会ともに、天皇皇后が会場を去る（入御あ

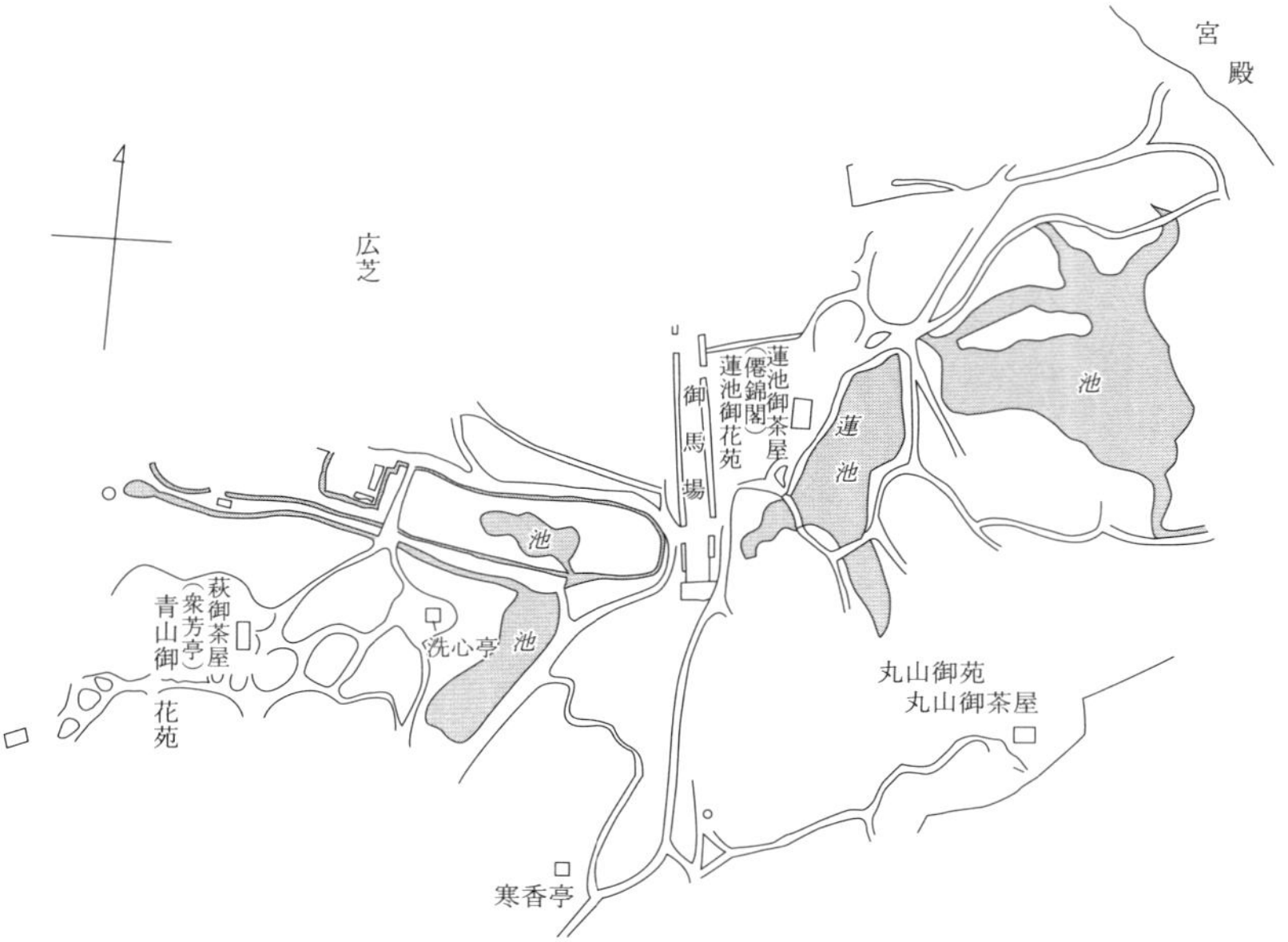


図2　赤坂仮皇居／離宮略図（「観菊会録」所収の明治18年の図面を元に作製）

るいは還御《かんぎょ》）際に各員に会釈があった。[67]

同十四年観菊会では、仮皇居建物内での拝謁はなく、青山御花苑（図2の一番左手）で行われるように変更された。招待客は御花苑で天皇皇后を待ち、そこで各員へ天皇皇后から会釈があり、各国公使と夫人へは握手があった（次第書には単に「各国公使同夫人」と記載されているが、同年観桜会と同じく代理公使以上と思われる。なお、談話についての記載はない）。

翌十五年観桜会は「吹上御苑会場苑庭中央」[68]において各員に会釈があった。[69]また、次第書には握手や談話についての記載はないが、実際には天皇は握手を各国公使夫妻だけでなく、その娘とも行っている。[70]またこの時、皇后については会釈のみでよい旨が外務省から宮内省側へ申し出があり、実際に皇后は会釈のみだったようだ。[71]なおこの後、天皇が富士見台において、各国公使のうち三、四名を一人ずつ「特別」に召して勅語を賜った。[72]

十五年観菊会では、十三年と同様に仮皇居建物内

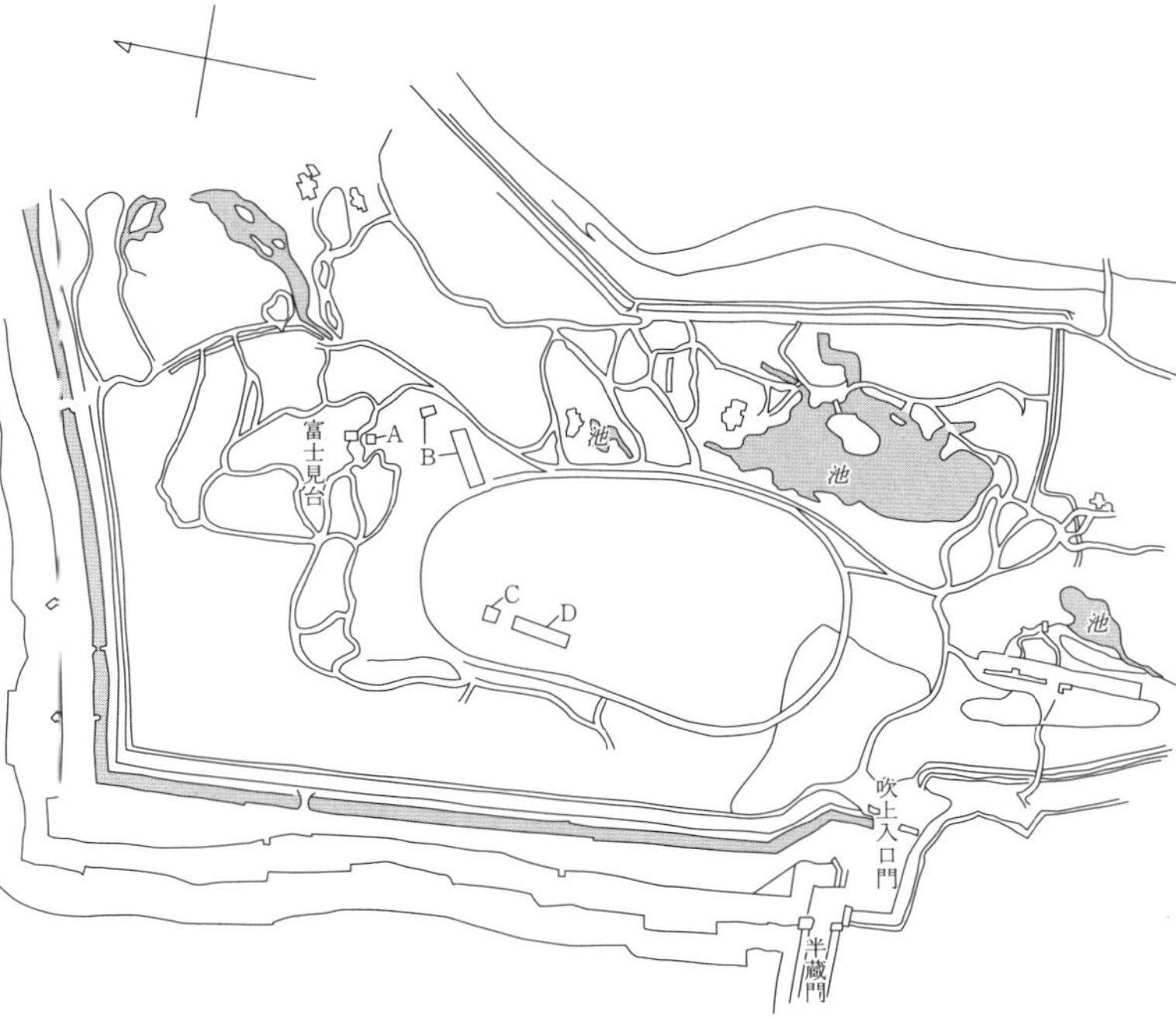


図3　吹上御苑略図（「観桜会録」所収の明治14・15年の図面を元に作製）

（この時は表一ノ間）で拝謁する方法に戻り、各員が進んで拝謁し、会釈を賜った。天皇および皇后の各国公使と夫人への握手も行われた[73]。談話と娘への握手については次第書に記載がない。

十六年観桜会では（これ以降会場が浜離宮に移る）、庭園内に建つ延遼館（二十二年に取り壊し）内の扇ノ間で行われた。各員が進んで拝謁し、会釈。そして天皇皇后は各国公使夫妻と握手、となる[74]。図4は浜離宮の会場図である。この時、娘への握手と談話については不明である。なお、扇ノ間での賜謁終了後、立食所[75]（中島御茶屋）へ向かって通御《つうぎょ》（通行）する道すがら各員に会釈があり、汐見御茶屋前の庭では各国公使と夫人、娘に会釈が行われている[76]。

十六年観菊会では仮皇居内の御会食所で拝謁する方法になり、各員が進んで拝謁し、会釈を賜った。各国公使と夫人への握手も同様に行われたが、娘へも握手があったことが次第書に記載されてい

図４　浜離宮略図（「観桜会録」所収の明治19年の図面を元に作製）

る。また、御苑に出てから天皇皇后は通御のまま公使と夫人、娘へ談話を行った。[77]

十七年観桜会では、招待客は御苑で天皇皇后を待ち、天皇皇后が立食所（中島御茶屋）へ向かう道すがら（鷹御茶屋と松御茶屋の間）[78]に、「敬礼」[79]を行った。また「公使及妻等」へは天皇皇后から談話があったが、[80]この中には少なくとも公使夫妻の「娘」が含まれている。[81]

## 列立拝謁

十七年観菊会からは、招待客が道筋に並び、その前を天皇と皇后が歩いて進む形（列立《れつりつ》拝謁）[82]で、これ以降この列立拝謁の形式が定着した（十七年観桜会でも列立をしていた可能性はあるが、史料上は判然としない）。ただし、この列立拝謁のために特定の一ヵ所に集められる顔ぶれは大臣、参議とその夫人、各国公使とその夫人および娘、書記官などに限定される（彼らが並ぶ場所は後に賜謁所と呼ばれるようになる。図5・6参照）。その他の勅任官や麝香間祇候、公侯爵とその夫人、各国公使館書記生や領事などの招待客はその範囲には入らなかった。彼らは先に立食所のある御花苑に到着し、そこで天皇皇后を奉迎した[83]。これは後で触れるが、公侯爵とその夫人も招待されて人数が増大したためと思われる。

図5　賜謁所の招待客（大使・公使など）と握手をする貞明皇后（大正11年観桜会）

図6　外国大使と握手をする昭和天皇（昭和3年観桜会）
離れて香淳皇后が待機している．賜謁所での列立拝謁の様子が伝わる

なお、十七年観桜会と観菊会では、拝謁の際、天皇皇后から特に「公使及妻等」へは談話があったが、[84]握手については判然としない（ともに次第書に握手の記載はなく、関連する史料も見あたらないので、この間の握手の扱いは不明）。

十八年観桜会では、列立拝謁に勅任官以下も加わり（通路の右側に各国公使夫妻など、左側に勅任官など）、「敬礼」を行った。[85]「公使及夫人等」へは談話とともに握手が行われた。[86]列立拝謁が終了すると、これらの招待客は天皇皇后その他皇族などの一行に扈従《こじゅう》した[87]（昭和五年観桜会からは扈従せず、仮御茶屋〈後述〉へ先着した）。[88]

同年観菊会の際は、当初は御苑で列立拝謁の予定だったが、[89]天皇が風邪で御苑へ出御しないため、建物内の謁見所で「大臣参議各国公使公爵者及夫人」や一部の外国書記官へ拝謁が行われることになった。[90]なお、握手の有無については不明である。その他の招待客は御苑に先着し、立食所のある御花苑前に列立して皇后を奉迎し、その通り掛けに拝謁を行った。[91]

その後、十九年観桜会以降は御苑での拝謁が続く。この拝謁は十七年観菊会の際のように政府高官、各国公使らが列立するもので、その他の招待客はその列には加わらなかったようだ。彼らは仮立食所付近に先着して奉迎したものと推察される。[92]

## 四　談話と握手

### 談話と握手の採用

では明治十九年（一八八六）観桜会以降、外国公使や政府高官などへはどのような賜謁があったのかといえば、この年の観桜会では、次第書に「聖上　皇后宮御苑へ出御（略）御通行ノ際公使及夫人等へ御談話ノ事　但御握手有之

候事」とある。(93)

同年観菊会になると、天皇は各国公使と、皇后は各国公使夫人とそれぞれ談話と握手を行ったことが明らかだ。同年「観菊会録」所収の「記事」(園遊会終了後に気づきの点などをまとめた文書)に、「聖上ハ仏国公使ヲ始メ順次各国公使へ御握手勅語アリ　皇后宮ハ仏国公使ノ夫人ヲ始メ順次公使ノ夫人へ御握手御詞アリ」とある。(94)つまり談話と握手については、男性と女性による区別がなされたということだ。ただし、次第書には「聖上　皇后宮御園へ　出御　通御掛ケ大臣各国公使及其夫人御談話ノ事　聖上ハ各国公使　皇后宮ハ其ノ夫人へ　御握手ノ事」(95)と記されているだけで、談話については男女の振り分けが行われていたかどうかは記載されていない(このように、次第書の見方には注意が必要である)。

一方、政府高官の日本人へも談話があった。ただし、次第書に明記されるのはこの十九年観菊会からだが、実際にはそれ以前から行われていたとも推測される。十七〜十九年観桜会の次第書に、「公使及夫人等へ御談話(傍点筆者)」と記載されているためだ。

さて、次いで二十年観桜会と観菊会については、次第書は十九年観菊会の次第書と同様の記載で、(96)それだけ見れば男女別振り分けは握手のみとなる。しかし実際にはやはり十九年観菊会と同様に談話も男女別だったのかもしれない(男女別の談話はそれ以前から行われていたとも推測可能だろう)。

この後、二十年観菊会の際に、翌年観菊会からは「聖上　皇后宮(各国公使夫妻)へ御握手ノ事」とする旨の訂正を施すことが決められた。(97)握手の男女による区別は行わないことになったのである。そして実際に二十一年観桜会(観菊会からではなく、早まったのか。あるいはそもそも観桜会から、の間違いだったのかは不明)からは、「大臣各国公使及其夫人」との談話とともに「聖上　皇后宮各国公使夫妻弁理公使以上へ御握手ノ事」(98)となり、男女の区別はなくなった(談話の男女振り分けについてはやはり不明。[99] なお、次第書によればこの回から握手は公使であっても弁理公使以上となり、代理公使は含まれないことになった。

同年観菊会、翌二十二年の観桜会と観菊会も同様だ。なお二十二年観桜会からは、香川敬三《かがわけいぞう》皇后宮大夫の「気付」により、宮内大臣へ伺いの上で、賜謁所で「各大臣各公使夫妻等」[100]に賜謁した後、その場に加わらないその他の招待客[101]へ会釈を行うことになった。[102]

ところで、ここで注意しなければならない点がある。二十年観菊会の場合、次第書には単に「各国公使及其夫人へ御談話ノ事」「聖上ハ各国公使　皇后宮ハ其夫人へ御握手ノ事」[103]と記載されるだけであるが、実際には談話や握手があったのは弁理公使以上のみで、[104]代理公使以下には「目礼」だけだった。[105] この代理公使以下への措置が、この時だけだったのか、あるいは他の回でもそうであったのかは史料上判然としない。

さてこの後、二十三年観菊会からは（同年観桜会は京都行幸中のために開催されず）、内閣総理大臣をはじめとする政府高官（枢密院《すうみついん》議長、各大臣、大臣待遇）や各国公使およびその夫人たちへ、通り掛けでは会釈のみを行うことになり、代わって仮立食所において談話が行われることになった。[106] また、弁理公使以上の各国公使夫妻とその娘[107]への握手も仮立食所で行われた。そして、この形式が長く続くことになる（二十四年観桜会では、いったんは再び談話を通り掛けで行うことに決まったが、最終的に仮立食所での実施となった）。[108] なお、明治三十四年観桜会からは、代理公使夫妻へも握手が行われるようになった。[109]

ところで外交団・領事関係者の拝謁については、二十四年観桜会までは公使館員および総領事以下（副領事は除く）にして初めて参苑の者には特に賜謁があったが、この年の観菊会からは公使館員のみに限り、総領事以下はすべて範囲外になった。[110] しかし他方、「軍艦乗組将官及艦長又ハ貴紳等」（「貴紳」については後述）へは仮立食所において談話や握手があり（ただし次第書には記載なし）、彼らにはこうした拝謁が許されることが多々あった[111]。ただ、彼らの拝謁は式部長の取り計らいによるものであったが、三十八年観菊会からは公使から願い出がない限りは賜謁は行われないことになった[112]。

また二十九年観菊会からは、賜謁所での会釈と仮立食所での談話を賜る日本人の中に大勲位（この時は伊藤博文《いとうひろぶみ》を示す）が加わった。さらに同じく仮立食所で談話を賜る者の中には、日露戦争が始まった三十七年観菊会から陸海軍大将、参謀総長、海軍軍令部長とその夫人、三十九年観桜会で元帥、四十一年観桜会では統監《とうかん》（この時は伊藤博文）、日本の特命全権大使も加わるようになる。

なお、賜謁所での列立拝謁で会釈を賜る者のうち、親任官《しんにんかん》の中でも内閣総理大臣や各大臣などは当初からその範囲内に入れられていたが、しばらくは陸海軍大将や枢密顧問官などは除外されていた。すべての親任官（親任官待遇は除く）が対象となるのは、四十二年観菊会からである[113]。大正三年（一九一四）観桜会からは、貴衆両院議長も加わっている。

この後、大正四年観桜会からは、通り掛けでの大勲位以下各国大使公使夫妻らへの会釈とその他の招待客への会釈、および立食所[114]での各国大使公使夫妻らへの握手と談話は変わらないが、立食所での大勲位以下の日本人へは「賜謁」のみとなった。これは従来の談話がなくなったことを意味する（前述の通り日本人に対する談話は、「観桜会録」「観菊会録」の次第書の記載を見る限りでは十九年観菊会から行われることになったようだが、史料上の問題から断定は難しい）。

そして大正五年観菊会からは、大使公使およびその夫人への握手が立食所ではなく以前のように通り掛けで行われるようになった[115]（大正十年観菊会からは、その他の外国人でも特に拝謁が許された者にも同様に通り掛けで握手を行っている。これは大使公使同夫人のように五年観菊会からかもしれないが、詳細は不明である[116]）。

またこの回からは、大使公使同夫人たちへの立食所での談話も行われなくなった。(117) 談話は日本人、外国人ともになくなったのだ。大正天皇はこの後八年観菊会を最後に病状悪化のため臨御しなくなる。こうしたことにより皇后、および八年観菊会より参苑するようになった摂政の談話も行われなかったのかとも思われるが判然としない。

ただし、昭和に入ると事情は変わってくる。戦前に開催された最後の園遊会である昭和十二年（一九三七）観桜会まで、各回の次第書にはそれまでと同様に談話についての記載はないが、実際には、五年の観菊会では通御の際に天皇は外国大使と談話を行っている（同年「観菊会録」所収の「記事」(118) によって確認される）。また、六年の観菊会でも、天皇が大使公使と談話しているのが「記事」(119) により明らかだ。さらに皇后が立后後初めて臨御することになったために拝謁希望者が多数に上り、皇后が談話を行えば相当長い時間がかかると予想されるため、皇后は一切談話を行わないことが決定されている。(120) こうしたことに鑑みれば、談話は行われていたと考えるのが一般的だろう。また、仮御茶屋（後述するが、立食所は後に仮御茶屋と呼ばれるようになる）において天皇と外国大使あるいは大使夫人が同卓に着くことがしばしば行われるようになる。同卓にあって会話が一切ないとは考えられず、少なくとも昭和天皇の時代には談話は行われていたのだ（こうしたことを考えれば、大正天皇の時代にも、記載がないだけで実際には談話は続けられていたのかと推察される）。

なお昭和五年観菊会では、天皇がベルギー大使に賜謁する際に通訳が離れていたため、その到着を待つ一分間、天皇と大使は対話がなく、「著シク間ノ抜ケタル感」(121) になってしまったという。

## 次第書と「談話」

なお、談話に関連することとして、次のようなこともあった。明治三十二年の観桜会終了後、次第書に関して、天皇の手許に奉呈するものを除いて関係部局へ配布するものについては、以後「御談話」の文字を削除するよう意見が宮内省内で出された(122)。それは「新聞へ漏洩スルノ虞《おそれ》アル(123)」ためだというが、天皇皇后が招待客へ談話や握手を行うことは公に知られたくはなかったようだ。

実際に、同年観菊会での配布用と見られる次第書（印刷物）からは「御談話」と「御握手」の文字が削除されている(124)。しかし、その後は回によっては記載されていることもあり、特に明治三十年代後半からはほとんど記載されている（三十六年観菊会、三十八～四十年観桜会・観菊会、四十一年観桜会、四十二～四十四年観桜会・観菊会、四十五年観桜会）。つまり、記載の仕方は必ずしも一定していなかったのだ。こうしたことに鑑みると、大正五年観菊会から談話が取り止めとなり、次第書にも「御談話」の文字は見えないが、やはり皇后や摂政と大使らとの談話は行われていたのかとも推察される。ただし史料上は確認できない。

## 握手の取り扱い

握手について付言しておくと、まず公使の娘に関しては、前述の通り十五年観桜会では次第書に記載はないが実際には握手が行われていたように、二十六年観菊会でも同様に次第書には記載はないが、実際には皇后から娘へ握手があったようだ(125)（天皇については不明）。さらに『昭和天皇実録』によると、大正十五年観菊会でも摂政が娘と握手を行っている(126)。おそらく、娘への握手も恒常的に行われていたのだろうと思われるが、やはり明確ではない。

また、齋藤桃太郎（宮内省で内事課長など様々なポストを歴任）の日記やそれを参照して記述された『明治天皇紀』第九によれば、時期ははっきりしないが「誤」って代理公使夫人へ天皇の握手が行われると（握手は弁理公使以上だった）、それ以降は夫人への握手は行われなくなった。しかしそれもまた変更され、三十二年観桜会からは特命全権公使以上の夫人へは復活したという(127)（明治三十二年「観桜会録」所収の次第書では「弁理公使以上」となっている）。ただし、「観桜会録」「観菊会録」所収の二十一年観菊会から三十一年観菊会の各回の次第書によれば、弁理公使以上の夫人への握手は継続されており、このあたりの経過は判然としない。

なお、下って昭和九年「例規録」（式部職）第十二号には次の記載がある。

従来観菊観桜会場ニ於テ謁ヲ賜ハル向ハ聖上ニ拝謁スルモノ皇后宮ニ拝謁スルモノ及両陛下ニ拝謁スルヲ方針トセリ即チ仮ニ聖上ノミニ拝謁ノ向ニ対シテハ皇后宮ハ御会釈ノミニシテ御握手ヲ賜ハラサリシ次第ナリ然レトモ右ハ往々ニシテ混淆《こんこう》シ易ク且又同一ニアルモノノ中或モノノミニ御握手アリテ他ハナキコトトナリ実状トシテハ面白カラサル点ナシトセス於茲外務省ト協議ノ上両陛下ニ伺ヒ向後拝謁ノ為前列ニアル向ニ対シテハ全部御握手ヲ賜ハルコトトセリ

どの時点からかは不明だが、誰に賜謁するかにより握手の有無が決まっていたのだ。しかし、それは往々にして不体裁な事態を招いたため、拝謁のために最前列にある者には全員握手をすることに定まったというのである。このように、握手の取り扱いについては長きにわたって試行錯誤していることが窺える。

また皇后の握手について、前出の齋藤桃太郎の日記によれば、明治二十九年観桜会の際に三宮義胤《さんのみやよしたね》式部長には何らかの「意見」があったが、結局は「例ノ通リ」弁理公使以上、来遊紳士（後述）については少将以上の者に握手を行うことが取り決められた。また、「大臣夫人ニハ陸奥《むつ》（宗光《むねみつ》外務大臣）伯之夫人（亮子）」のみとされた[128]。皇后による握手はその対象者の基準に難儀したようだ。

ところで、日本人招待客に対する握手についてはほとんど不明である。次第書やその他の「観桜会録」「観菊会録」所収の書類には一切それを示す記載はない。ただし、明治二十九年観桜会で皇后（天皇は出御せず）は陸奥外務大臣の夫人に握手を行っているので、あるいは日本人への握手もあったのかもしれない。

以上の如く、拝謁方法には度重なる変更が見られるが、史料上の制約から、談話や握手が毎回あったのか、男女別の対応は十九年観菊会から始まったのか、あるいはそれ以前からだったのか、公使夫人への握手が行われなかった時期は実際にあったのか、娘への握手は毎回あったのか、といったことは正確にはわからず、実像を知ることは難しい。前述の通り「観桜会録」「観菊会録」は、各案件の文書の所収具合やそれぞれの記載様式が一定でないことが多いため、このように経緯不明な点があることは免れない。それは照らし合わせる他の史料についても往々にして同じことが言える。しかしながら、大まかな形式は摑むことができ、また試行錯誤があったことは十分に伝わってくるだろう。

## 当初はイギリス王室の方式で

なお、長崎省吾は昭和二年になって次のように述べている。(129)

園遊会ト云フヤウナモノハ欧羅巴《ヨーロッパ》ニ於テハ英吉利《イギリス》ガ本デゴザイマス、ソレデ英吉利ハ「チシル、パーク」ト云フ大キナ所デ催フスコトモアリマス、又皇太子宮殿Marble House〔Marlborough Houseの間違い〕ト云フ所デ、御催ガゴザイマス、ソコハ御庭ハ格別広クハゴザイマセヌガ、皇太子ガ御庭ヲ御歩キ遊バストキニ、幸ニ外国ノ大使ナリ公使ナリガ御歩キノ場所ニ廻リ合ツタ者ニハ、之ニ握手ヲ賜ハルノデアリマスケレドモ、遂ニ行違ツタ人ニハ何等御挨拶ナシニ其儘入御ニナルノガ一般ノ例デアリマス、日本デモ初メハ只今ノヤウニ各国公使其他親任官ニ拝謁ハゴザイマシタケレドモ列ヲタテルト云フコトハゴザイマセヌ、陛下ガ臨御ニナリマスト公使ガ自然ト陛下ニ視線ヲ注イデ居リマスカラ誰某ト申上ゲマスト握手ヲ賜ハリマス、サウシテ其辺ニ居合セナイ公使ガアレバソレ切リデ、御園御逍遥ノ後、陛下ハ御休憩所ニ御入リニナツテ御茶ヲ召上ガル、初メハ斯ウ云フヤウニ純粋ノ英吉利風ノ御宴デゴザイマシタ、段々御晩年ニナラセラレマシテ人数モ殖エ旁々スルモノデスカラ、只今ノヤウニ御庭先デ謁見ヲ仰付ケラレルヤウニナツタノデアリマス、初メハ純粋ノ英吉利風ノGarden Partyデアリマシタガ、併シ日本デハ後ニハ　陛下ガ御見エニナリマスト外国ノ公使ハ視線ヲ其方ニ向ケテ　陛下ノ御出デヲ待ツテ握手ヲ賜ハルヤウニナリマシタ

この言によれば、イギリス王室の場合、皇太子が庭園を散策する際に招待客は整列せず、皇太子はその場に居合わせた者のみと握手をしている。行き違った者は何の挨拶もなかったというのだ。前掲図1に見られるように、女王も庭園内に散在する招待客の中を進み、握手をしている。ただし『The Illustrated London News』の挿絵や記事によれば、女王は招待客を謁見所「drawing room」で出迎えている。[130]

日本の皇室も当初はその形式に倣ったが、前述のように明治十七年観菊会からは外交団や日本政府高官などは特定の賜謁所で列立して拝謁するようになった。

## 拝謁場所の変遷

ところで、ここで拝謁場所に限って変遷を追うと（十六年観菊会までは前述の通り）、まず観桜会については、十七年（浜離宮で開催）は、天皇皇后は北堀重門から鷹御茶屋前、松御茶屋脇を経て汐見御茶屋を通り中島御茶屋（図4参照ここで食事。十九年からは富士見台下に設置した仮立食所に変更）に到着するが、この通り掛けに拝謁となった（この経路のどこで行われたかは不明）。この後、十八年以降、会場が新宿御苑に移るまでの間、基本的に松御茶屋の手前で拝謁が行われた。例外は二十二年で、当初は同所の予定だったが、天皇が延遼館に到着後、拝謁場所を汐見御茶屋前に変更するよう御沙汰を出し、急遽こちらに変更されたことがある。[131] しかしその後は、この松御茶屋手前で行われたようだ（十

九年については史料上、場所の特定は困難）。
一方、観菊会については、十七年（赤坂仮皇居）では、次第書には青山御花園（苑）とあるが、実際には赤坂仮皇居中央付近にある蓮池側にある蓮池御花苑だった。[132]
十八年は御馬場脇御苑で行われる予定だったが、天皇が風邪のため仮皇居内の謁見所で実施された。そして十九年からは青山御花苑の萩御茶屋（後の衆芳亭）脇付近[133]で行われ、会場が新宿御苑に移るまでここで拝謁が行われたようである（図2参照）。

## 優雅な光景

さて、次第の基本的な内容（庭園鑑賞、拝謁、食事）は変わらないので、ここにそれをよく表し、園遊会の雰囲気が伝わってくるベルギー公使夫人のエリアノーラ・メアリー・ダヌタン（イギリス人）による叙述を引用しておこう。ダヌタン公使夫妻は明治二十六年十月に来日したてで、左は早速参苑した同年観菊会での様子である。

十一月十日

今日は皇室の御苑で観菊会が開かれる重要な日である。私たちは二時に赤坂離宮に到着して御苑の中を散歩したが、それはこの世で最も美しい庭だと私には思えた。遊歩道はとても長く、両側に緑の植わった小道で、小さな丘や丸木の踏み段を上ったり下りたりしながら続いていた。この道は、この上なく美しく興味深い景色が次から次へと現れるので、最後に御殿へたどり着いたときには、全く残念に思えたほどである。御殿の周りに様々な色をした菊の鉢を飾ったテントが設えてあり、私たち一同はそこで両陛下の御一行の到着を待っていた。外交団は先任順に決められた場所につき、その向かい側に日本の政府高官が並んでいた。しばらくすると楽隊の演奏する荘重な国歌と共に、天皇皇后両陛下が御入場になり、それに続いて皇族方と随員が列を作って、ゆっくり私たちの前を通り過ぎた。私たちは御一行がお通りになるときは、膝をかがめて礼をし、そのあと行列に加わった。それは素敵な散歩だった。華やかに装った人々の列が、鮮やかな色どりの紅葉が枝を拡げた木蔭を通り、絵のように美しい橋を渡って、ゆっくりと歩を進めていく有様は、本当に素晴らしい見ものであった。大テントを張った場所に着くと、両陛下はそれぞれお立台にお立ちになり、私たちは先任順に拝謁した[134]。私はこの機会にエラ〔夫人と一緒に来日した友人のエラ・タック嬢〕を皇后陛下にご紹介する許しを得ていた。私たちは最初皆で天皇陛下に拝謁したが、陛下からアルベール〔ベルギー公使〕に丁重なご挨拶を賜った。続いて皇后陛下に拝謁したが、皇后陛下は私に優しく話しかけて下さり、二度握手を賜った。エラに対しては、ご会釈されたのみであった。次いで妃殿下の皆様方にそれぞれお辞儀をして、エラも私に倣った。それから私たちは自分の席に戻った。各国公使館の代表とその夫人の拝謁が済むと、一同は午餐の席についた。両陛下と皇族方は別のテーブルにおつきになり、その他の出席者はそれぞれ小さな円卓に席を占めた。私の席はフランス公使シェンキエヴィチの夫人と総理大臣伊藤伯爵の夫人〔梅子〕と一緒の第一テーブルであった。その他の客は序列に応じてそれぞれの席に着いた。出された食事はすこぶる上等で贅沢なものであった。食事が終ると再び行列が組まれ、皇室御一家は私たちに別れのご挨拶をなさって、お発ちになった。私たちはすぐその後に続き、名声高い陸軍大将大山《おおやま》（巌《いわお》）が私に腕を貸してくれた。散歩は約二十分続いた。大山大将はほんの少ししかフランス語を話せなかったけれど、色鮮やかな紅葉がちょうど見頃のこの美しい庭園を鑑賞する時間がたっぷりあった。菊の花はとても立派で、一つの茎だけで七百もの花を付けている鉢がある。こういう菊は伝統的な厳格な方法で仕立てられているので、その結果としてやや人工的な感じはあるが、どの花もとても引き立って見える[135]。（引用文中〔　〕内は訳者による注釈。以下同じ）

天皇皇后への拝謁、菊花と庭園の鑑賞、会食、という園遊会の優雅な光景が想像できるだろう。この叙述から伝わるのは、天皇は公使と談話を行い、夫人へはなかったこと、そして皇后は夫人に談話と握手を行っていることだ（ダヌタン夫人の叙述にはないが、皇后は公使とも談話と握手をしている）(136)。この時の談話の内容については後で触れることにする。

## 天皇の葛藤

ところで、天皇はこのように賜謁を行ったが、天皇の動作に関して次のような話もある。明治二十年の観菊会で、侍従長の徳大寺実則《とくだいじさねつね》と宮内大臣の土方久元《ひじかたひさもと》は天皇が御苑を歩く際に西洋式に皇后と並んで歩くように進言したが、聞き入れることはなかった。その様子は前出宮内省雇外国人・モールの次の記述の如くである。

様々な場所に配置された軍楽隊は青空の下で演奏し、美しく着飾った招待客たちは皇室のお出ましを待っていた。まず皇后が大勢のお供を連れて姿を現わされ、御苑の台地に導かれる階段の下で天皇をお待ちになった。どうやら厄介な障害が出てきたようであった。聞くところによると、宮中内部で礼儀作法をめぐって難題がもち上がったらしい。徳大寺侍従長と土方宮内相が二度もお願いしたのにもかかわらず、天皇は洋式に皇后と並んで御苑内を歩こうとはなさらなかった。ついに天皇は参列者一同が一時間もお待ちしていた階段の下まで、小柄な大元帥の軍服で馬をとばして来られた。天皇がまず階段を上られ、皇后はその後に従われた(137)。

ヨーロッパ「皇室」「帝室」の流儀を種々取り入れて園遊会に臨んだものの、天皇にはそれを完全に受け入れるには葛藤があったようだ。なお、こうしたことは御苑内に限ったことではなく、会場との行き帰りの際にも天皇と皇后は同道しなかった。同じく明治二十年の観菊会では、天皇は会場へ騎乗して臨御し、皇后は事前に徒歩で向かい、天皇を待ち受けた。還御の際も、同じく騎乗と徒歩だった(138)。この後、天皇、皇后はそれぞれ馬車に乗車して会場に向かうようになるが、同乗での会場行きは大正に入って最初の観菊会（大正二年）以降のことである。(139)ただし、明治天皇の時代にあっても、その他の機会には馬車への同乗は行われている。明治二十年の京都行幸啓や二十二年の憲法発布式典の際などである。(140)

しかし明治天皇にとって、皇后が儀礼的に対になる立場だという意識は薄かったようだ。ドイツ人で、東京医学校で教鞭を執った後に宮内省に出仕した雇外国人であるエルヴィン・フォン・ベルツによれば、明治二十四年、宮殿での天皇の玉座《ぎょくざ》と皇后の御座《ぎょざ》が同じ高さに設置されていたところ、天皇はそれを納得しなかったという。そしてある時、玉座の下に絹の布を敷かせて高低差が付けられていることに井上馨《いのうえかおる》が気づき、その布を撤去した際には一悶着あったということである。(141)

ちなみに、明治十二年七月にアメリカ前大統領のユリシーズ・グラント将軍を国賓として迎えた時に天皇は歓迎の招宴を開いたが、当初は太政大臣の三条実美《さんじょうさねとみ》や参議の大隈重信《おおくましげのぶ》らが度々必要性を訴えても天皇はそれを聞き入れなかった。天皇は、宮内卿の徳大寺実則が縷々奏聞した末に承諾したが、「閣臣等始めて其の心を安ん」(142)じたという。また同年十月にドイツ国王の孫、ハインリッヒ親王が来日した際にも招宴を行ってるが、やはり当初は同様に難色を示したのだった。(143)何から何まで西洋の流儀を受け入れることは難しかったようだ。

## 五　一般招待客の拝謁と雨天時の処置

### 一般招待客の拝謁

最後に、一般招待客の拝謁について述べておきたい。政府高官や各国公使ら以外の一般招待客も、後になると天皇が仮御茶屋（後述）へ通御する際に列立拝謁を行うようになった。その開始時期を観桜会に関しては「現行宮中年中行事調査部報告十六　観桜会」（一二一〜一二二頁）は、大正十一年（一九二二）を始めとしているが、しかし「観桜会録」によれば、同六年からすでにこの方式は採られている。[144]観菊会については判然としないが、少なくとも大正八年からは同様に一般招待客の列立拝謁が行われている。[145]

列立拝謁が実施される以前の一般招待客の拝謁方法については、前述の通り、十七年観菊会の際は立食所のある御苑に先着して天皇皇后を奉迎し、立食終了後に会釈があったのみで、十八年観桜会では列立拝謁に加わったが、同年観菊会では立食所のある御花苑前で奉迎する形となった。二十二年観桜会からは、仮立食所到着前に会釈を賜った（入御の際も会釈あり）。ただし列立をしたのかどうかは不明であり、一般招待客の拝謁方法は判然としない点が多い。

## 雨天の場合

雨天時の措置について触れておくと、明治十三年（一八八〇）観菊会では、雨天の際は中止となった。[146]十四年観桜会は判然としない。同年の「観桜会録」の記載からは中止と延引のいずれであったか明瞭でない。[147]十四年観菊会では延引とすることになった。[148]明治十五年観桜会と観菊会は判然としない。[149]翌十六年観桜会では中止とされるが、[150]観菊会では当日雨天ならば翌日、それも雨天ならば翌々日、それでも雨天ならば中止と改められた。[151]十七年観桜会から十八年観菊会までは、当日雨天ならば翌日、それも雨天ならば中止。[152]十八年観菊会は、実際に雨で翌日に順延された。[153]十九年の観桜会からは順延はなく中止となった。[154]

しかし二十六年からは、観桜会が雨天等で開催がなかった場合に限り、その年の観菊会当日が雨天等の際は翌日に順延されることが決まった（観桜会が開催されている場合は、その年の観菊会当日が雨天等であっても順延はないということ）。[155]つまり、その年の観桜会、観菊会が両方ともに開催されないという事態は避けられたということだが、これも明治四十一年観菊会からは変更され、観桜会開催の有無にかかわらず、観菊会も一日限り（順延なし）と定まっている。(156) ただし、その際は午後一時から三時まで、随意庭園の参観が許可され、酒饌が下賜された。(157) 前述の通り観桜会は社交シーズンの終わりの行事であるが、やはり年度や生活実感が優先されたようで、こちらが両園遊会の基点になっていることがわかる。

# 第三章　招待客の範囲

## 一　招待客の選出①——外国人の場合

### 招待客の顔ぶれ

開催理由の性質上、招待客の範囲は当初から広く設定された。明治十三年（一八八〇）第一回観菊会の招待客は、次の通りである。

皇族
各国交際官（書記官並書記生ニ至ル迄）
大臣
参議
諸省卿
元老院副議長幹事
外務省勅任官《ちょくにんかん》
陸海軍将官
麝香間祗《じゃこうのまし》候《こう》
各妻女ヲ携帯参内之事[158]

## 外国人招待客の選出

このうち、まず外国人招待客について見ると、「各国交際官（書記官並書記生ニ至ル迄）」とあるが、具体的には公使以下、書記官、書記生、訳官（通訳）、さらには訳官の見習いとその夫人・娘まで招待された。宮中の儀式や行事では、公式のものには公使レベルのみが呼ばれるが、観桜会や観菊会は「欧風ヲ基トシテ定メラレタル軽キ公事」[159]であるため、このように広く招待されたのだ。

またこのほかに、招待申請を行った主体（外国公使か外務卿か）は不明だが、横浜港に停泊中のアメリカとイギリスの軍艦艦長や肩書きのないアメリカ人女性二名が招待されている。翌十四年の観桜会では、来日したアメリカ人将校と夫人の招待を同国公使が外務省に依頼し、同省から宮内省に照会があり、その結果招待された[160]。また外務省からの「照会」で（当該国公使による依頼があったかどうかは不明）、「独逸《ドイツ》国軍艦司令長官」、単に「英国人」の肩書きの夫婦、「在羅国英国理事官」といった人物たちも招待された[161]。同年観菊会では、「外務卿見込」で横浜港停泊中の軍艦に乗り込み中の各国海軍将校や士官、来日中のロシアの「監獄本部長」やその随員、さらには何の肩書きもない一介の「英国紳士」までが招待されている[162]。なお、同じく「外務卿見込」で「独逸国貴族」や「英国裁判官」が呼ばれているが、この二人に限っては名簿に「但公使紹介」という但し書きが付いている[163]。そのため、「外務卿見込」で招待されたほかの者は、当該国公使から外務省へ依頼はなく、文字通り外務卿（あるいは外務省内で）が判断したものと思われるが、その点は判然としない。

しかしともかく、外交団側からの要請による招待は常態化した（各国公使から宮内省へ直接招待を要請することもあった[164]）。つまり、外国人に関しては、後述する日本人の場合に比べて招待の許容度合が非常に緩かったのである。

## 「貴客」としての取り扱い

さて、これらの外国人のうち肩書きのない単なる「紳士」「貴紳」といったような人物は、明治十七年（一八八四）観桜会からは「貴客」として扱われた。[165] しかしこの「貴客」だが、その定義は明確には定まっていなかった。たとえば十九年の観桜会では、アメリカの副総領事から、ちょうど来日中の母親の招待申請があり、これが認められている。[166] さらに同年十月には神奈川県知事から宮内省に宛ててアメリカ総領事の来日中の母親の招待申請が行われ、春の副総領事の例を挙げて許可を求めている。[167] その結果招待が許可されたが、日本に滞在中、だから呼んで欲しい、そして許可、というこのパターンは当然望ましいことではなかった。

同年十一月四日、宮内省は「自今観菊観桜会等ノ節各国交際官ヲ除クノ外横浜在留各国軍艦将校幷一時来遊ノ各国貴客等ニテ右両会へ被召度旨各国公使其他ヨリ請求スルモ外務省ヲ経由スルニアラサレハ一切受理セサルニ付同省ヲ経テ請求スヘキ事」[168]を治定した。外国人の招待要請は宮内省に直接行われることもあったが、間に外務省を入れて防波堤にしたのだ。[169] しかし、実際にはこれは機能しなかったようで、この後も宮内省への直接招待申請はなくならなかった。[170]

また、外務省を経由するにしても次のような事例があった。二十二年観桜会に独逸学協会学校の雇い教師「ドクトル、ミハエリス」が招かれた。[171] ミハエリスはこれまで外務省の申し立てで招待され、前年二十一年観菊会には外務次官青木周蔵《あおきしゅうぞう》の申し立てにより招かれたのだが、他の私立学校雇い教師との兼ね合いもあるため、その回限りという条件での招待だった。すると翌二十二年観桜会では、単に「貴客」のカテゴリーを利用して外務省経由で再び招待となったのだ。同様に、二十一年観菊会までは司法省の雇外国人であった他の二名も、司法省からの除名後は「貴客」の廉で招待された。[172] つまり「貴客」は抜け道となってしまっていたのだ。

## 「貴客」の定義

この後、二十四年観桜会からは在留中の各国軍艦乗組将校と貴客に関する外務省による取りまとめと外交団への通牒の外務省経由を廃し、式部長の名で通牒を行うことになった(173)。この時の具体的な通牒の文言は不明だが、同年の観菊会からは、次の通牒が各国公使宛に行われるようになった。

拝啓陳ハ来ル十日観菊会御催可相成ニ付テハ貴国軍艦乗組将校及目下来遊中ノ貴紳ニシテ貴国宮中へ被為召候資格ヲ有シ同会へ被為召度者有之候ハヽ来ル七日限リ其人名御申越相成度此段得貴意候敬具

廿四年十一月四日　式部長

各国公使（仏米両公使へハ文中（貴国宮中へ被為召候資格ヲ有シスル者ニテ）ノ十四字ヲ除ク）(174)

つまり「貴客」は母国の宮中に招かれる資格を持ち、かつ招待を希望する人物、となったのだ。また「真ニ一時ノ来遊紳士」に限り、これまでは回数にかかわらず招待されていた滞在者も一度限りの招待となった(175)。とはいえ、これも曖昧な措置にすぎなかった。引用文中に見られるようにアメリカ、フランスといった共和制の国には宮中は存在せず、この定義は適用されない。また宮中が存在する国であっても定義の拡大解釈が行われ、本来呼ばれる範囲ではない人物まで外交団側から申請される事態が続くのである。

明治四十年観桜会からは事務作業の便のために招待申請をする貴客の人名記入用紙を外交団に対し送付するようになるのだが(176)、この用紙には資格欄があり、貴客に値するのかどうか判断する目的もあったようだ。しかし外交団から送り返される中には、資格欄が空欄のままであったり、堂々と「Tourist　漫遊者」と記したものが多かった。つまり、「貴客」という言葉が定義づけされたにも拘わらず、その決まりは遵守されず、さらに日本側も拒否しきれなか

ったため、定義はあってないようなものだったのである。(177)

## 改正条約

第一回の観菊会では、外交団以外の外国人招待客は、アメリカおよびイギリスの軍艦艦長とアメリカ人女性の計四人だけだった。しかし「貴客」のカテゴリーに入る招待客は増え続け、三十一年の観菊会では、三六人が参苑している（資格ありと認められたのは八〇人で、そのうち四四人は欠席）(178)。また明治二十四年の観菊会には、本来招待される対象ではない英国公使の息子がおそらく公使からの請求により招かれ、翌年の観桜会からは請求がなくても招待されることが決まった。(179) そして明治四十一年四月には内規として、各国大使公使夫妻および各国大使公使館員夫妻の「祖父母、父母、子、孫、兄弟、姉妹（丁年以上ノ者女子ハ十五歳以上）」や、留学武官については園遊会当日に招待することが決定している。さらに、各国大使公使夫妻の「祖父母、父母、子、孫、兄弟、姉妹（丁年以上ノ者女子ハ十五歳以上）」は希望すれば賜謁《しえつ》所での拝謁《はいえつ》が許可され（各国大使公使館員夫妻のそれは許されず）、留学武官も初めてに限り希望すれば許可された。そしてまた本件は式部職内に限り周知されている。(180) 外部に知られたくなかったものと推察される。

条約改正という政治課題が存在し、観桜会・観菊会が「側面工作」という期待を背負って開始されたからには、このように外国人をもてなすことが重要と判断されたのは当然だっただろう。それを示すものとして次の事例もあった。明治三十二年観桜会に際してのことだが、この回では、日本銀行と勧業銀行の両総裁、農工銀行頭取、市長（東京市長か）、横浜商法会議所長、貴衆両院正副議長、東京府会議長を招待する「御内決」があったが、最終的には横浜商法会議所長・ロビンソン一名のみを招待することとなった。なぜロビンソンだけは許可されたのかといえば、この年七月に日英通商航海条約、すなわち領事裁判権の撤廃や関税自主権の一部回復などが実施されることになっていたためだった。侍従長・徳大寺《とくだいじ》実則《さねつね》は「横浜商法会議所長英人明日観桜会被為召当七月条約実施ニ付商法上最必要ノ人物ニ付特ニ被為召[181]」と述べている。成立した改正条約を確実に実施に持ち込むためには、外国人の接待が肝要と考えられたのだ。この一件には「側面工作」としての性格が端的に表れている。

## 外国人からの人気

条約改正が終了する明治四十四年観菊会には、来日中の外国人が多かったこともあるようだが、招待された「貴客」は二七八人に膨れあがっている（ただし実際の参苑者は一八二人[182]）。

こうした外国人招待客の多さは目に付く光景だったようだ。第一次西園寺《さいおんじ》内閣で内務大臣だった原敬《はらたかし》は明治三十九年四月二十日、次のように日記に認めている。「午後二時半観桜会に両陛下並に皇太子臨御《りんぎょ》あり、余も陪観せり、外国人の御招きを受けたるもの甚だ多し、内外人総計二千人斗りと云ふ、従来曾《かつ》て之なき所なり[183]」、また四十年には「午後観桜会を開らかれ両陛下臨御あり余も参趨せり、近年此会に召さるゝもの増加し、本日は二千人余なりしと云ふ、外国人甚だ多し[184]」とある。原から見ても、外国人招待客の増加は奇異に映ったということだったのだろう。また陸軍大臣の寺内正毅《てらうちまさたけ》は、明治四十三年の観桜会で「外人ノ陪観セシモノ日本百官ノ数ヨリ多カリキ[185]」と述べているが、日本人と外国人の招待範囲の不均衡を疑問に思っていたのかもしれない。このように、外国人招待客の多さに対する日本人の驚きを込めた感想は多い。

これは、見方を変えれば観桜会・観菊会の人気が高い証拠であり、親日世論の醸成という条約改正交渉の「側面工作」の目論見通りに機能していたことを示しているかもしれない。図7に明治三十八年にイギリスの絵入り新聞『The Graphic』（一月十四日付）に掲載された観菊会の様子だが、園遊会開始から二〇年以上経ってもなお外国人から

図7　『The Graphic』　1905年1月14日付
天皇皇后，皇太子その他皇族が賜謁所を進む様を伝える

関心を持たれていたことを示すものである。またこの時、日本はロシアと戦争中（日露戦争）であり、この華やかな絵は同盟関係（日英同盟）にある日本をイギリスの絵入り新聞紙が「側面」から支持したというところだろうか。条約改正交渉の「側面工作」とは意味が異なるが、これを見ても園遊会は、単なる社交パーティーではなく政治的役割を少なからず果たしていたことを表すのではないだろうか。

## ピエール・ロティの参苑

ところで、ここまで外国人の参加希望者が増えたことには明白な理由があった。旅行や仕事で来日し、たまたまその時期に園遊会があったとなれば人情として参加を望む、ということは容易に想像できるが、そもそもこの観桜会・観菊会という園遊会が一部の外国人の中で有名となり、参苑が来日の目的になっていたという特別な背景もあったのだ。

その理由の一つとなった背景について見ると、十八年の観菊会に招待されたフランス海軍大尉のピエール・ロティという人物が関係してくる。ちょうど同国海軍の軍艦が横浜港に停泊中で、ロティは練習艦ラ・トリオンファント号の艦長だった。そのために招待されたのだが、彼は軍人であると同時に作家でもあった。その死に際しては国葬が挙行されるほどの文豪だ。ロティは長崎を皮切りに各地を周り横浜に入ったが、その滞在中、日本の風俗を見聞きし、それに対しかなり辛辣な批判をしたり、時には軽蔑したりと手厳しかった。[186] しかし観菊会に招待されると、皇后と赤坂仮皇居の庭園に魅了され、それを絶賛するのだ（詳細は後述）。

ロティは、滞在中の記録を帰国後の明治二十年以降、一流誌上に折々に発表した。[187] たとえば、明治二十一年には観菊会と皇后の様子を描く「L'Imperatrice Printemp」がフランスの雑誌『REVUE DES DEUX MONDES』（一八八八年十一月／十二月号）に掲載された。そしてその他の見聞記とともにまとめて二十二年に上梓したのが『Japoneries d'Automne』（邦題『秋の日本風物誌』[188] あるいは『秋の日本』[189] など）で、その中の第九章に「L'Imperatrice Printemp」が掲載されている（この日本語訳は「春皇后」であるが、日本語版で出版された際の章題は、『秋の日本風物誌』では「春皇后」だが、『秋の日本』では「観菊御宴」となっている。原題の通り、主眼は皇后にあったが、皇后を目にする機会となった観菊会の様子も細かに描写している。なお皇后の名前「美子」は「はるこ」と読むが、ロティはそれを「春子」と感違いしたらしい）。

こうしたこともあり、日本の皇室による園遊会の存在がヨーロッパの人々に広く知られることになったと言われている。前出の宮内省雇外国人のオットマール・フォン・モールは、観菊会は「ロティの麗筆が詩的に記述したおかげで有名になった」と述べている。[190]

また、これ以前にも明治二十年に『The Graphic』（八月二十日付）紙上に観菊会の模様が掲載されている（図8）。赤坂仮皇居の周囲に山々が連なるなど辻褄の合わない点も多々あるが、実際の参加者からの伝聞により描いたものだろう。中央下部の着物姿の男女の絵には、「A Japanese garden party twenty years ago」という題が付けられている。日本がわずか二〇年で大いに変貌した事実を強調しているようだ。

園遊会の話題は、これらの他にも巷間で話に上ったこともあっただろう。特に『Japoneries d'Automne』が出版さ

図8 『The Graphic』 1887年8月20日付

れて以来、同書は「欧米人の間に極東旅行必携の案内書[191]」となっていたという。そしてこうして有名になった日本の皇室の園遊会は、十九世紀後半から激増した世界漫遊旅行者（globe-trotters）の旅の目的の一つとなったのである。

この世界漫遊旅行者（「貴客」のカテゴリーで参苑）については、前出のベルギー公使夫人、ダヌタンも早くから「大勢の世界漫遊旅行者が出席していたが、アメリカ人の旅行者が極めて多かった」（明治二十七年観桜会[192]）、「今まで以上に多くの世界旅行者がきていた」（明治二十九年観桜会[193]）と目を見張っている。

## 容易な召状（招待状）入手

ではなぜ、多くの一介の旅行者が「貴客」を利用して皇室の園遊会に参列することができたのだろうか。横浜で英字新聞『Japan Mail』を経営し、海外への日本情報発信を精力的に行ったイギリス人、フランシス・ブリンクリーは、明治三十年に出版した編著『Japan』の中で観菊会を次のように紹介している。

At one of the Emperor's detached palaces in Tokyo numerous chrysanthemum plants of the finest and rarest kinds are culrivated, and during three days in October the park is thrown open to the aristocratic and official classes, the Emperor and Empress themselves appearing among their guests on the first day, — a great occasion for "globe-trotters", who, by the good offices of their country's representative, can generally procure an invitation. The resident foreigner is seldom so fortunate, unless he be in the service of the government or the recipient of a high-class Japanese decoration, but to be a stranger is to have a warrant of welcome.(194)（傍線は著者による）

傍線部分にあるように、世界漫遊旅行者は公使館を通じて招待状を得ることが容易だったのだ。こうした記述を読めば、多くの旅行者は期待してやってくるだろう（明治三十七年に出版された世界漫遊旅行者と思われるCharles T. Watersという人物の日本紀行である『A holiday in Japan: out East and back West』にも、同様に旅行者が招待状を得ようと公使館に殺到するという記述がある。この事実は広く知られていたのだ）。

なお、傍線後半部分で、ブリンクリーは出版年の明治三十年の時点で、政府の雇外国人であるか、あるいは日本の高位の勲等を所持していなければ、外国人といえども「resident」が招待を得るのは難しいと言及している。

これについて解説すると、それ以前には長期「滞在」中の外国人は公使の要請があれば大抵招待されていた。(195) しかし二十四年の観菊会からは厳格化され、先に触れた通り、長期の「滞在」者にして観桜会、観菊会いずれかに一度でも招待されたことのある者については、参不参にかかわらず二度目の招待は認められなくなっていたという経緯がある。(196) しかし、明治三十一年の観桜会からは、公使から申請があった「在住」者の場合にはあえて謝絶せずに召状を発送することに変更された。(197) とはいえ「如斯者ハ式部長ノ考慮ヲ以テ取捨」(198)され、実際に断られることも多々あり、その扱いは一定ではなかったようだ。(199) さらに、翌三十二年の観菊会からは、「在」東京の勲三等以上を有する外国人は招待されている。(200) なお、勲三等を有する在横浜の外国人も在京と見なされて招待された。

長期の「滞在」と「在住」および「在」の語句の使用法は、本件の場合には厳密に区別がされている様子はなく、すべて「居住」の意味であると判断したが（特に「在」東京の勲三等以上を有する外国人については住所を持っており[201]、明確な居住者だ）、ブリンクリーの言う「resident」も同様と思われる。なお、ブリンクリーが十月と述べているのは十一月の間違いだ。ちなみに、ブリンクリー自身は明治十七年の後日拝観（後述）に招待されている。ただし、「特別ニシテ決シ例ニナラサル[202]」という扱いだった。親日家として知られるブリンクリーは日本の政府関係者から格別の信頼を受け（特に井上馨《いのうえかおる》と関係が深かった）、『Japan Mail』は政府の「機関紙化」していた[203]。こうした理由で特別に招待されたのだろう。

以上のように、当時は世界旅行が流行し日本にも多くの外国人が来るようになったのだが、その旅行者たちの間で皇室の園遊会に参加することが一種のブームのようになっていた。前掲の図7はちょうど天皇皇后、皇太子その他皇族が会場を進む場面だ。華やかな様が伝わってくるが、こうした情報も外国人の旅心を刺激したであろう。そして、公使館を通じて招待の機会を得るのは難しいことではなかった。多くの肩書きのない外国人が「貴客」というカテゴリーに収まって招待を受けたのには、こうしたことが背景にあったのである。

ベルギー公使夫人、ダヌタンは明治三十六年観桜会の際、「四月十六日　今日は雨が激しく降っているので、皇室主催の園遊会は悪天候のため中止となった。この行事を待ち侘びていた大勢の世界漫遊家には気の毒なことであった。彼らの多くははるばる大洋を越えてこの光景をひと目見ようとやってきたのに、天候に災されて見ることができなかったので失望している[204]」と述べている。観桜会・観菊会への参加が世界漫遊旅行者の一大イベントだったことが伝わってくるだろう。

## 突出するアメリカ人招待客の多さ

明治四十五年四月二十八日付の『東京朝日新聞』には、これに関連する興味深い記事が見られる。

二十六日午後四時浜離宮の観桜御会を引退りたる米国人三百五十名の中二百余名は直に人、馬、自動車を連ねて赤坂葵町なる米国大使館に向へり、現大使ブライアン大佐は特に多数の米国人が毎年の観桜御会に招待さるゝを此上なき光栄とし遍《あまね》く聖旨の行届かんことを希ひて過日来一々希望者に面接し其所以説聞せ居りし由なりしが此光栄ある日を記念せんとして御会後全部の米国人及米友協会員を大使館に招待したるなり、大使は先づ一同に向つて『一国の元首が外国よりの一旅客に対して迄斯《ママ》の如き招待を賜ふことは世界に類例無きことにして殊に他の外国人に約十倍する米国人が参列の光栄を得たる事実は特に諸君の記憶す可き処なり』とて我が両陛下の為にフラーを三唱し又米友協会長金子男爵〔堅太郎・子爵〕男爵は米国大統領の為に万歳を三唱したり(205)

外国人招待客の増加に対する日本側の当惑に鑑みれば、アメリカ大使の発言は暢気に聞こえよう。しかし逆に見れば、これだけ喜ばれているということは日本にとり悪いことばかりではなかっただろう。興味のない相手にはこうした反応は示さないものである。また喜びが大きければ、日本を好意的に諸外国に伝えてくれることも期待できるからである。

なお、この時にアメリカ大使がこれらアメリカ人旅行者に宛てた通知状が「観菊会録」に残っているが、その日本語訳は次の通りである。

米国大使ハ宮内省カ皇帝皇后両陛下ノ命ヲ奉シ来ル四月二十六日金曜日午後二時観桜会ヲ催サルヘキニ付貴殿ニ対シ発セラレタル招待状落掌シタルヲ以テ貴殿親シク当大使館ニ出頭セラレンコトラ貴殿ニ御通達スルハ本使ノ光栄トスル所ナリ貴殿ハ日本国皇帝皇后両陛下カ貴殿ニ与ヘラレタルコノ特別ナル栄誉ヲ十分ニ悟ラルヘシ　両

陛下ハ当大使館ノ保証シタル我カ同邦人ノ全部ニ此ノ無比ノ恩恵ヲ及ホサルヽニ依リ両陛下カ常ニ米国人ニ対シ著シク寛大ナルヲ表明セラレタリ

ブライアン大使並ニ当館員ハ貴殿ノ貴国前今一度敬意ヲ表スル為メ観桜会終了後即刻貴殿ヲ当大使館ニ招待ス

こうした通知状が「観菊会録」あるいは「観桜会録」に残されているのはこの時だけなので、アメリカ大使がこのように招待に預かった自国民を大使館に招いたのは珍しいケースだったのかもしれない。(206)

ところで、アメリカ大使の言葉にあるように、アメリカ人参苑者は飛び抜けて多かったようだ。少し後になるが、大正六年（一九一七）の観桜会で内閣総理大臣・寺内正毅が「外交官其他外国人殊ニ米国人多シ(207)」と記していることからもそれがわかる。

前出の宮内省雇外国人・ベルツもすでに明治三十六年の観菊会に際して次のように述べている。

この宴に際しては世界漫遊客が、招待状を手に入れんものと、潮の如く押寄せるのである。事実また、公使館を通じてその目的を達することは困難ではない。なかでもアメリカの男女は、こんな機会を極端に利用する。かれらの最大の名誉心は、故郷で「日本の皇后陛下と、親しくお言葉を交わした」と吹聴するため、皇后に紹介してもらうことである(208)

ベルツによれば、アメリカ人旅行者にとっては、園遊会に招かれて皇后へ拝謁することは自慢の種だったようだ。

## 外務大臣判断による招待

このように外国人の貴客というのは、前述の通りそれぞれの所属国の公使館（後になると大使館）を通じて招待が宮内省に申請されたが、このほかに日本の外務大臣の見込み・判断によって招待される場合もあった。外務大臣の判断で、日本の国益上、意義を持つと認められる人物、あるいは各分野で功績のあった人物がそれにあたる。

この外務大臣の判断による招待が顕著になるのは大正時代に入ってからである。たとえば、大正六年観菊会には、熊本在住でハンセン病患者の救済事業に尽力していたイギリス人女性を感謝の意味で招待し(209)、八年観菊会には、日本の陸海軍がイギリスで飛行機を購入する際に尽力しかつ日本人将校の世話に便宜を図ったイギリス人将校を、その功労に報いるために招待している(210)。また九年観菊会には、張作霖《ちょうさくりん》によって「日支親善ノ目的ヲ以テ其代表者として」派遣された奉天監軍府総参議・于沖漢《うちゅうかん》とその随員が招待された(211)。

さらに十年観菊会には、外国の新聞社、雑誌社の日本特派員が、それぞれの国と日本との間の通信連絡・情報交換に役立っていると評価されるとともに、園遊会への招待が「本人等ノ光栄ナルノミナラス延テ国交上ニ及ホス良影響モ亦多大ナルヘシと判断されて招待を受け(212)、これ以降、外国通信社の社員の招待は恒常化する(213)。いずれも外務大臣の判断・申請によるものだ。

## 雇外国人の招待

ところで、雇外国人は当初は後述する後日拝観に招待されていたが、明治十九年の観菊会から園遊会当日の招待に変更された。ただし、奏任《そうにん》以上に準ずべき者に限定され、かつこの時は単身だった。ただし翌年からはその夫人も招待されることになった。それは宮内省雇外国人・モールの「独逸国ニ於テ苑遊会ノ如キハ宮中ノ宴会ト其性質ヲ異ニスルニヨリ大抵宮中ノ宴会ニ招請ヲ蒙ルコト能ハサル者ニ至ル迄皇帝皇后皇族方ニ謁スルノ機会ヲ与ヘテ之ヲ案内ス依テ本邦ニ於テモ本会ノ如キ場合ニハ奏任（三等以上ノ三分ノ一）御雇外国人ノ妻ヲモ召サセラレ度候事(214)」という助言があったからである（官等改正の結果、二十四年観菊会からは「旧三等以上」となり、翌二十五年は六等、二十六年観桜会からは五等が相当している)(215)。

ちなみに、これに先立つ十七年観桜会の際には、日本の法整備に多大な貢献を行った雇外国人・ジャン・フランソワ・ボアソナード（フランス）の招待の有無が取り沙汰され、外務省から宮内省へ次の書簡が送られている。

近日観桜御宴之節各庁中御雇外国人之内御招付可相成旨之義ニ付過日御問合申候処独逸人テッシーヨ同ルードルフ両氏及陸軍省御雇ツスケランベユグ海軍省御雇ホース氏之四名ハ各本国政府ヘ官職負帯イタシ候ニ付其官職ニ被対御招待相成御雇之廉ニテハ無之趣御尤之御旨意ニハ被存候得共仏人ボアソナード氏之如キニ至リテハ年来殊功モ有之夫カ為勲二等ニモ被成候程之者ニテ他御雇之者トハ同一視難致廉ニモ有之候間其辺ハ如何之者ニ可有之哉(216)

他の雇外国人が「雇外国人」の身分ではなく本国に有する官職を理由に招待されたのに対し、ボアソナードは招待相当の本国の官職がなかったらしい。しかし、彼の功績は評価されるべきであり、他の雇外国人と同一に並べるべきではないのではないか、というのである。しかし結局、この時にはボアソナードは招待されなかった。ボアソナードといえども、一雇外国人として処遇されたのが興味深い。ただし、同年の観菊会では、憲法起草の立役者の一人であるヘルマン・ロエスレル（ドイツ）とともに「奏任ニ準ス」という取り扱いで招かれている(217)。

以上のように外国人招待客は、外交団、各国軍艦乗組将校、雇外国人など、明確な地位、役職がある人物のほかに、日本に対し貢献をした人物（あるいはそれが期待できる人物）と、「貴客」というカテゴリーに分類される人々だった。

前述の通り「貴客」のカテゴリーで招待される外国人は減らなかった。条約改正が終了した後であってもだ。さらには、国交上、利益となると判断された人物も特に大正時代に入って目立って招待されるようになった。実は、観桜会・観菊会は、条約改正交渉の側面工作としての役目を終えた後は、単なる年中行事として認識されるようにその性質を変える（後述）。しかし年中行事化されたとはいっても、外国人の接待が国益につながるものと期待したもともとの性格は残り続けたのである。

ちなみに外国人招待客向けには、『Japan Mail』『Japan Herald』『Japan Gazette』『L'Echo du Japon』（以上、明治十七年観菊会から）、『Japan Times』（明治三十二年観菊会から）、『Japan Advertiser』（明治四十四年観桜会から）などの欧文新聞に入場すべき門や服装規程を広告として掲載した。さらに明治三十二年観菊会から在東京の勲三等以上の外国人が招待されるようになると、こうした新聞と官報に「式部職」名で「日本帝国ノ勲三等以上ヲ有スル外国人ニシテ在東京ノ向ハ近々赤坂離宮ニ於テ催サルル観菊会ニ召サルヘキ筈ニ付名刺ヘ住所勲等並ニ妻ノ有無ヲ記載シ書留郵便ヲ以テ本月三十日迄ニ当職ヘ宛差出スヘシ　但各官庁雇外国人ハ此限ニアラス」[218]という通知を英文で掲載するようになった。これを見て勘違いした外国人から度々招待希望の問い合わせがきている。園遊会の人気の高さが窺えよう。

## 二　招待客の選出②——日本人の場合

### 三大節宴会との相違

一方の日本人招待客だが、それを見る前に三大節宴会（新年宴会、紀元節宴会、天長節宴会）の招待客について言及しておきたい[219]。

先に触れたように、皇室の催す宴には三大節宴会があった[220]。これらの宴会は、新年式、紀元節の儀、天長節の儀、という各儀式の中で行われるそれぞれのプログラムを構成する一要素として行われ、また大正十五年（一九二六）には皇室儀制令（皇室令第七号）によって朝儀として制度化された（単体で、「御慣例」として開催されていた観桜会・観菊会とは位置づけが違う）。

その招待客の範囲は（三つの宴会の招待客の範囲・変遷はほぼ同じである）、概ね親王、大臣、勅任官、麝香間祗候、各国公使（明治十四年〈一八八一〉から）、公爵、大勲位、勲一等、錦鶏間祗候《きんけいのましこう》、侯爵、従一位、正二位、貴衆両院議長（内閣総理大臣・山県有朋《やまがたありとも》の奏請により、明治三十二年紀元節から。議会開会中に限った。ただし三十七年からは開会中と否とに関わらず招待。副議長は明治四十三年から）[221]、勲一等の雇外国人（明治三十三年から。ただし傭聘中に限る）、および伯子男爵者（昭和五年〈一九三〇〉から）[222]だった。

つまり三大節宴会の範囲は、爵位や官位など公の地位を持つ者に限られていたのである。

そこで観桜会・観菊会について見てみると、十三年観菊会では「大臣参議諸省卿元老院副議長幹事外務省勅任官陸海軍将官麝香間祗候」[223]が招かれている。この時の大臣は、太政大臣の三条実美《さんじょうさねとみ》と右大臣の岩倉具視《いわくらともみ》だ。そして参議、諸省卿、元老院副議長および幹事（次第書にはこの二つの役職しか記載されていないが、実際にはその他の元老院のメンバー〈議官〉も招かれている。元老院議長は大木《おおき》喬任《たかとう》で参議として招待されている）、また外務省勅任官（他の省・役所の勅任官も）、陸海軍の将官（この時は陸海軍の少将と軍医総監）、麝香間祗候といった人物が招待された。

つまり観桜会・観菊会の日本人招待客は、国家運営に関わる政権と制度の上層部の人々と、宮中にまつわる特別待遇者などが選出されたのである。すなわち日本人招待客の場合は、外国人招待客と違い、その人物の職業的な役職や、社会的地位によって明確に線引きが行われていたのだ。これは三大節宴会の招待基準と同様である。

ただし、日本人招待客の夫人と娘も招待されたことは注目すべき点である。三大節宴会には夫人も娘も招待されていないが（外国人も同様）、観桜会・観菊会は「欧風ヲ基トシテ定メラレタル軽キ公事」[224]だったのである。

## 下田歌子・津田梅子

さらに、招待の資格を持つ本人はほとんどが男性であったが、女性の場合もあった。たとえば明治二十九年観菊会からは、華族女学校学監兼教授の下田歌子《しもだうたこ》が奏任四等の資格で招待されている（後には勅任二等）。ただし、地位からいえばそれ以前から招待されてしかるべきであったが、「観桜観菊会へ召サセラレザル慣例」となっていた。それを、この観菊会に際し文部省が女子高等師範学校教授の瓜生繁を招待リスト（奏任五等以上の者）に載せてきたことから、式部職内で併せて下田歌子の招待の有無が取り上げられた、という経緯がある（両名とも招待となった）[225]。明治三十三年観桜会では、華族女学校教授の津田梅子《つだうめこ》も招待された[226]。ただし、三大節宴会には女性は参列していない。明治四十一年二月、宮内省大臣官房総務課が式部職に宛てて、下田歌子（高等官二等・勅任官）、加賀美繁子《かがみしげこ》（常宮周宮《つねのみやかねのみや》御用掛・勅任待遇）について、「新年宴会紀元節天長節ニ際シ宴会ニ被為召候トモ別ニ宴席ノ御設備無之様致度」と通知している[227]。召状は送られるが、実際には大臣官房総務課から酒饌が渡されただけのようだ[228]。

なお、二十一年観菊会からは、招待の資格を持つ本人が当日不在の場合、各大臣と枢密院議長に限りその夫人と娘は参苑可能であることが取り決められた[229]。各大臣と枢密院議長以外の者に対しては適用されなかったということだ。それ以前は勅任官で本人不在または病気等で参苑できない場合でも夫人と娘は参苑可能だったので[230]、厳しい対応に変化したことになる。そのためか、翌二十二年観菊会では大臣待遇の者の夫人と娘も本人不在であっても参苑が認められるようになった[231]。さらに、正確な時期は不明だが、後にはその対象範囲は「大勲位以下大臣礼遇以上」と定まり、明治四十年観菊会からはさらに改められ海軍軍令部長以上と変更されている[232]。

## 日本人の招待範囲の拡大

このように厳密に基準が定められた日本人招待客だが、範囲は徐々に拡大された。主な点を挙げていくと、十七年の観菊会からは公侯爵および夫人、十九年観菊会からはこれまで後日拝観（後述）に招かれていた各庁文武奏任官三等以上（在京者の三分の一）[233]が園遊会当日に変更され（夫人は翌二十年観菊会から）、二十年観桜会から在京府県奏任知事および夫人、同年観菊会から近衛佐官および同等官、さらに在京府県奏任官三等（「各庁文武奏任官三等以上」と「在京府県奏任官三等」は、二十四年観菊会からは官等改正の結果、「旧三等以上」となり、翌二十五年は六等、二十六年観桜会からは五等が相当している）[234]以上の三分の一（それぞれ夫人も）、二十三年観菊会よりは錦鶏間祗候および夫人と娘。三十二年観菊会からは、それまで後日拝観に招待されていた伯子男爵従二位以下従四位以上、勲二等、勲三等、勲三等以上の外国人が夫妻（娘は明治三十七年観桜会から）で園遊会当日の参苑を許可された（なお伯子男爵を除くこれらの者については官報などに広告を出し、該当者は名刺へ住所、位階、勲等、妻の有無を記載して書留郵便で直接式部職へ届け出をすることが求められた）[235]。そして三十三年観菊会から貴衆両院議長（夫人、娘とも）、三十七年観桜会から帝国大学名誉教授、貴衆両院副議長、日本銀行総裁が夫人同伴で招かれた。

さらに三十八年観桜会では、日露戦争での功労を評価された実業家数十名が内閣総理大臣より申請、許可された[236]。以後、彼らは「兼テ実業界ニ於テ資望有之且時局ニ関シテモ貢献」が認められるため「特別モノ」[237]として内閣総理大臣より申請されるようになり、範囲も実業家だけでなく民間各種功労者へと大きく広がった。そして四十年観桜会からは帝国学士院[238]会員および夫人、大正三年観桜会より貴衆両院議員および夫人（勅任官・勅任官待遇・有爵者・従四位以上・勲三等以上を有する例年招待される資格者を除いた総数の三分の一で、大正三年四月時点で貴族院議員が一六人、衆議院議員は一二一人となる[239]。ただし昭憲《しょうけん》皇太后の大喪期間中により実施は翌四年観桜会から。これまでは後述する後日拝観に招かれていた）と範囲が広げられた。

## 帝国議会議長・副議長・議員

かくの如く、日本人の招待範囲拡大は少しずつ、厳密に行われた。興味深いのは、貴衆両院議長の招待が明治三十三年、副議長が三十七年、議員（三分の一）が大正三年（前述の通り実施は大正四年）からということだ。国会が開設したのは明治二十三年なので、議長の招待までは一〇年経っており、議員にいたっては二四年も待たなければならなかったことになる。

両院議長の招待については、前述の通り内閣総理大臣・山県有朋の奏請により明治三十二年紀元節から三大節宴会に招待されることになったことに付随し、三十三年十月に鮫島武之助《さめしまたけのすけ》内閣書記官長から三宮義胤《さんのみやよしたね》式部長宛に要請があり、実現したものだ[240]（これに先立ち、三十二年観桜会の際に両院議長および副議長や日本銀行総裁などの招待が「御内決」されたが見送られている[241]）。なお、三大節宴会の場合は当初は議会開会中に限っていたのに対し（開会中と否とに関わらず招待されるようになったのは明治三十七年から）、「軽キ公事」である観桜会・観菊会にはそうした決まりはなかった。

また副議長については、三大節宴会への招待は明治四十三年以降だが、観桜会・観菊会へは三十七年からというように、観桜会・観菊会の方が選出基準が緩かった。そこに園遊会の性質が表れているだろう。

ただし、明治四十一年観桜会と観菊会は、衆議院議長および副議長は議員任期満了後であったため招待されていない。これについては、両院議長副議長の任期満限後の取り扱いについては、議院法（明治二十二年法律第二号）第一五条で「各議院ノ議長副議長ハ任期満限ニ達スルモ後任者ノ勅任セラルヽマテハ仍其ノ職務ヲ継続スヘシ」[242]と定まっているが、これにつき明治三十五年九月に宮内省側から内閣側に対し、任期満限の上は議長・副議長の名称なくして職務を継続執行するのか、後任者が勅任されるまでは名称を保持するのか、疑義を照会している。これに対し、内閣書記官が衆議院側と打ち合わせ、「前ノ議長ト称スルモ議長ニアラサルヲ以テ御召ニナラサルモ差支ナシ」との回答があった（議長がその資格で招待を受ける宮中行事への招待の是非に関連して問い合わせたようだ）。

そしてこれを受けてのことと思われるが、四十一年の観桜会・観菊会および天長節には衆議院議長、副議長は招かれなかった。四月二十日には林田亀太郎《はやしだかめたろう》衆議院書記官長が南弘《みなみひろし》内閣書記官長宛に、議院法第一五条を根拠に「観桜観菊ノ御会天長節等ノ御宴会」にその資格で招待されるよう依頼をしたのだが、式部職内で協議の結果、翌二十一日に、ただちにこの処置を改めるのは困難であることと、今回の正副議長はそれぞれが有する位勲の資格で招待されることもあり、この問題は先送りしたいと衆議院側に回答したという経緯がある。[243]

議員については、明治四十年秋には宮内省内で議会開会中と否とに関わらず貴衆両院議員を園遊会当日に招待することを内議し、その場合招待客数が多数に上ることから園遊会を二日開催（二日目に貴衆両院議長と議員および来遊貴客を招待し、行幸啓はあるものの支障がある場合は親王など皇族のみとすること）とすることを田中光顕《たなかみつあき》宮内大臣が上奏し、允裁《いんさい》された（十月二十九日）[244]。そして同日には、徳大寺実則侍従長から天皇の御沙汰として二日間の開催（一日目を行幸啓あり。二日目は行幸啓あるものの支障がある場合は親王など皇族のみとすることとし、対象招待客は貴衆両院議員、奏任五等以上、奏任五等以上扱雇外国人、各国領事、来遊貴客）が田中宮内大臣へ告げられた[245]。

これを受けて翌四十一年観桜会の際、二日間開催を予定し両日とも出御することとなった。しかし四月十七日に、徳大寺侍従長が丹羽龍之助《にわりゅうのすけ》式部官に対し（戸田氏共《とだうじたか》式部長官と伊藤博邦《いとうひろくに》式部次官は退省後）、今回の観桜会は二日開催とするも観菊会は従来通り一日とする趣意が告げられた。これはただちに式部次官に伝えられ、式部次官は式部長官と相談し、翌日宮内大臣にその旨が伝えられた。大臣は侍従長を経由して、二日開催は将来の予定であると考えていることと、観菊会を一日開催とし今回の観桜会に限って二日開催とするのは今後にとって不都合であるとし、今回の観桜会も一日開催としたい旨を上奏した。その結果、従来通りの一日開催となったが(246)、宮内省上層部はかなり慌てたようだ。また、この混乱により同年の観菊会では議員の招待の可否が判然としないということで伊藤式部次官が田中宮内大臣に確認したところ、一日限りの開催である以上議員は招待されない旨が伝えられた(247)。

こうしたこともあってか、明治四十二年には林田衆議院書記官長から内閣を経て園遊会当日への移行が要請されたが、会場の狭隘を理由に断っている(248)。

おそらく、こうした経緯は明治二十三年の帝国議会開院にあたり、次の如く議員の身分取り扱いが裁可されたことによるだろう（この内容は内閣総理大臣・山県有朋から宮内大臣・土方久元《ひじかたひさもと》宛に通牒が行われている）。

一　帝国議会議員ノ身分取扱ハ文武官ノ官等ニ準セス一種単独ノモノト規定スルヲ可トス

（略）

一　議員ハ宮中ノ宴会等ニハ単ニ議員タルノ資格ヲ以テ招待セラルヽコトナキヲ可トス但議長副議長又ハ議員中ニ於テ殊ニ其功労学識又ハ特待ニ依リ宮中ニ召サセラルヽ者ハ此限ニアラス(249)

また、議員の宮中席次が低かったこともその背景にありそうだ。そのため、大正二年七月に宮中席次が改正された結果、議員はようやく高等官三等より上席の席次となった。各省庁奏任官五等以上が観桜会・観菊会に招待されているのと同待遇を求める伺いが衆議院書記官長・林田亀太郎から出され、許可されたのだ(250)。なお、この時は衆議院からの申し出によるものだったが、衆議院議員のみを許可し貴族院議員を許可しないのは不穏当という理由で、両院議員が招待されることに決定している(251)。

## 民間功労者

このほか日本人招待客の変遷で特に時勢を象徴するのが、明治三十七年から招待されることになった民間功労者である。この年に日露戦争が始まり、それに際し民間企業で戦費調達など「時局ニ貢献セル縁由」[252]で、まず三十七年観桜会の際に内閣総理大臣の桂太郎《かつらたろう》が五〇名の実業家の招待を申請、許可された（雨天のため園遊会は中止）。次いで同年観菊会においても申請を行ったが、この時は開催日まで時期が「切迫ノ為メ」[253]に断られ、後日拝観に五〇名の実業家が招待された[254]。東洋汽船会社の浅野総一郎など錚々《そうそう》たる顔ぶれである（ただし、この五〇名の中でも一四名はすでに勲等や爵位などの資格で招待を受けており、残りの三六名が許可されたということになる）。

これらの人物たちは、前述の通り翌三十八年観桜会から本格的に園遊会当日に参苑するようになった（ただし、回ごとに内閣総理大臣が申請を行っている）。

ところでこの民間功労者については、内閣総理大臣から宮内省に申請が行われたが、その前段階で、大蔵省、農商務省、逓信省の三大臣が内閣総理大臣に宛てて内申していた。しかし大正九年になると、この三大臣に限らず広く各省大臣からも内申できるようにとの要望が出[255]、翌十年観菊会から各省大臣による内閣総理大臣への内申が実施されることになった[256]。当然、民間功労者の顔ぶれも教育家や宗教家など多岐にわたり、人数も増加した。たとえば前出の津田梅子は明治三十三年七月に公職を離れ女子英学塾を開校したが、後にこの枠で招待されている[257]。下っては真珠の養殖に成功した御木《みき》本幸吉《もとこうきち》[258]などがいる。なお、民間功労者の夫人は大正十年観菊会から招待されている[259]。

また、このほかに時勢を表すものとして、三十八年観桜会では、日露戦争の戦地より帰京中の奏任官五等以上の将校が戦時中に限り「特別」に招待されることが決まった[260]。

三十七年から三十九年の後日拝観には、出征により戦死あるいは戦病死した将校や文武高等官の未亡人が招かれ[261]、三十八年の後日拝観には日本赤十字社の理事員、医員、調剤員、看護婦も招待された。これは明治三十四年の勅令第二二三号第六条で戦時服務中の日本赤十字社の理事員、医員、調剤員および看護婦監督は、陸海軍将校相当官の待遇を受けることを定めたことにより、日本赤十字社社長である松方正義《まつかたまさよし》が申請して許可されたからだ。[262]

このように、観桜会・観菊会は、国家への貢献が認められる者に対しての栄誉の授与という場としても利用されるようになった。

先に触れたように、三大節宴会の範囲は、爵位や官位など公の地位を持つ者に限られていた。これに対し観桜会・観菊会は、当初は同様であったが（外国人に関しては例外的だが）、次第にそうした地位を持たない人々に対して、宮中の行事である園遊会に招待されるという名誉や栄誉を与える場となった。つまり、既存の栄誉の体系を補完する機能を持つようになったのだ。観桜会・観菊会は、そもそも当初は条約改正の側面工作という期待を背負った行事だったが、その条約改正が明治後期に完結し不平等条約が解消されるに従い、開設当初の目的は消失していく。そして徐々に単なる年中行事と化していったのであるが、それとともに、新たに別の意味合いが生まれてきたのだ。行事の性格・あり方が、時代背景・時代の必要性の変化に連動して姿を変えていったのである。

ちなみに、民間功労者というカテゴリーの場合には、その基準に明確な決まりはなかった。功労というものに具体的に点数を付けたり、度合の基準を設けることは不可能だからだろう。しかし前述の「貴客」と違い、常識的に功労と呼べるだけの実績を持つ人物が、少しずつ厳密に選ばれていっているのが特徴である。

なお、招待客は観桜会・観菊会の翌日以降、返礼のため参内するよう求められた。[263]日本人は勅任官、外国人は「外国公使已下」[264]が対象だった。明治十三年観菊会当日、宮内卿・徳大寺実則の名で関係者に書簡が送られた。たとえば、陸軍歩兵中佐・児島益謙に宛てて「本日観菊会参　内之向ハ明十九日ヨリ三日間ニ為御礼参　内相成可然ト存候条此旨貴省勅任官之向へ御通知有之度」[265]と申し入れをしている。これに関連して大正五年には、陸軍省主務局長副官から「在京陸軍一般」に対する一つの通牒案が用意された。それには「観桜会及観菊会ニ御召ヲ蒙リシモノハ三日以内ニ参内御礼スヘキコト」と「菊花拝観御差許相成シモノハ御礼ノ儀ニ及ハサルコト」（「菊花拝観」とは後述の後日拝観のこと）が記載されているのだが、実はこの通牒案は「従来其ノ主旨徹底セサル向モ有之」[266]、すなわち御礼参内の趣旨が徹底されていないことから念のために準備されたのだった（通牒が実際に出されたのかは不明）。御礼参内を遵守しない者もいたということだ。

なお明治十四年二月には、三大節宴会に参列した場合にも勅任官は御礼参内することが決定されている。[267]

## 三　外国人招待客——招待基準の厳格化

### 宮内省の強硬姿勢

このように日本人招待客の基準が地位や役職で明確に定まり、あるいは民間功労者であっても常識的に妥当な人物のみが招待されたのに対し、前述の通り外国人招待客については「貴客」のカテゴリーを利用して各国代表者による申請者の範囲が多様化し、単なる旅行者なども招待されて人数も増加した。しかしやはりこれは「内国人トノ権衡上穏当ヲ欠ク」[268]ということで日本側で見直しを行うこととなり、大正六年（一九一七）二月に宮内省、外務省間で協議が行われた。当時、招待資格の範囲は次の通りだった。

一　宮中席次第三階以上ノ在京者

二　在京宮内高等官三等以下五等以上及近衛佐官同相当官

三　日本銀行総裁
四　貴族院議員衆議院議員各在京者ノ三分ノ一
五　在京各官庁高等官三等以下五等以上ノ者三分ノ一
六　内閣総理大臣ノ申立ニ依ル民間功労者
七　内務大臣ノ申立ニ依ル東京府会議長東京市会議長
八　本邦駐在外国交際官
九　在京外国領事（横浜ヲ含ム）
十　在京勲三等以上外国人
十一　在京奏任五等以上取扱ノ雇外国人
十二　外務大臣ノ申立ニ依ル功労アリシ外国人（在京者）
十三　在京外国現役武官ニシテ其国大使公使ヨリ申立タル者
十四　本国ノ宮廷ニ参入資格ヲ有スル来遊者ニシテ其国大使公使ヨリ申立タル者（但シ一回ニ限ル）

これについて、宮内省の西園寺《さいおんじ》八郎《はちろう》式部官が外務省の長岡春一《ながおかはるかず》人事課長を訪れ、第一三項以下を、

十三　国交上必要ナル在京外国人ニシテ外務大臣ノ申立ニ依ル者

と変更する案を提示した(269)。「在京」とあるので居住者と思われる。とすれば、この提案は、一時的な来遊者は招待しないこと、および該当の外国人については外務大臣が招待を要請することの二点を求めていることになる。これは来遊者にとって厳しい処置になるが、外交団にとっても同様である。なぜなら、外国人の招待に関して、外交団の推薦権が剝奪されることになるからだ。宮内省の強い姿勢が表れていると言える。

しかし結局、両省の協議の結果、第一二項以下を次の通り改正した。

十二　国交上ノ理由又ハ特殊ノ功労ニ依リ外務大臣ヨリ申立アリタル外国人

十三　帝国ニ来遊又ハ在住ノ外国陸海軍現役将校又ハ帝国港ニ碇泊中ノ外国軍艦乗組将校ニシテ佐官以上又ハ之ニ相当スル官等ヲ有シ其ノ所属国ノ外交代表者ヨリ申立アリタル者

十四　帝国ニ来遊スル外国人ニシテ社交上特ニ顕著ナル地位ヲ有シ其ノ所属国ノ外交代表者ヨリ申立アリタル者

すなわち、来遊者の招待の可能性と外交団の推薦権は残ったのである。後述するが、推薦権の剥奪は外交関係上難しかったようだ。ただし、第一四項にあるように「社交上特ニ顕著ナル地位」を有する者だけを推薦するよう外交代表者へ牽制することにしたのである。

そしてこのうち第一三項以下の改正を、四月十三日付で本野《もとの》一郎《いちろう》外務大臣が在京イギリス大使に通達した。[270]

観桜会及観菊会ニ招待セラルヘキ来遊外国人ニ関スル件

以書翰致啓上候陳《のぶれば》者従来本邦来遊外国人中観桜会観菊会ニ招待セラルル資格アルモノトシテ規定セラレタル範囲ハ広汎ニ過キ為ニ往々不快ナル結果ヲ生シタルコトアリタルニ顧ミ今回右範囲ヲ限定セムカ為規則ヲ改訂セラルルコトト相成候　新規則ニ依レハ在京各国代表者ヨリ推薦セラルヘキ外国人ハ「帝国ニ来遊又ハ在住ノ外国陸海軍現役将校又ハ帝国港ニ碇泊中ノ外国軍艦乗組将校（総テ佐官以上又ハ右相当官）」及「帝国ニ来遊スル外国人ニシテ社交上特ニ顕著ナル位地《ママ》ヲ「有スル者」ニ限ル次第ニ有之就テハ右資格ノ有無殊ニ「社交上特ニ顕著ナル地位」ノ有無ニ関シテハ各所属国代表者ニ於テ最モ厳格ナル意味ニ之ヲ解釈シ篤ト審査ノ上御推薦相成候様致度希望致候

将又《はたまた》本修正規則ハ本年秋季ヨリ施行セラルヘク今春観桜会ニ付テハ特ニ従来ノ例ニ依ルコトト御承知置相成度候

右式部職ノ依頼ニ基キ及御通知候ニ付在京各国使臣ヘ御移牒相煩度此段申進旁本大臣ハ茲《ここ》ニ重テ閣下ニ向テ敬意ヲ表シ候　敬具[271]

すなわちこの通達では、「往々不快ナル結果ヲ生シタルコトアリ」と外交団からの度を超した招待申請によって生じた不愉快な結果に対する不快感を示すとともに、「『社交上特ニ顕著ナル地位』ノ有無ニ関シテハ各所属国代表者ニ於テ最モ厳格ナル意味ニ之ヲ解釈シ篤ト審査ノ上御推薦相成候様致度希望」して釘を刺すことを忘れていない。そして文中にあるように、この処置は同年の観菊会から実施された。ちなみに、この通達に際しては宮内省から外務省に宛てて「外交団ニハ外務省ヨリ交渉スルコト」と「『社交上特ニ顕著ナル地位』ニ付外務省ヨリ十分説明シ置クコト」、および第一四項に該当する外国人来遊者については、該当国の大使公使から式部職へ申し出ること（ただし式部職が取捨を行うこと）が伝えられた[272]。宮内省としては相当この問題に手を焼いていたのだろう。

### 引き続き消極的な外務省

さてこうした処置を採ったものの、実際にはその効果は薄かった。「社交上特ニ顕著ナル地位」という牽制も空振りに終わったのだ。そこで宮内省は、大正九年には外務省に宛てて、

外交団以外ノ外国人ノ招待ハ之ヲ外務大臣ノ奏薦ニ委セムトスル[273]

との提案を行った。六年の処置よりさらに踏み込んで、外国人の標準の招待客は外交団のみと限定し、それ以外は外務大臣の判断に任せるということのようだ。しかし外務省側は次の姿勢で対応した。

外務省ニ一任セリトテ果シテ其ノ目的ヲ達シ得ルヤ今日ニ於テスラ手ノナキ外務省ハ右二会〔観桜会・観菊会〕ノ季節ニ際シ相当ニ悩マサルルニ此ノ上一々当方ヲ経由スルニ於テハ困リ物ナリ当省トテモ在本邦外国代表者カ夫々自己ノ責任ヲ以テ紹介シ来ルモノヲ無下ニ撃退シ得サルヘク結果ハ現状ト相違ナカルヘキヲ以テ現制ニ何等ノ変更ヲ加フルコトナク唯不適当ナル被推薦者ニツキ推薦者ニ対シ警告ヲ加フルコトトセハ宮内省ノ目的ヲ達スルニ庶幾カラン(274)

こちらも六年の際と同様だ。外務省としても外交団からの外国人招待要請には困却しており、さらにいちいち推薦の面倒まで抱え込むのは好ましくないと考えている上、外交団からの要請を無碍に拒絶することも困難であることから、結局従来通りに対応するしかないと判断している。

そのため「逐年弛ミヲ生シ最近特ニ其弊甚タシキ」状態となり、また宮内省としても「之レカ収捨」に苦慮する状況が続くこととなった(275)。

## 軟着陸を求める外務省

大正十二年六月、宮内省は再度外務省側に対応を求めた。すなわち六年に両省間で改正された招待基準のうち第一三項と第一四項についてはこれを削除し、この二項に該当する外国人についてはすべて第一二項に包含し、外務大臣の推薦に一任することを要望したのだ(276)。

今回は外務省側も事態の深刻さを重く受け止め、進んで本件収拾の任にあたっている。しかし、そうとはいえ外務省は外交団との関係悪化は避けたかった。次に掲げる外務省人事課長心得・鮭延信道が大正十二年七月九日付で宮内省式部官・武井《たけい》守成《もりしげ》に宛てた書簡は、その内情を率直に語っている。

拝啓陳者過日御来談ノ観桜観菊両会ニ可被召外国人ニ関シテハ当省ニ於テモ種々考量致候処御来示ノ三条項（別紙甲号）中ノ第二、第三両項（従来の第一三項と第一四項のこと）ヲ削除スルコトハ従来各国代表者カ享有シ来リタル推薦ノ権利ヲ喪ハシムルコトトナルヲ以テ先以テ彼等ノ諒解ヲ得ルノ必要有之場合ニ依リテハ右両項濫用ノ事例ヲモ指摘スルノ必要モ可有之結局諒解ヲ得タリトスルモ彼等カ心中頗ル不快ヲ感スヘキハ必然ノ勢ニ有之或ハ甚タ面白カラサル結果ヲ惹起サズトモ限ラスト思考致候ニ付前記三条項ハ其儘之ヲ存置シ只第二、第三両項ニ朱書ノ如キ改訂ヲ施シ同時ニ別紙乙号ノ通首席大使ヲ通シ在京外交団ニ通達致度右ニ関スル貴職ノ御意見御開示相成度此段御協議旁得貴意候　敬具

（甲号）

一　国交上ノ理由又ハ特殊ノ功労ニ依リ外務大臣ヨリ中立アリタル外国人

二　帝国ニ来遊又ハ在住ノ外国陸海軍現役将校又ハ帝国港ニ碇泊中ノ外国軍艦乗組将校ニシテ佐官以上又ハ之ニ相当スル官等ヲ有シ其ノ所属国ノ外交代表者ヨリ〈外務大臣ヲ経テ〉申立アリタル者

三　帝国ニ来遊スル外国人ニシテ社交上特ニ顕著ナル地位ヲ有シ其ノ所属国ノ外交代表者ヨリ〈其略歴、身分、職業、社会上ノ地位等ヲ明記シ外務大臣ヲ経テ〉申立アリタル者(277)（〈　〉内が朱書き部分）

推薦権剝奪は事前に外交団側への説明が必要であり、その上で了解を得たとしても外交団が不快感を持つのは避けられず、かえって不都合な結果を招くことになりかねないので軟着陸させようというのである。そこで、第一三項「其ノ所属国ノ外交代表者ヨリ」の次に「外務大臣ヲ経テ」を加え、第一四項「其ノ所属国ノ外交代表者ヨリ」の後には「其略歴、身分、職業、社会上ノ地位等ヲ明記シ外務大臣ヲ経テ」を附した。つまり推薦権は残すが、各国外交代表者と宮内省との間に外務大臣を置き（それまでは外交代表者から宮内省に直接申し立てがあった）、さらには招待希望者

の身分などを記載した「推薦書」を外務大臣に提出させることでハードルを高くしたのである（それまでは前述の通り式部長官宛）。

そして結局外務省側のこの案に落ち着き、内田《うちだ》康哉《こうさい》外務大臣から在京ドイツ大使に内容が通達されたが、その際「社交上特ニ顕著ナル地位」に関して「一層厳格ニ励行致度」ため、推薦書についてはあらかじめ双方で内協議を行った上で提出すべきことも伝えられている。(278) かつてのように資格欄に「漫遊者」と記載したり、あるいは空欄のままだったりしたことを避けるためだろう。

## 最終措置

しかし、こうした措置を採っても状況は改善されなかった。そのため大正十五年十月七日には、宮内大臣・一木喜《いちきき》徳郎《とくろう》から外務大臣・幣原喜重郎《しではらきじゅうろう》に宛てて、次の通知が行われた。

観桜会観菊会ニ召サルヘキ外国人中在本邦各国大公使ノ願出ニ依リ貴大臣ヲ経テ申立ノ向ハ自今召サセラレサルコトニ御治定相成候(279)

すなわち第一三項、第一四項が削除され、外交代表者の推薦権を消滅させ、外国人招待客に関する推薦権は外務大臣のみが保持することとしたのだ。そしてこれまで外交団の心象悪化を懸念していた外務省もこの提案を承諾し、さらにこれを受けて、外務大臣はできる限りの人数抑制に努めることも決まった。(280)

外交団とのつきあいには細心の注意が必要だが、最終的にはここまでしなければならないというほどに宮内省と外務省は困却したのだ。しかし別角度から見れば、これは観桜会・観菊会に対する外国人の関心の高さ・人気を示しているものでもある。自国の宣伝というイメージ戦略の意味では、マイナスばかりではなかったのではないか。

また、外交代表者の推薦権消滅には別の理由もあった。外務省内の文書によれば、社会主義国のソヴィエト連邦を意識したようだ。同国大使館から招待申請が行われる者の中にはこれを「拒絶」する場合があるが、その際「相当困難」があったため、宮内省と相談の上、推薦権消滅を行ったというのだ。(281)これは後に述べるが、大正十五年観桜会に際し同大使館から共産主義を標榜する作家ボリス・ピリニャークの招待申請があり、宮内省、外務省、内務省の間で招待の可否が取り沙汰されたことを示していると思われる。

なお、外務省人事課長・堀田《ほった》正昭《まさあき》より推薦権消滅の説明を受けた在京外交団首席代理のアルベール・ド・バッソンピエールベルギー大使は、その説明を「良解《ママ》」(282)し、各国代表団に対し「外国人ト雖モ顕著ナル地位ノ者ニテ外務大臣ヨリ特ニ申立ツル場合ニハ召サルヘキコトヲ指摘シ全然外国人ヲ除外セルモノニアラサル」ことを知らせている。(283)

ところで、外交代表者の推薦権剝奪後の最初の園遊会である大正十五年観菊会では、剝奪決定から時期が浅いこともあり、「既ニ観菊会ヲ期待シ来朝中ノ者モ少カラサル趣在京大公使館ヨリ聞込ノ次第」(284)もあるため、外務省はこの回に限り、一定程度まではそれらの人物の推薦を行う旨、宮内省側に伝えている。そのため以前のような一介の名もなき紳士、といった人物までが申請され、そして宮内省によって不許可になった人物が多数上っている。なお、外交代表者たちは昭和に入っても非公式に外務大臣宛に本来招待資格のない外国人の招待申請を行った。大使や公使、あるいはその夫人の友人などが申請され結局招待されたが、外交代表者たちによる非公式な招待申請は制度の厳格化により昭和七年くらいから徐々に減っている。(285)

なお、外務大臣のみが推薦権を有することになったが、これに関して椿事が起きた。大正十五年観菊会の際、あるブラジル人留学生について同国代理大使から繰り返し外務省に招待の要望が伝えられた。外務省にこれを拒絶したが、すると留学生は内務省社会局を通じ、内閣に働きかけてついに招待を得ることになった。このような裏技的な手法まで考え出されたのだ。それだけ招待に対する執念があったのだろう。しかし、外務省が拒絶した者が内閣を通じて許可されることになれば、今回の改正の意義が損なわれる。また、そもそも内閣においては外国人を推薦する権限がないため、今後はこうした行き違いを生じることがないよう、内閣に対して注意喚起が促されることになった(286)。

以上のように、観桜会・観菊会への招待を望む外国人が多く、本来の招待資格を持たない者が多数参苑する事態となったことに対し、園遊会の運営を行う宮内省では早くからそれを問題視して対策を講じ、大正時代に入ってからはかなり強硬な対応策を打ち出した。他方、外交を担う外務省は、問題を認識しつつも外交団との関係に悪影響が出ることを懸念し宮内省ほどの積極性はなかった。しかし、度が過ぎた招待申請にはついに外務省にも厳しい対応を決断させた。前述の通り、そこには社会主義国家であるソヴィエト連邦の登場という要素も加わっていたことが注目される。

## 招待された著名人

ところで、このように様々な外国人が招待されたことにより、歴史上のエピソードとして興味深い人物も度々招待客の中に見ることができる。明治十五年（一八八二）の観菊会には、壬午事変後、修信使に同行して来日していた朝鮮国の閔泳翊《ミンヨンイク》《びんえいよく》と金玉均《キムオツキユン》《きんぎよくきん》が「東京在留紳士」として招待されている(287)。また下って大正六年の観菊会には、外務大臣の申し立てによってある米国人が招待された。それはハーデーという男性で、この人物は、「嘉永六年ペルリ提督本邦来訪ノ際同提督ノ率イタル艦隊ノ水兵トシテ浦賀ニ到リタルモノニ有之候処当時一行中唯一ノ現存者ニシテ爾来我国ニ対シ常ニ好意ヲ有シ居リ今般六十余年振ヲ以テ再ヒ来遊シタルモノ(288)」だった。開国のきっかけとなった黒船に乗り込んでいた唯一の元水兵の再来日に世間も強い関心を寄せ、新聞紙上はこの話題で賑わった。ハーデーは、大隈重信《おおくましげのぶ》、渋沢栄一《しぶさわえいいち》などと面会した。また東京府知事と東京市助役には帝劇に招待されるなど歓待された。そこで外務大臣の申し立てで観菊会への招待が決まり、さらには天皇皇后と特別に拝謁する機会も設けられたのである。図9は大正六年十一月二十一日付『読売新聞』に掲載されたもので、フロックコートに高帽（シルクハット）姿のハーデーと付き添いのアメリカ大使モリスである。ハーデーは来航時と同様の水兵服での参苑を望んでいたが、大使館や関係者の打ち合わせで服装規程（後述）通りのスタイルでの参苑となったのだった[289]。ただし、上着は大使から借りたものの、ズボンは藍色の水兵服を着用したという[290]。なお、このハーデーについては翌年アメリカ海軍省が東インド艦隊の乗員名簿に記載なしとしているが[291]、真相は不明である。

黒船つながりでは、大正十五年観菊会に「米国海軍ペルリ提督ノ義理ノ孫ニ当リ米国社交界知名ノ婦人」である米国人女性、ベルモント・ティファニーが外務大臣の申し立てにより招待された[292]。

図9　ハーデー（右）とアメリカ大使（左）

図10　帝国ホテルを出るアインシュタイン夫妻（大正11年観菊会）
フロックコートを着用し，右手に高帽を持つ

また、大正十一年観菊会には来日中のアルベルト・アインシュタインが招待され、皇后に拝謁し[293]、会釈を賜っている（すでに摂政が置かれていたがこの時は欠席。図10）。申請者が誰によるかは判然としない。

前述の通り、大正十五年観桜会ではソヴィエト連邦大使館より、同国小説家で後に政権批判で投獄されるボリス・ピリニャークの招待が申請された。外務省は内務省と協議をしている旨を宮内省側に伝えている。その結果、内務省はピリニャークを「共産主義宣伝ノ関係上特別ノ監視ニ付」しているが、内務省と宮内省では立場が違うため、しいて園遊会招待に反対するものでなく、外務省・宮内省間で協議すべしとし、外務省内では賛否は分かれたが、宮内省では「君主制ニ反対ヲ表スルハ只露国共産党員ノミニ限ラズ（略）何等之ヲ拒ムヘキ理由ナシ」との判断であった[294]。ただし、最終的な可否は不明である（当時の新聞紙上に参苑の記事はないので許可されなかったものと思われる）。

さらに昭和四年（一九二九）観菊会には、ウッドロウ・ウィルソン前アメリカ大統領の未亡人が世界漫遊の途次東京に滞在中であったため、幣原外務大臣の申し立てで招待された[295]。昭和十二年の観桜会には、来日したヘレン・ケラーが招かれ天皇と皇后に拝謁した。ケラーには当初天皇からは握手のみの予定だったが（宮内省側でそのように「願」ったためだが）、天皇は臨機御言葉を賜り、皇后からも御言葉があった[296]。ケラーは世界の思想界に対する貢献と日本における教育、ならびに社会事業視察を評価されての招待だが、「本邦人ノ人道ニ厚キヲ海外ニ宣明[297]」する効果も期待された。またこの時には、アメリカの国際オリンピック委員のウィリアム・メイ・ガーランドも招待された[298]。ガーランドは、後に開催を返上した昭和十五年のオリンピック東京大会の招致活動に大きな影響を与えた人物であり、東京開催決定（昭和十一年）後に視察のために来日していたのだ。ガーランドは各地で歓待され、観桜会へも招待された。昭和七年のロサンゼルスでのオリンピック大会において日本選手団に精神的・物質的な便宜供与をはらったことや、東京大会招致への貢献に対する謝意によるものであった[299]。ガーランドも夫人とともに天皇と皇后に拝謁し[300]、天皇から御言葉、皇后からは握手があった。[301]ヘレン・ケラー、ガーランドともに佐藤尚武《さとうなおたけ》外務大臣の申し立てによるものだが、このように外国人については社会的有名人が度々招待されていた。

なお、これらのほかに来日中の各国王族も度々招待されており、大正十一年にはイギリスのエドワード皇太子（後のエドワード八世）が皇后と摂政とともに観桜会会場を散策する写真も残っている（図11）。

図11　御苑を進む貞明皇后，摂政とイギリス皇太子

なお、昭和七年観菊会には内田康哉外務大臣からの申請で、駐日満洲国代表鮑観澄ならびに館員が招待されたが、その際の扱いは次の通りである。

　駐日満洲国代表鮑観澄並館員ハ外務省ノ請求ニ依リ召サレタルモノニシテ元来外務省ニ於テハ予メ中華民国ヨリ内話モアリ一般来遊者扱ヲ希望シ居リタル趣ナルモ当職ニ於テハ予テ之ヲ承知シ居ラサリシ為種々ノ関係上（略）代表ニ対シテハ大公使ト同シクAudienceヲ許シタリ但シ自動車券ハ館員並ノモノヲ交付ス茲ニ於テ外務省ニ異議アリタルモ結局右ハ館員ト見做ニ非ラス只便宜上賜謁所ノ一隅ニ置クニ過キストシテ取扱フコトトナリタリ因ニ一行ハ第一班卓（勲一等以上）ノ一隅ヲ予テ用意シ置キ拝謁後掛員誘導シテ之ニ着席セシメタリ（茶菓ハ諸員ト同様ノモノヲ供ス）[302]

満洲事変、満洲国を巡る中華民国との微妙な関係が反映されているのがわかるだろう。

## 四　招待客の増加

### 膨らむ招待客数

これまで述べてきた通り、日本人招待客の範囲が広がり、外国人招待客も主に「貴客」が増加したことにより、総招待者数は格段に増えていった。主な回の具体的な数字は次の通りである（「観桜会録」「観菊会録」の本件に関する記載の仕方が一定でなく、曖昧な点が多々あるためこの数字には多少の振幅があると思われる。また皇族については人数に入れていない）。

| | 招待数 | 実際の参苑者数 |
|---|---|---|
| 明治十三年（菊）（園遊会の開始） | | |
| 日本人 | 二一五人 | 一三五人 |
| 外国人 | 四七人 | 四二人[303] |
| 明治二十年（菊）（奏任官夫人の招待開始） | | |
| 日本人 | 七八二人 | 三六八人 |
| 外国人 | 二二六人 | 一六二人[304] |
| 明治三十二年（菊）（伯子男爵等の招待開始） | | |
| 日本人 | 二三九九人 | 七八八人 |
| 外国人 | 三二四人 | 二三七人[305] |
| 明治四十五年（桜）（明治時代最後の園遊会） | | |

日本人　四七九六人　一四八六人
外国人　八六二人　五五八人(306)

大正五年（菊）（この翌年から外国人招待客について宮内省・外務省間で協議開始）
日本人　二三四三人（概ね同数の女性の人数が加わる）一九七九人
外国人　四四三人　二九七人(307)

大正十年（桜）（女性招待客の白襟紋付着用が許可される。後述）
日本人　七二七二人　三五四四人
外国人　四八一人　三六二人(308)

昭和四年（菊）（翌五年観桜会で招待客数が削減される。実際参苑者数は不明）
日本人　一万三〇〇〇人
外国人　四五〇人(309)

前述の通り、招待人数の記録の仕方が年によって違うため、この数字には誤差もあるだろうが、このように、開催当初に比べ格段に招待客数が増えているのは事実である。勅任官、奏任官の総数の増加や、招待客の範囲が広がったことが主な理由である（たとえば明治三十二年〈一八九九〉十月の時点での伯子男爵従二位以下従四位以上の在京人数は四七一人だった(310)。ただし、実際の参苑者はこれより少ないのがわかる。ここには載せていないが、明治三十年代前半の総参苑者数は一〇〇〇人ほど）。後述するが、この劇的な増加が観桜会・観菊会の会場変更につながり、また、振る舞われる食事の内容にも変更が加えられることになる。なお、人数増加には後述する服装規程の変更も関係するが併せて後で触れることとする。

ちなみに、三大節宴会に参列する有資格者の人数と実際の参列者人数についていくつか挙げてみると、明治二十九年天長節宴会の有資格者は三四九人、実際参列数は二四四人、[311]三十年新年宴会では有資格者が三四一人、参列者数が一八八人、[312]三十四年天長節宴会では有資格者は四八六人、参列者は三四二人で、[313]三十五年九月十八日時点での三大節宴会参列の有資格者は五二八人だった。[314]大正三年（一九一四）紀元節宴会での実際参列者数は八八七人である。[315]主に勅任官待遇以上の者の増加により、有資格者および実際参列人数が増加するのだが、[316]しかしながら観桜会・観菊会に比すれば格段に少ない。これは前述の通り、三大節宴会の招待客の範囲が一定の公の地位を持つ者に限られていたためである。ここに観桜会・観菊会の性格を数字からも窺うことができるだろう。

## 経費削減―回数制限と日本人の娘の扱い

さて、この膨大な招待人数によって問題となることの一つに経費の問題がある。招待客が多ければ、当然経費も余計にかかるということだ。そこで、昭和五年（一九三〇）観桜会から経費削減と、会場の大きさに比して増大しすぎた人数を適正にするための措置として招待客数の削減を行うようになった。これは、当時の浜口雄幸《はまぐちおさち》内閣が緊縮財政を掲げていたことに関係するだろう。

削減措置の一つは、勲一等以上と高等官一等以下のうち現官現職を除くその他の者で観桜会・観菊会に毎回招待される者については年に一度の出席とした。

二つ目は、外交団以外の招待客の「娘」の招待の取り止めだった。[317]娘は一五歳以上の未婚の者に限られていたが、前述のように明治十三年の第一回観菊会から、外国人・日本人を問わず一定の招待客は娘を同伴することが認められていた。例外として明治十七年観桜会[318]から二十年観菊会にかけては日本人の娘が招待から外れたが、二十一年観桜会からは再度招待されることとなった。[319]これについて「現行宮中年中行事調査部報告十六　観桜会」では、やはり条約改正交渉を背景にしている以上、欧米の風習が日本に浸透していることを示す必要性に鑑みて復活したものと推測している。[320]

しかし結局、昭和五年になると外交団の娘のみが招待されることになった。「現行宮中年中行事調査部報告十六　観桜会」は、「本御会ヲ行ハルルニ至リシ時ノ状態並ニ明治二十一年当時ノ環境トハ異リ、欧米風ヲ採用セルヲ示スノ必要モナケレバ」、こうした処置となったのだろうと述べている。[321] 日清・日露戦争を経、条約改正が終了し、日英同盟締結（大正十二年には破棄されている）という過程を経て国際的地位が向上すると、無理をしてまで西洋風の園遊会運営をしなくてもよくなったということだろう。

なお、「現行宮中年中行事調査部報告十六　観桜会」は「蓋我国ニ於ケル娘ノ地位ヲ考フレバ、ソノ理由ハ自ラ明カナルベシ」とも述べているが、[322] それは正鵠を射たものであった。昭和四年四月一日、宮内大臣・一木喜徳郎《いちききとくろう》、宮内次官・関屋貞三郎《せきやていざぶろう》、侍従長・鈴木貫太郎《すずきかんたろう》、侍従次長・河井弥八《かわいやはち》、庶務課長・白根松介《しらねまつすけ》、大膳頭・上野季三郎《うえのきさぶろう》、儀式課長・山県武夫らが参集して同年観桜会に関する協議（後述）を行った際に、望月圭介《もちづきけいすけ》内務大臣が、大臣、次官に対し、観桜会・観菊会当日に招待される者の両親の招待を希望する旨を申し出たが、招待客数増加につながることから却下された。しかしこの場で、場合によれば「娘」を省くこととしてはどうかとの意見が出（発話者は不明）、式部次官の岡部長景《おかべながかげ》も賛成している。[323] 結局この時は「娘」の件は先送りされたが、翌五年二月十四日に結論が出され、日本人の娘の招待廃止が決まった。その理由を岡部は次のように日記に認めている。

> 娘を召されたのは全然欧米の習慣を模倣したに過ぎざるが、近頃では服装が美しいので惜しいと考へる人もあるが、一方右傾的傾向の人達は、両親も召されず息子も召されざるに娘が召さるる理由なしと主張し、又親任官以上の娘が親達と共に陛下に扈従《こじゅう》して諸員の間を行くのは不快の感を与へるとか、兎角非難多かりしにつき今回

愈々《いよいよ》廃止を断行することとなったのである(324)

これによく表れているように、両親や息子が招待されていないのに、欧米流に娘だけが招待を受けることを快しとしない「右傾的」な意見があったこと、また、賜謁所において拝謁の後、娘が天皇皇后その他皇族などの一行に扈従して他の招待客の前を行くことを不快に思う者があったことなど、「娘」の特別扱いは不満の対象であったのだ。こうしたことが削除のしやすさにつながった、ということだろう。招待客の変遷については、このような面もあったのである。

## 分割での招待

次いで昭和八年にも大幅な招待客数の削減が行われた。ただし、招待客の資格範囲が変更されたのではない。これには四大節宴会（昭和二年に明治節が制定された）が関係してくる。

四大節宴会ではやはり招待客の増加に対応するため、昭和四年十一月に、皇族王族公族大使公使を除き、大勲位以下従一位以上は全員、勲一等は甲乙二班、高等官一等以下勅任官待遇以上は甲乙丙の三班、伯子男爵も同様に三班に分割し、順次その一班を招待する措置を採った。次いで八年九月には、皇族王族公族、大使公使大勲位以下勲一等以上については現状維持とするが、高等官一等以下勅任官待遇以上および伯子男爵については甲乙丙丁の四班に分割し、そのうち在京者について班ごとに四つの宴会を循環（一年度につきいずれかの一宴会に招待）させて招待することに決定した(325)。これに関連し、観桜会・観菊会でも同様の措置を採ったのだ。

すなわち、皇族王族公族および大勲位以下勲一等以上（夫人とも）は全員、高等官一等以下勅任待遇以上（夫人とも）および伯子男爵（夫人とも）は甲乙丙丁の四班に分け、各班が観桜会・観菊会に毎年交互に招待された。このほか日本銀行総裁（夫人とも）は二回に一度、従二位以下従四位以上有位者（夫人とも）と勲二等功三級勲三等（夫人とも）は二分の一、貴衆両院議員（夫人とも）と休職、退職、予備、後備を除く高等官三等同四等同五等（夫人とも）は四分の一に分割して招待された。

また外国人については、外交団（夫人娘とも）と勲一等同二等同三等（夫人とも）および外務大臣申し立ての来遊者は全員招待とするが、東京横浜駐在各国領事（夫人とも）は観桜会と観菊会を東京と横浜で交互に招待し、雇外国人については勅任扱いの者（夫人とも）は二分の一、奏任五等以上の者（夫人とも）は四分の一ずつとした。ただし、横浜駐在各国領事を除いては在京者に限った。

さらに二回に一度、あるいは二分の一ずつとなった者たちは、なるべく観桜会と観菊会に交互に出席できるよう求めることに決まった。なお、民間功労者などその都度伺いを立てて申請される招待客はこの措置からは除外された。[326]以上が主な招待客数の削減措置で、従来の三分の二弱にまで抑制された。[327]ただしこれらの措置は、鳩彦《やすひこ》王妃允子《のぶこ》内親王（朝香宮《あさかのみや》）の薨去により観菊会が取り止めになったため、実施は昭和九年観桜会からになる。

さてこの昭和八年の人員削減措置は、各資格の範囲内で二分の一、四分の一としたが、申し出によっては、多少の制限付きで各省の一任とする例外もあった。しかしそれは往々にしてその制限を超える事態を引き起こした。そこで昭和十二年六月には、従二位以下従四位以上有位者（夫人とも）、勲二等功三級勲三等（夫人とも）および勅任扱いの雇外国人（夫人とも）については、姓の頭文字（イロハ順）によって二分割し、休職、退職、予備、後備を除く高等官三等同四等同五等（夫人とも）と奏任五等以上の雇外国人（夫人とも）については同様に四分割して「正確」を期すこととなった。[328]人数の抑制は必至だったのだ。

## 民間功労者を優遇

ところで、内閣総理大臣申し立ての民間功労者の人数についてはここでも変更されなかった。民間の活力、財力は大きな力となっており、当時の世界情勢の中にあっては政府としてもその力は頼りにするところだったのだ。そこで、民間功労者の扱いについてさらに言及しておくこととしたい。

内閣総理大臣が申請する民間功労者の総数は、当初の明治三十七年観桜会では五〇名だったが、逐年増加し、大正十年観桜会では一七〇名に達した[329]。さらに前述の通り、内閣総理大臣への内申を行う省が大蔵・農商務・逓信以外の他省にまで広がると、大正十年観菊会での民間功労者数は二一五名を数えるまでになった[330]（夫人もこの時から）。

そしてこの後も増加を続けたため、大正十四年五月には宮内省内で、総計約三〇〇名を限度とし、そのうち三〇名を教育家、三〇名を宗教家、二〇名を社会事業家とすることを定めて内閣側に申し入れを行い、これは非公式に覚書の形式で両者間で同意された[331]。しかし、こうした措置も実質的には機能せず、大正十五年十一月観菊会にあっては、三四三名となった[332]。

そこで、昭和に入り最初の園遊会となる観桜会を控えた昭和三年四月七日、宮内省側から長谷《はせ》川《がわ》赳夫《たけお》内閣書記官へ、前例の通り約三〇〇名を限度とすること、ただし実際の運用としては三三〇名程度ならば差し支えないことを申し入れた。すると昭和三年観桜会が三二八名、四年観桜会が三二七名、同年観菊会と翌五年観桜会が三三〇名と、許容範囲内で収まった。しかし同年観菊会では限度（三三〇名程度）を超える三四〇名となった。これは、限度内で発明家を一〇名に限り加えることが決定したのだが、内閣においてすでに三三〇名を選定後であったため、やむなくこの時に限り三四〇名が承認されたからであり、翌六年観桜会では三三〇名となっている。しかしともかく、三年四月七日に実際的には三三〇名程度ならば問題なしとしたことにより、三〇〇名を限度とする「協定」は公然と破られたのだ。

六年六月、宮内省内の記録には、「最初ヨリ当事者間ニ在リテハ申合セノ存スル所ナルヘキモ一片ノ協定ヲ以テ鉄壁トナシ得ヘカラス時勢ノ推移ニ伴ヒ増加亦止ムヲ得サルヘシ」と記載されている。[333]

こうしたためか、昭和七年三月二十八日には木下道雄《きのしたみちお》宮内省大臣官房総務課長が森恪《もりつとむ》内閣書記官長に、一般功労者を二四〇名以内、教育家と宗教家を各三〇名以内、社会事業家を二〇名以内、発明家を一〇名以内とし、総計三三〇名を定員とすることを通牒した。[334]

続いて八年二月二十四日には、松平慶民《まつだいらよしたみ》式部次長、武井守成儀式課長、木下道雄総務課長、横溝光暉《よこみぞみつてる》内閣書記官が協議し、一般功労者二四〇名を二六〇名にすること（増加分は拓務省に割り当て）、社会事業家二〇名を三〇名にすることになり（増加分は内務省関係の社会事業家五名、司法省関係の社会事業家五名に割り当て）、三六〇名が規定人数となったのである。[335]

そして前述の通り、昭和八年九月に招待客数の削減措置が取り決められた際、ほかに内規としていくつかのことが決まったうちの一つとして、民間功労者については人数削減の措置は採らず、総数三六〇名以内という数が維持されたのだった。[336] 宮内省はほかとの権衡上、従来の三六〇名以内を二分の一、もしくは二三〇名または一二〇名以内などの案を出したが、内閣において「種々ノ事情ニ依リ到底斯ル員数ニテハ処理シ難キヲ以テ曲テ現在ノ通リニセラレ度シ」との要望があり、「遂ニ譲歩ノ止ムナキ」に至ったのだ。[337] 民間功労者に対する内閣および政府の期待の程が窺えるだろう。ちなみに内蔵頭申し立てによる銀行関係者については、定員一六名であったのを八名以内としている。[338]

なおこの際、宮内省大臣官房総務課長の鹿児島虎雄が内閣書記官長の堀切善次郎《ほりきりぜんじろう》に対し、既定の範囲と人数は変更しないが、今後その範囲内において多数の者が循環して招待されるよう、特別な事情のある者を除いては同一人物が同一年度の観桜会・観菊会に連続して招待されることのないよう配慮すべきことを申し入れている。[339] より多くの人物が招待されるべきという宮内省内の気配りを示すものだろう。

## 五　後日拝観と召状（案内状・招待状）

### 後日拝観への招待

観菊会については、当日のほか、後日拝観日が明治十五年（一八八二）より設けられた。観桜会・観菊会に招待される範囲でない者への御苑拝観日である（観桜会では大正八年〈一九一九〉に一度開催されたが、本格化するのは同十五年から。理由は明確ではないが、「現行宮中年中行事調査部報告十六　観桜会」では、観菊会会場が仮皇居内であるのに対し、観桜会会場が皇居外であるため実施しがたいのではないかと推測されている[340]。なお、明治四十三年には宮内省内で観桜会後の後日拝観開催を要望する意見が出たが、天皇の裁可はなく、下げ渡しとなっている[341]）。

初年度の十五年と翌十六年は、各庁文武奏任官と華族、およびその家族の拝観が認められ、拝観日は二日間設けられた（いずれかを招待客が選択できたのかは不明[342]）。十七年よりは、一日目を伯子男爵者および夫人、二日目を各庁文武奏任官と雇外国人（奏任以上に準ずべき者）[343]丁年未満の有爵者、華族の礼遇を享受すべき者（以上夫人とも）というように割り当てられ[344]、一日目の伯子男爵者の拝観日には天皇皇后の臨御があり、十七年と十八年度には煎茶のみが出されたが[345]、十九年以降は仮立食所において菓子も出されるようになった[346]。これは十八年の後日拝観終了後に宮内省内でそうした意見が出たためである[347]。

ちなみに十七年の二日目には、各国公使の子供や従者など[348]、および前述のようにJapan Mail社のブリンクリー社長も招待され[349]、十九年には各国公使および雇外国人の家族が許された[350]。さらに二十年には、清国公使や館員の家族

（公使の息子を含む）や大臣の姉とその娘といった人物が「特ニ」[351]招待されていることなどが「観菊会録」にある。おそらく後日拝観の二日目は、招待の範囲に融通が利かされていたのだろう。なお三十八年には、正式に各国公使および公使館員の子女（一五歳未満）で希望する者には保姆付き添いで拝観が許可された。[352]

話を戻すと、十九年からは学習院、華族女学校の生徒、[353]また、各庁文武奏任官の家族の拝観は十七年以降認められなくなっていたが、この年からは宮内省奏任官以上の家族に限っては特別に許可されている。[354]そして三十四年、貴衆両院議員、[355]明治四十四年、神仏各宗派管長等々範囲は拡大した。[356]

なお、明治三十二年に伯子男爵者（夫人とも）の参苑が観菊会当日に移行したのは前述の通りであるが、その際後日拝観は一日開催となり、[357]三十四年に貴衆両院議員が後日拝観に招かれるようになると、再び二日開催となった[358]（これも大正五年からは一日開催となる）。[359]両院議員が後日拝観に招待されることになったのは、鮫島武之助内閣書記官長から三宮義胤式部長へ要請があったからだ。要請の理由は、「府下ノ新聞記者ニスラ御園ノ御菊拝観ヲ許サル、以上（後述）ハ在京ノ議員ニモ拝観ヲ許サル、モ妨ナキコト、存候妨ナキノミナラス直接ニ人民ノ代表タル者ヲシテ皇恩ノ優渥ヲ感セシムル一端トモ可相成カト存候」[360]というもので、先に触れた貴衆両院議長の園遊会当日の招待要請と同時に行われた。

この後、大正八年には六日間の開催となり、それぞれ指定日を設定され、一日目に未成年の有爵者同夫人、華族の礼遇を享くべき者、貴衆両院議員同夫人、奏任官奏任待遇（休職予備後備退役退職とも）同夫人、奏任扱雇外国人同夫人、観菊会に召され当日参苑し得ざりし者（翌年からは「観菊会ニ召サレタル者並ニ其父母及夫人」[361]に変更）、二日目と三日目には、功四級以下功七級以上の功労者、勲四等以下勲七等以上の帯勲者、正五位以下正八位以上の有位者、四日目と五日目には、勲八等の帯勲者と従八位の有位者、六日目には神仏各宗派管長、門跡寺院住職、勅令により定められた各種委員、学位を有する者、官公私立学校長、褒章受領者、道府県会議長、市長ならびに区制による区長、東京府会議員、東京市会議員、帝室技芸員、といったように幅広く門戸が開かれた。(362) 昭和に入っても招待範囲は拡張され、縷々変遷していくことになる。開催日数についても、大正八年は六日間、翌九年から十四年までは四日間だが、十五年の観桜会からは二日間になるなど、変更が重ねられている。

このほか、前述の通り明治三十七年から三十九年にかけての日露戦争時には、出征により戦死あるいは戦病死した将校や文武高等官の未亡人、日本赤十字社の関係者らの拝観が許可された。

このように後日拝観は、観桜会・観菊会当日の招待範囲外の者に対しても栄誉を与える役割を担っていた。前述の通り、明治十三年の観菊会開始以前の十年から十二年にかけて菊花拝観が行われ、官吏や華族、その家族などが招待されていた。その流れを受け継ぐものであろう。

## 伯子男爵者の扱い

伯子男爵者について付言すると、彼らは華族制度創設後から長い間、この後日拝観にのみ招待されていた。しかし、公侯爵が明治十七年観菊会から、各庁奏任三等以上が十九年観菊会(363)から園遊会当日に招待されるようになると不満が生じるようになり、明治三十二年に爵位局から次の要請があった。

爵ハ勅授ノモノナルヲ以テ有爵者ノ待遇ハ勅任官以上ニ準セサレハ其均衡ヲ持シ難シ故ニ公侯爵ニアリテハ已ニ其相当ノ待遇ヲ被ムレリト雖モ伯子男爵ニ至リテハ否ラス殊ニ観桜観菊ノ御会ニ就キテ之ヲ見ルニ勅任官及同待遇者ノ全部ハ之ヲ召サセラル、ノミナラス五等官即チ奏任官ニアリテモ宮内官及近衛官ノ全部及他官庁ニアリテハ通シテ其三分ノ一ノ人員ヲ召サセラル、ニ独リ伯子男爵ハ此レニ（日ヲ異ニシテノ御苑ニ召シ拝謁仰付ケラル、コトハアルモ）参列スルノ栄ヲ被ムルコトナシ如此キハ伯子男爵ヲシテ奏任官ノ或ル部分ニモ如カサル待遇ヲ被ムルヤノ感ヲ懐カシメ根本タル授爵ノ勅語（略）及有爵者ノ奉答（略）ト相俟テ其旨ニ副フノ待遇ト見ルヘカラサルカ如シ

（略）

即チ伯子男爵ハ憲法ニ因リ立法機関ニ参与シ貴族院ノ議員トシテハ政争之間ニ立チテ中正ヲ保チ国政ヲ料理スルノ権能ヲ有シ又華族トシテハ授爵ノ聖勅ニ奉対シ皇室ノ尊厳ヲ扶翼センコトヲ誓ヒシ者ナレハ只其栄誉ノ表彰者タルニ止ラスシテ実権ヲモ握レル者ナリ左レハ此レニ対スル帝室待遇ノ如何ハ其権勢ノ趨向ヲ定ムルニ足ルヲ以テ深ク注意ヲ要スヘキモノアリ仍テ自今観桜観菊ノ御会ニハ伯子男爵モ亦勅任官ト均シク御宴ニ召サセラレ度(364)

つまり、奏任官（前述の通り二十六年以降は奏任三等ではなく五等になっている）が招待されているのに、天皇から爵位を戴く自分たちが招待されないという待遇の低さは看過できなかったのである。これを受けて、前述の通り明治三十二年観菊会から園遊会当日の招待となったのだった。有爵者でも公侯爵は明治二十年代前半から三大節宴会にも招待されているのに対し、伯子男爵は昭和に入ってからだ。余計に待遇の違いに敏感になっていたであろう。

しかし、これには裏話がある。明治二十四年の「観菊会録」によると、「伯子男爵従二位以下従四位以上ノ輩ハ別日ヲ以テ菊花参観差許サレ両陛下ニモ特ニ臨御ノ上拝謁仰付ラル、ニ依リ本年ヨリ観菊会御当日ニ繰上ケ召サセラル、コトニ可相成哉ノ旨侍従長ヲ経テ言上セラレタル処先ツ従前ノ如ク致シ置クヘキ旨御沙汰アラセラレタル趣侍従長ヨリ式部次長へ(365)」話があったというのだ。事務方は伯子男爵者の当日招待への変更を検討していたが、天皇がそれを留め置いていたようだ。

この後、伯子男爵従二位以下従四位以上の夫妻が園遊会当日への招待に変更が決まると、岩倉具定《ともさだ》爵位局長の名で各位に次の如く通知された。

従本年伯子男爵及従二位以下従四位以上ノ夫妻観桜観菊両会ヘ被為召候事ニ御治定相成候就テハ右両会ニハ両陛下出御被為在外国使臣等モ参会相成候間其容儀ヲ重ンスヘキハ勿論ニシテ今更申入候迄モ無之諸君ニ於テ素ヨリ御承知ノ儀ニ候ヘトモ多数人員ノ中万一不都合ノ者有之候テハ華族ノ体面ニ関スル次第ニ付此際服装及挙止等充分ニ御注意相成度此段申進候也[366]

ようやく園遊会当日の招待を認められたからには、華族としての体面を守り、それに相応しい振る舞いをするよう注意を促しているのが興味深い。

ところで先に触れたように、伯子男爵者の三大節宴会招待は昭和五年からだった。対して観桜会・観菊会は明治三十二年からである。両会がより多くの人々に対して門戸を開いていたことが理解される。

なお、十九年に各庁奏任三等以上が園遊会当日の招待に変更された際、有爵者にして奏任三等以上の者はいずれの身分として取り扱うのか外務省から宮内省へ問い合わせがあった。結果、有爵者にして公侯爵は当日の招待（もともと公侯爵は当日招待）、伯爵以下は有爵の身分が適用され後日拝観となる旨回答が行われている。[367]

### 弾力性・機動性

以上のように、園遊会当日、後日拝観日の招待客の範囲拡張には、時局との関係が認められた。また「臣民ノ一人モ多クコノ光栄ニ浴セシメン[368]」との意向から、拡張が行われた。園遊会がより多くの人々に対して門戸を開く弾力性・機動性に富んでいたことが理解される。しかし一方では、招待客の増大、範囲基準の混乱という弊害が醸成されたことも否めなかったのである。

なお、東京市内の各新聞社、通信社のそれぞれ社員二名までは園遊会開催一週間以内に会場の拝観が許可された。[369]

たとえば前掲『東京年中行事』で観桜会・観菊会を解説した若月紫蘭《わかつきしらん》も、この機会を得て拝観したのだ。若月は「自分も今年この栄に浴した一人であったが、この日桜は既に大方散り尽して、八重桜のみが僅かに行く春の名残を語るに過ぎざれど、池の廻りに咲き誇れる藤、躑躅《つつじ》は今が真盛りにて、燕のお茶屋、鷹のお茶屋辺りよりの景色えもいはれず、塵一つ止めぬ御苑の初夏の装いと心地よく拝せられた」(370)と語っている。また、『婦女新聞』第三四三号、第三四四号（明治三十九年）には「御苑菊拝観の記」という記事が掲載されているが、こうした新聞・雑誌記事は多数存在する。なかでも『婦人画報』明治四十四年、第六二号では菊の展示場（菊花壇）を写真で紹介している。一般紙に会場内の写真が掲載されることは多くはなく、招待に与からない人々が園遊会の様子を知るには貴重だっただろう。

## 召状（案内状・招待状）

ここで招待客に送られた召状（案内状・招待状）について取り上げるが、その前にまず皇族宛の召状に触れておきたい。十三年観菊会の文言は次の通りである。

来ル十八日仮　皇居御苑之観菊会御催相成各国交際官夫妻等被為召候ニ付同日午後一時御息所御同伴御参　内可有之様御沙汰候条此段申進候也

　　有栖川二品親王殿下

追テ当日文官ハフロックコート着用致候且陪観者心得書壱通為御心得差上候尤同日雨天ニ候ハヽ御延引ニ候也(371)

「陪観者心得書」とに、皇族以外の招待客の召状に同封された参苑にあたっての心得を記した「添紙」のことである（後述）。

翌十四年観桜会では次のように、「聖上　皇后宮……臨御被為在」の文言が加えられた。

来ル廿六日吹上御苑ニ於而観桜会御催相成候ニ付
聖上　皇后宮同日午後三時御出門　同所、
臨御被為在各国交際官夫妻等被為召候ニ付当日午後三時御息所御同伴御参苑有之旨
御沙汰候条此段申進候也
明治十四年四月廿一日　宮内卿
有栖川二品親王殿下

追テ当日文官ハフロックコート着用致候且陪観者心得書並絵図面共為御心得差上候尤同日雨天ニ候ハヽ御延引ニ候也(372)

ただし、これは十七年観桜会までのことで、それ以降は挿入されていない。また、観菊会の召状には一度も使用されなかったのが大きな違いである。

この後、明治十八年の観桜会以降は、観桜会・観菊会ともに同様の文面になる。「各国交際官」などの招待客の肩書きを伝える文言は消え、単に会場の御苑に参内するよう御沙汰があったことを伝えるのみになる。また明治二十九年観桜会以降、本文末尾は「此段申上候也」になるが、これは二十八年十二月に「旨」を奉じ皇族宛に発送する公文書面の末文をそのように定めることが決まったからだ。(373)なお、大正十四年観桜会からは「此段申上候」となる。(374)

また従来、召状などへの皇族の名称の認め方には規則がなかったが、明治十三年三月に一定するよう宮内省内で意見が出、皇族の廉をもって認める場合には、正式には「品名親王殿下」（例：二品熾仁親王殿下）、略式では「称号品親王殿下」（例：有栖川二品親王殿下）と定まった。[375]つまり、観桜会・観菊会の召状は略式で記載されていたということだが、他方、三大節宴会の召状の場合は正式な形式が用いられていた。ここにも観桜会・観菊会の「軽キ公事」という性格が表れているだろう。なお、料紙は奉書が用いられたが、大きさ・形は半切、大広、あるいは巻紙だったりと一定はしていなかった。明治十七年の「観菊会録」（第一号）によれば、この年の観菊会での皇族宛の召状には菊唐草模様の輪郭が施されていたようだ。他の回でも、あるいは観桜会でも同様の工夫が凝らされていたと推測される。

大正八年観菊会からは成年式を終えた皇太子（後の昭和天皇）も参苑するようになるが、召状はなかったようだ。[376]皇太子時代の大正天皇については判然としない。

### 桜と菊の唐草模様

その他の召状はどのようなものだったかというと、少々厚めの洋紙に文言が印刷された。その文言は、明治十三年観菊会については次の通りである（図12）。

宮内卿茲ニ
両陛下ノ命ニヨリ（苗字官名閣下令夫人令嬢）
十一月十八日午後一時赤坂仮皇居御苑
ノ観菊会ニ来臨アランコトヲ希望ス

フロック、コート着用

当日雨天ナレハ之ヲ罷ム

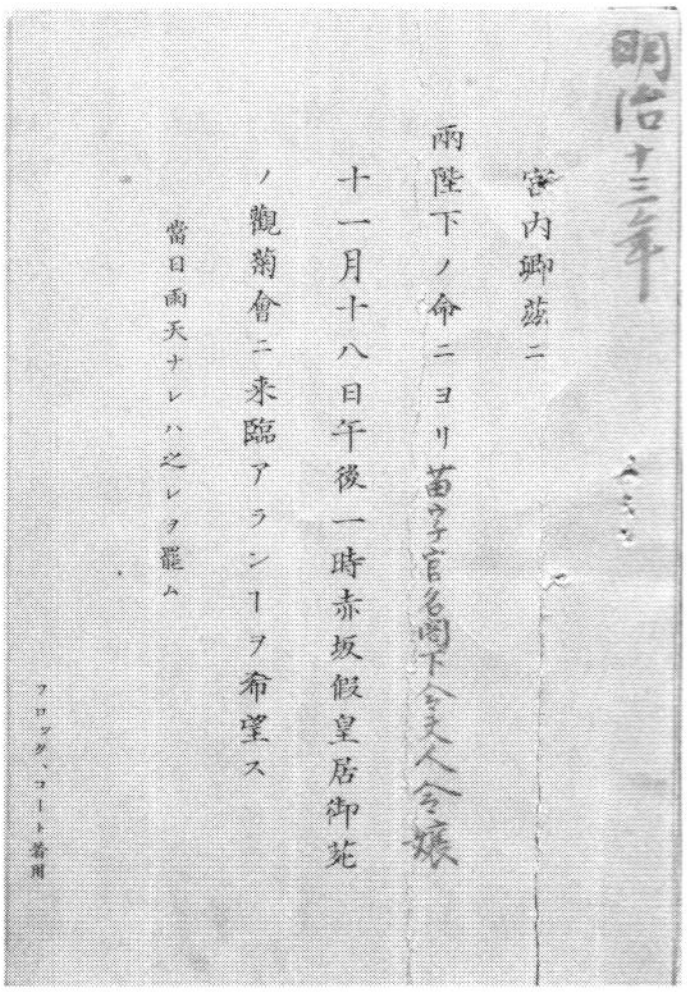
明治十三年

宮内卿茲ニ
両陛下ノ命ニヨリ苗字官名閣下令夫人令嬢
十一月十八日午後一時赤坂假皇居御苑
ノ觀菊會ニ來臨アランヿヲ希望ス
當日雨天ナレハ之レヲ罷ム
フロック・コート着用

図 12　明治 13 年観菊会召状
飾りのないシンプルなデザイン

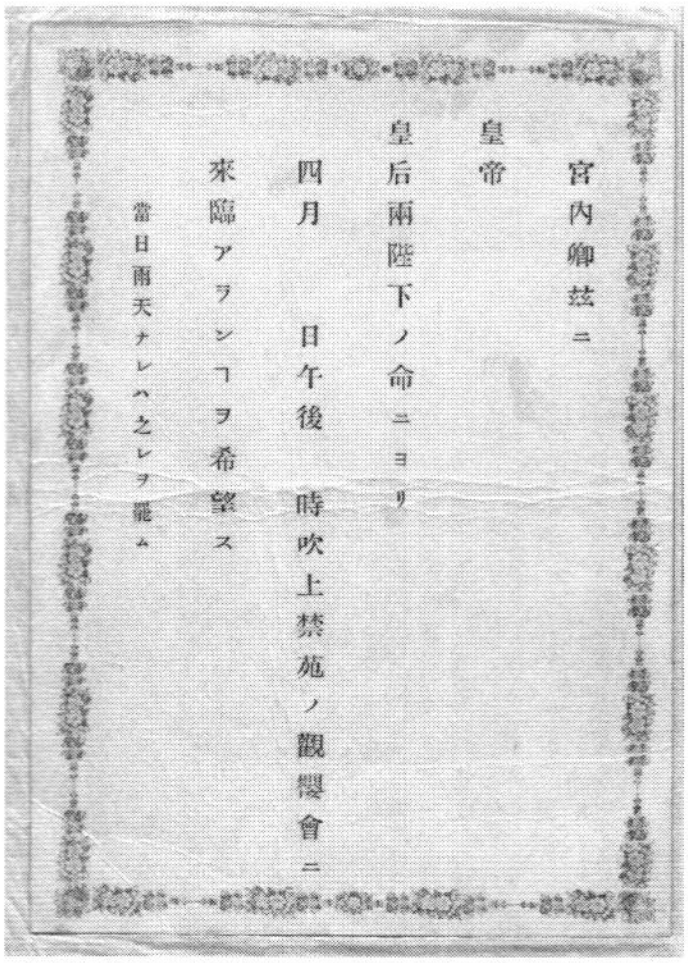
宮内卿茲ニ
皇帝
皇后両陛下ノ命ニヨリ
四月　日午後　時吹上禁苑ノ觀櫻會ニ
來臨アランヿヲ希望ス
當日雨天ナレハ之レヲ罷ム

図 13　明治 14 年観桜会召状
細かな桜花模様が施されている

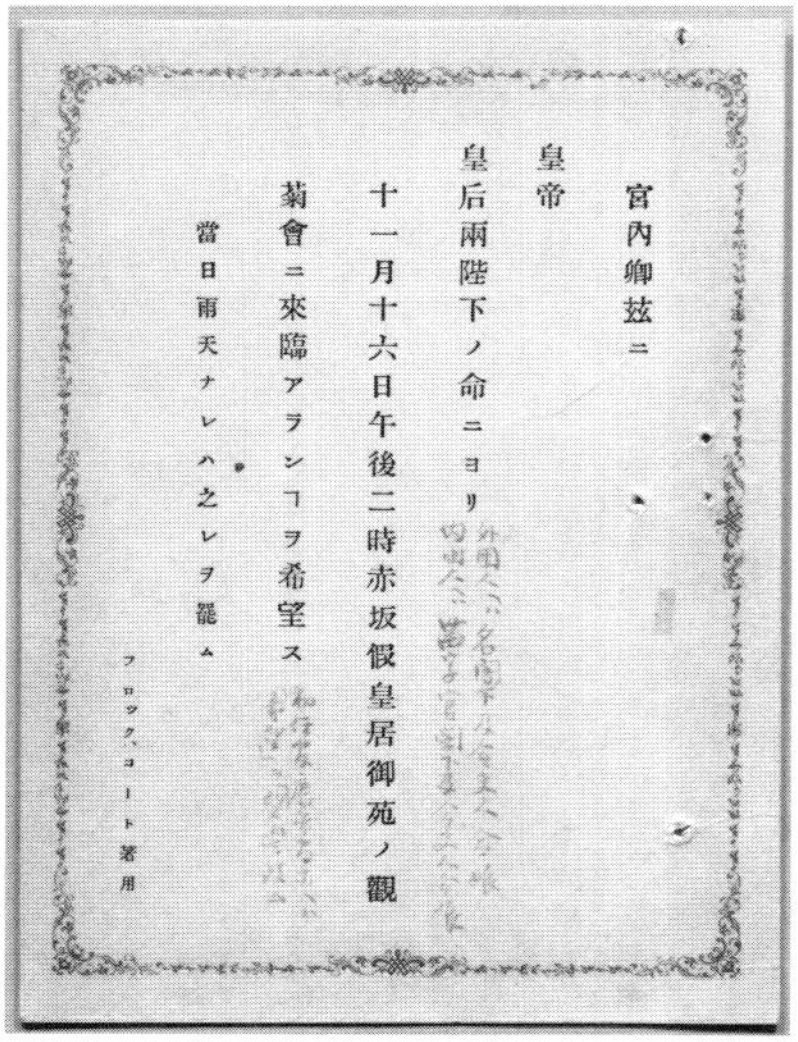
宮内卿茲ニ
皇帝
皇后両陛下ノ命ニヨリ
十一月十六日午後二時赤坂假皇居御苑ノ觀
菊會ニ來臨アランヿヲ希望ス
當日雨天ナレハ之レヲ罷ム
フロック、コート著用

図 14　明治 14 年観菊会召状
蔓草風の模様が施されている

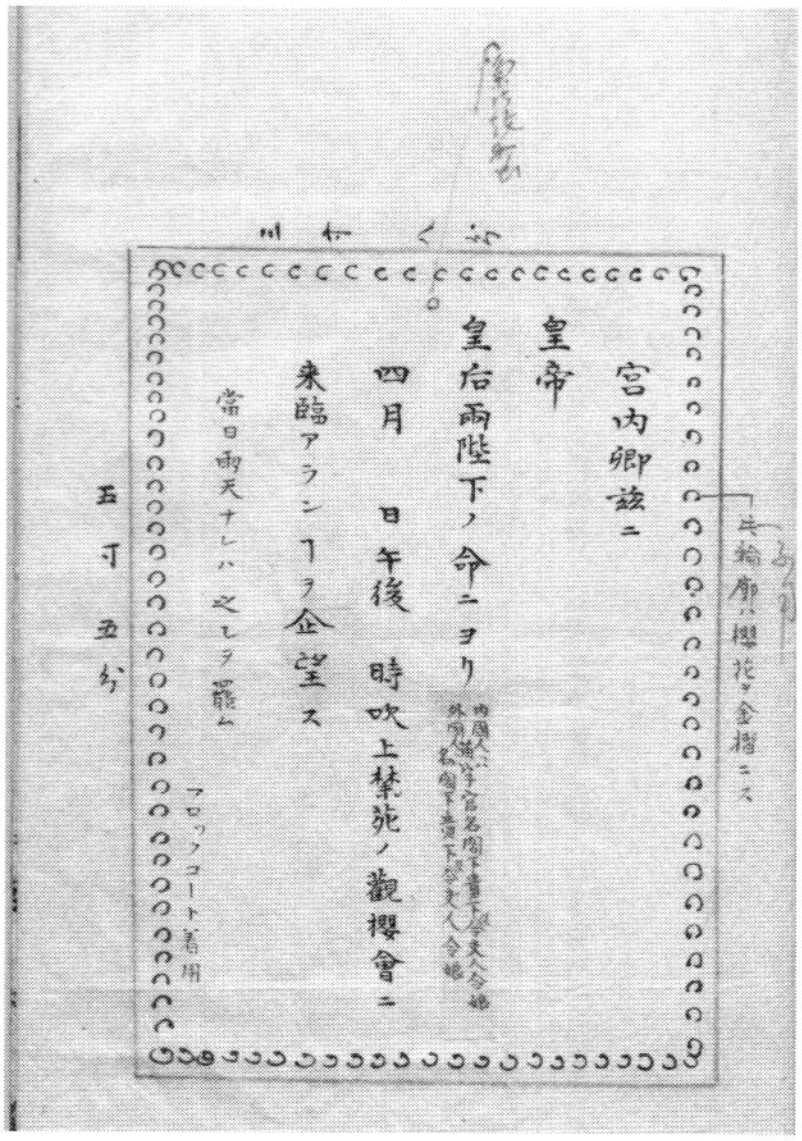
宮内卿茲ニ
皇帝
皇后両陛下ノ命ニヨリ
四月　日午後　時吹上禁苑ノ觀櫻會ニ
來臨アランヿヲ企望ス
當日雨天ナレハ之レヲ罷ム
フロックコート着用
五寸五分

図 15　明治 15 年観桜会召状
菊の御紋章を打ち出すよう指示している

客を招くのは天皇皇后だが、その召状は宮内卿の名前で出している。これはイギリス王室の召状の形式を採用したものだ[377]。また、外国人用と日本人用の区別はされていなかったようだ。男性の服装規程である「フロック、コート」の記載があり、デザインは白の無地となっている。

図13は明治十四年の観桜会の召状で、ここでは、前年観菊会が「両陛下」となっているのと違い、「皇帝　皇后両陛下」となっている。天皇のことを「皇帝」と表現しているが、これは当時、天皇という言葉の概念が外国人には伝わりにくいだろうということで、外国人が絡む場合の書面には「皇帝」の文字を使用するようになっていたからだ（ただし、明治四十五年の観桜会からは、日本人向けには「天皇」と改めている[378]）。また十三年観菊会の召状が模様のない無地だったのに対し、細かな桜花がデザインされて文章の周りを縁取っている。色は経年変化によるものかどうかわからないが、燻されたような金色だ。男性の服装規程「フロック、コート着用」は記載されていない。

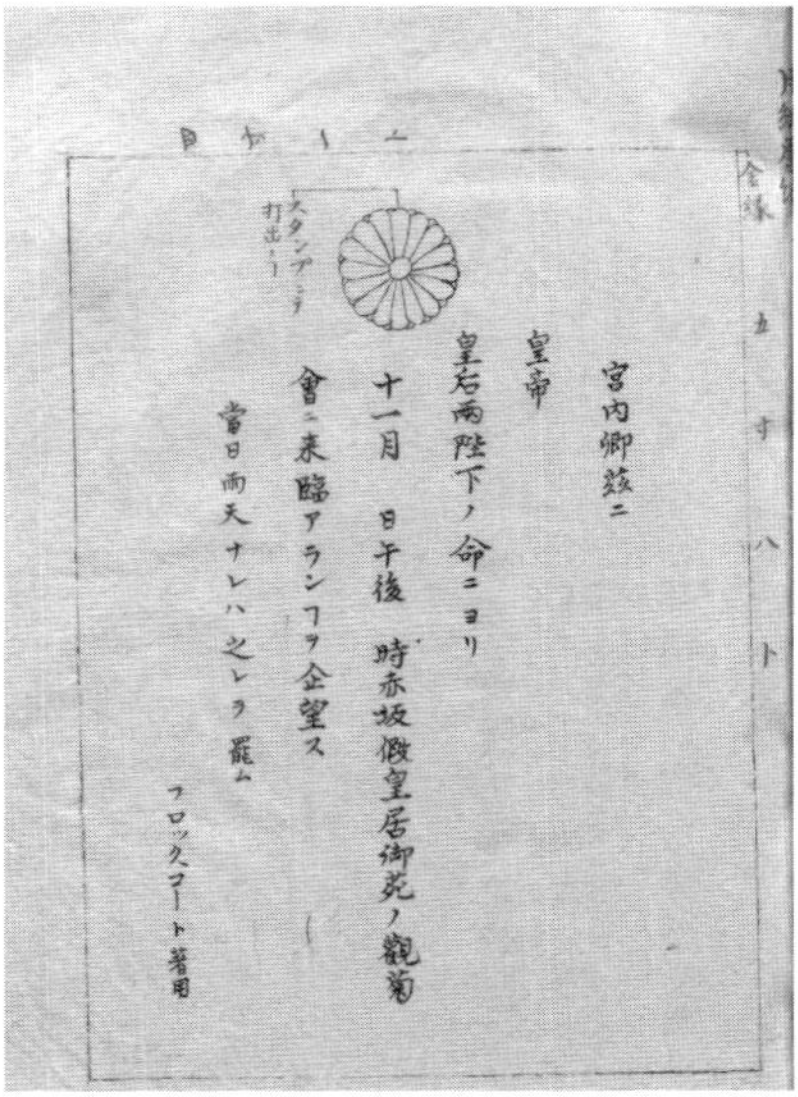
宮内卿茲ニ
皇帝
皇后両陛下ノ命ニヨリ
十一月　日午後　時赤坂仮皇居御苑ノ観菊
會ニ来臨アランコヲ企望ス
當日雨天ナレハ之レヲ罷ム
フロック、コート着用

図16　明治15年観菊会召状
菊の御紋章を打ち出すよう指示.
文言周囲の模様は消えている

明治十四年観菊会（図14）では、本文末尾の「希望ス」を「勅任官麝香間祗候等」へは「望ム」に改めることとなった。また男性服装規程の記載が復活する。さらに前年と違い、蔓草のような模様が文章周囲に描かれた。図15は明治十五年観桜会の雛形で、当初は菊の御紋章はなく、打ち出すよう指示が記載されている（エンボス加工だろう）。また金刷りで桜の縁取りを入れるよう指示が書き込まれているが、さらに不要と追記されている。図16は明治十五年観菊会の雛形だが、

「スタンプ」で菊の御紋章を打ち出すように指示されていることや、周りの縁取り模様がなくなっていることがわかる。また右隅に但し書きがあり、用紙は厚紙で、紙の縁（側面）を金縁にするよう指示している（実際に金縁になるのは十七年観菊会から）。

## 日本人用と外国人用

十六年観桜会では、日本人と外国人で文言が変えられた。図17は日本人用の雛形だが、「皇帝　皇后両陛下」に代わって「聖上　皇后宮」が用いられている。外国人用は従来通り「皇帝　皇后両陛下」のままだ。これは同年四月六日に尊称の使用について、今後は外国人宛の文書には「皇帝陛下　皇太后陛下　皇后陛下」を用い、在外日本公使・領事、その他の日本人宛の際には「聖上　皇太后宮　皇后宮」、または「天皇陛下　皇帝陛下　皇太后陛下　皇后陛下」とするよう宮内省の内規が定まったこと(379)に関連しているものと思われる。ただしこれはあくまで雛形なので、実際のものは「皇帝　皇后両陛下」のままかもしれない。なぜなら、同年観菊会以降の日本人用は「皇帝　皇后両陛下」となっているからだ。

このほか、日本人用の本文末尾が「此段申入候也」に対し、外国人用では「此段得貴意候也」となった。さらに、招待者の氏名はこれまでは本文中に挿入されていたが、最後に宛名として記載するようになったようだ（明治二十年観菊会から四十四年観菊会までは再び本文中に記載）。また召状発出の日付と宮内卿の氏名を本文の後に記載する形式に変更されているが、これらは外国人、日本人に共通している。デザインとしては、両者とも紙を横に使い、周囲に桜を巡らすよう指示している。

ちなみに、この日本人用の雛形は十六年「観桜会録」によるものだが、同年の「例規録(380)」には別の雛形も残されている。こちらの方が図17の雛形より早く作成され（三月。図17は四月）、用紙を縦に使い、やはり「聖上　皇后宮」となっている。しかし、その後八月には日本人用に「皇帝　皇后両陛下」を使用する案も出ており、(381)十六年観桜会の日本人用召状については判然としない。なお、「聖上」と「皇后宮」には「陛下」の尊称は付かない。天皇専用の尊称である「聖上」は「陛下」と同様の最上級の尊称であり、また「宮」が皇后に付けば「陛下」、皇族に付けば「殿下」と同格となる。(382)

図18・19は十六年の観菊会用で、図18の外国人用は「御参入相成度」に対し、図19の日本人用は「御参入可有之」というように違いが付けられた。本文末尾も、外国人用は「御案内申候也」となり、日本人用は「御案内候也」と違

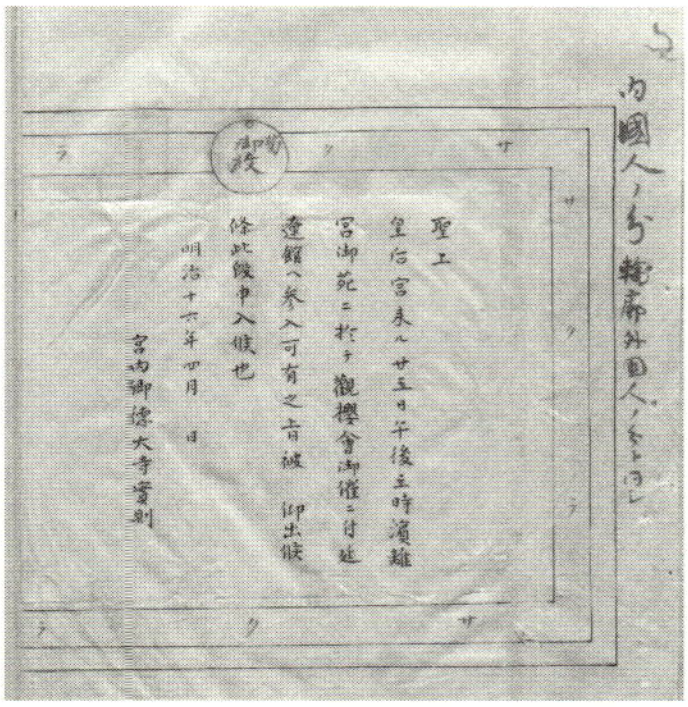
聖上
皇后宮来ル廿三日午後三時濱離
宮御苑ニ於テ観櫻會御催ニ付延
遼館へ参入可有之旨被　仰出候
條此段申入候也
明治十六年四月　日
宮内卿徳大寺實則

図17　明治16年観桜会召状（日本人用雛形）
桜花模様も指示している

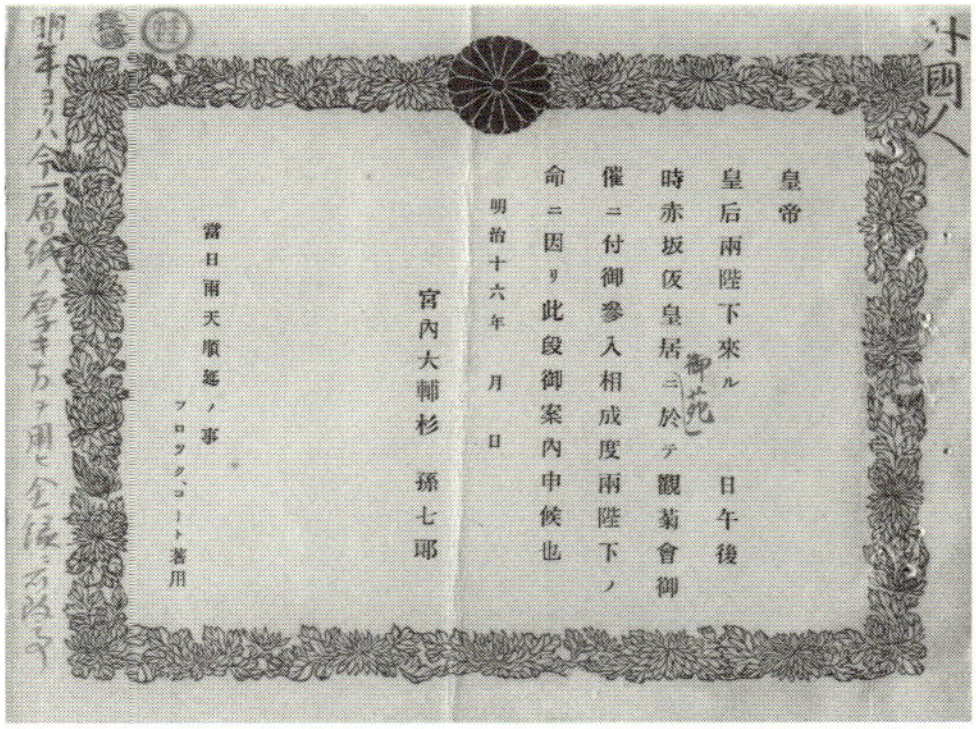
皇帝
皇后両陛下来ル　日午後
時赤坂仮皇居ニ於テ観菊會御
催ニ付御参入相成度両陛下ノ
命ニ因リ此段御案内申候也
明治十六年　月　日
宮内大輔杉　孫七郎
當日雨天順延ノ事
フロツクコート着用

図18　明治16年観菊会召状（外国人用）
菊花模様が施される

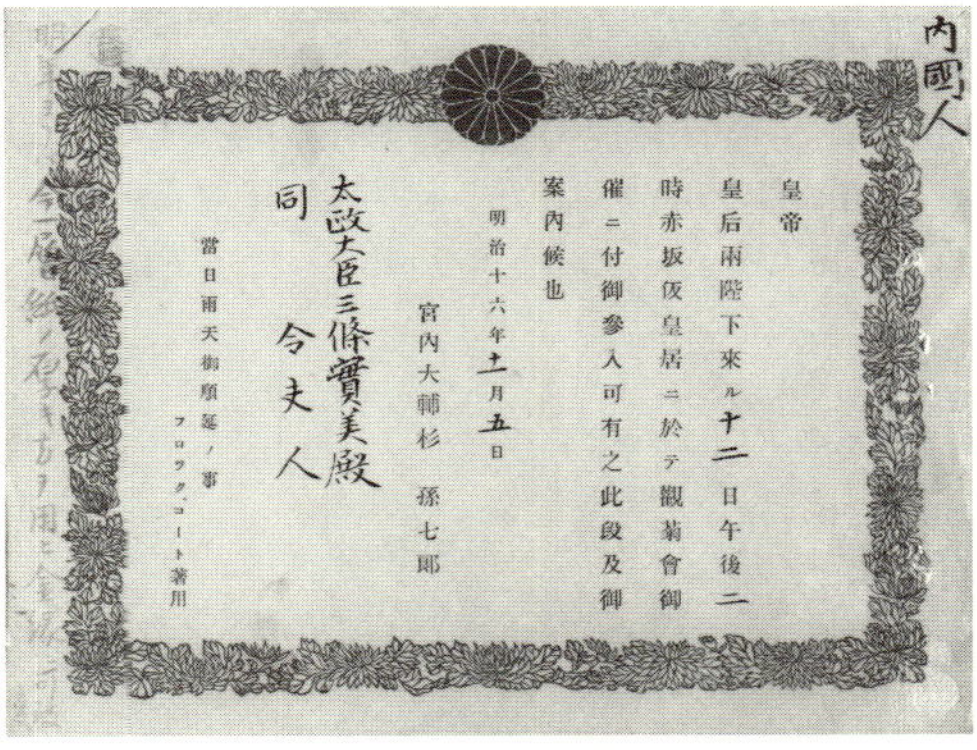
皇帝
皇后両陛下来ル十二日午後二
時赤坂仮皇居ニ於テ観菊會御
催ニ付御参入可有之此段及御
案内候也
明治十六年十一月五日
宮内大輔杉　孫七郎
太政大臣三條實美殿
同　令夫人
當日雨天御順延ノ事
フロツクコート着用

図19　明治16年観菊会召状（日本人用）
菊花模様が施される

皇帝
皇后両陛下來ル廿五日午後二時濱離
宮御苑ニ於テ觀櫻會御催ニ付延遼館
ヨリ参入可有之旨被　仰出候條此段
及御案内候也
明治十七年四月十七日
宮内卿伊藤博文
太政官三條實美殿
同　令夫人
フロックコート着用

図20　明治17年観桜会召状（日本人用）
桜花模様が施される

皇帝
皇后両陛下來ル十一月七日午
後二時仮皇居御苑ニ於テ觀菊
會御催ニ付御参入相成度
両陛下ノ命ニ因リ此段御案内
申候也
明治十七年十月卅一日
宮内卿伊藤博文
米利堅合衆國特命全權公使
ジヨン、エ、ビンガム閣下
同　令夫人
同　令娘
フロック、コート着用

図21　明治17年観菊会召状（外国人用）
菊花模様の幅を細め，かつ模様を疎らにするよう指示している

いが見られる。また外国人用には「両陛下ノ命ニ因リ」という文言が加わっている。これは日本人用にはないものだ。デザインは、菊の御紋章と案内文周辺の縁取りが菊花と葉で描かれている。なお左横には、「明年ヨリハ今一層紙ノ厚キ方ヲ用ヒ金縁ニ可致事」とメモ書きしてある。長崎省吾の印が押されているが、彼の指示によるものかどうかは不明である。しかしいずれにしてもこのように細部にまで気を配られていたことが見えてくる（実際に用紙が厚くなるのは明治二十一年観桜会から。前述のように金縁は十七年観菊会から実施）。

図20は明治十七年観桜会の日本人用で、これ以降「参入可有之旨被　仰出候」の文言が挿入された。外国人用は前年と同じである。菊の御紋章と、周囲に緻密な桜花が描かれている。

図21は明治十七年観菊会の外国人用で、文言とデザインは変わらないが、左横に但し書きがあり、縁取りの模様を三分の一ほど細く、かつ模様を疎らにするよう指示している（日本人用も同様）。なお日本人用には服装規程が男性の「フロック、コート」のほかに「夫人ハ通常礼服或ハ西洋服著用」と付記されるようになった。

## ピエール・ロティを魅了した召状

図22は明治十八年観菊会の外国人用で、前年の指示通り周囲の菊花模様のデザインが変更され、幅が細く、かつすっきりとしたものになっている（十八年観桜会のデザインは十七年と変更がない。つまり、それまでの菊花のデザインは花弁と葉が細かすぎてわかりづらかったということだろう）。

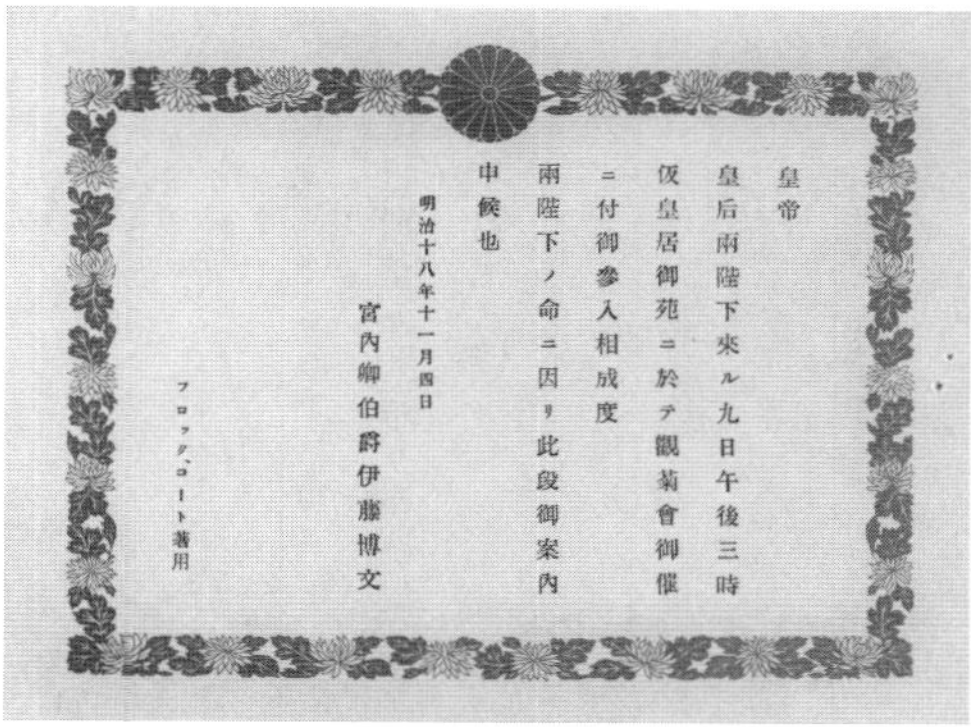
皇帝
皇后兩陛下來ル九日午後三時
仮皇居御苑ニ於テ観菊會御催
ニ付御參入相成度
兩陛下ノ命ニ因リ此段御案内
申候也
明治十八年十一月四日
宮内卿伯爵伊藤博文
フロック、コート著用

図22　明治18年観菊会召状（外国人用）

前出のフランス海軍中尉ピエール・ロティは、明治十八年のこの召状を手にして次のように認めている。

わたしはその封書を開き、なかから象牙のように白い一葉の厚紙を引き出す。これまた、金のキクの紋章がおされ、そのふちは、金の葉をつけた普通のキクの細かな花模様で飾られている。この招待状の外観は、それだけでもすでに、たぐいまれなすばらしいあるものを予想させる(383)

日本に辛辣な意見を持っていたロティだが、実は観菊会については参苑する前から大きな期待を抱いていたため、この召状を見てより興奮しているのだ。召状のデザインは試行錯誤が繰り返されているが、その甲斐があったということになる。

## 大幅な変更

二十年観菊会からは文言が大きく変わった。外国人用（図23）は、

皇帝

皇后両陛下ノ命ヲ奉シ宮内大臣茲

ニ敬意ヲ致シ

ヲ

来ル八日午後三時仮皇居禁苑ニ

於テ催サル、観菊会ニ招請ス

明治二十年十一月二日

フロック、コート著用

本文後にあった差出人の「宮内大臣」を文中に挿入するとともに「敬意ヲ致シ」の文言を入れ、本文末尾は「招請ス」というように表現が変わったのだ。一方日本人および雇外国人（十九年観菊会から招待されることになった雇外国人は、外国人であっても召状は日本人と同じものが使用された）用（図24）は、

宮内大臣

皇帝

皇后両陛下ノ命ヲ奉シ

ヲ

来ル八日午後三時仮皇居禁苑ニ
於テ催サル、観菊会ニ招請ス
明治二十年十一月二日
フロック、コート著用夫人ハ
通常礼服或ハ西洋服著用

このように「宮内大臣」を頭に入れ、「敬意ヲ致シ」はなく、本文末尾は外国人用と同じく「招請ス」に変更された。また前述の通り、外国人用、日本人・雇外国人用ともに招待者氏名は再び本文中に挿入されるようになった。な

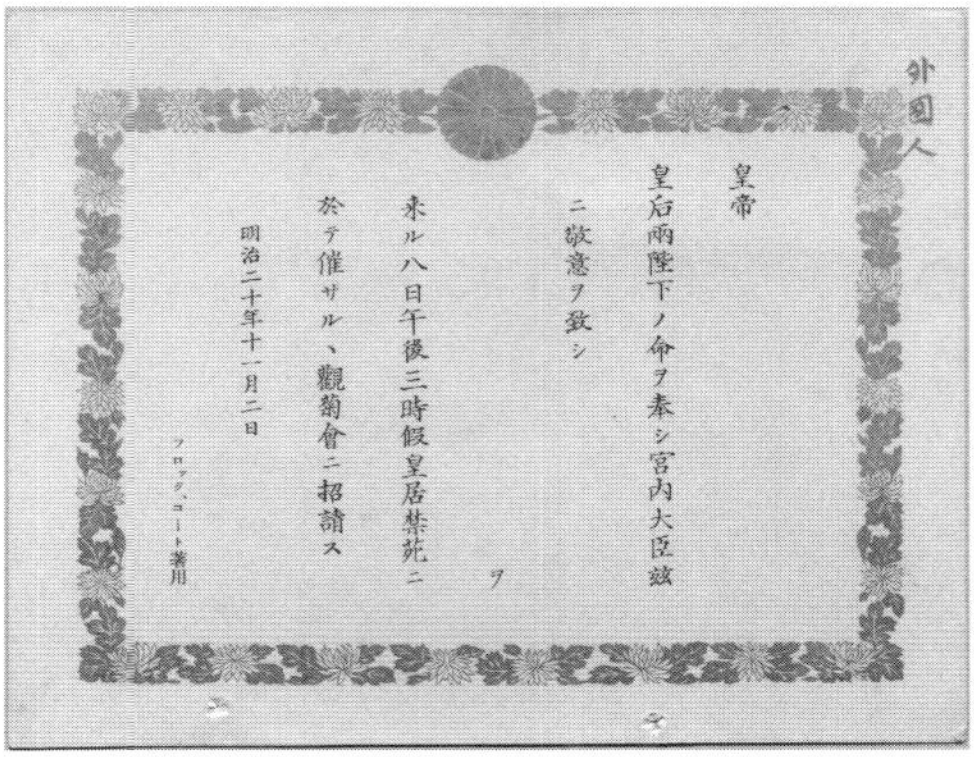

図 23　明治 20 年観菊会召状（外国人用）
御紋章と菊花模様は本金摺りになる

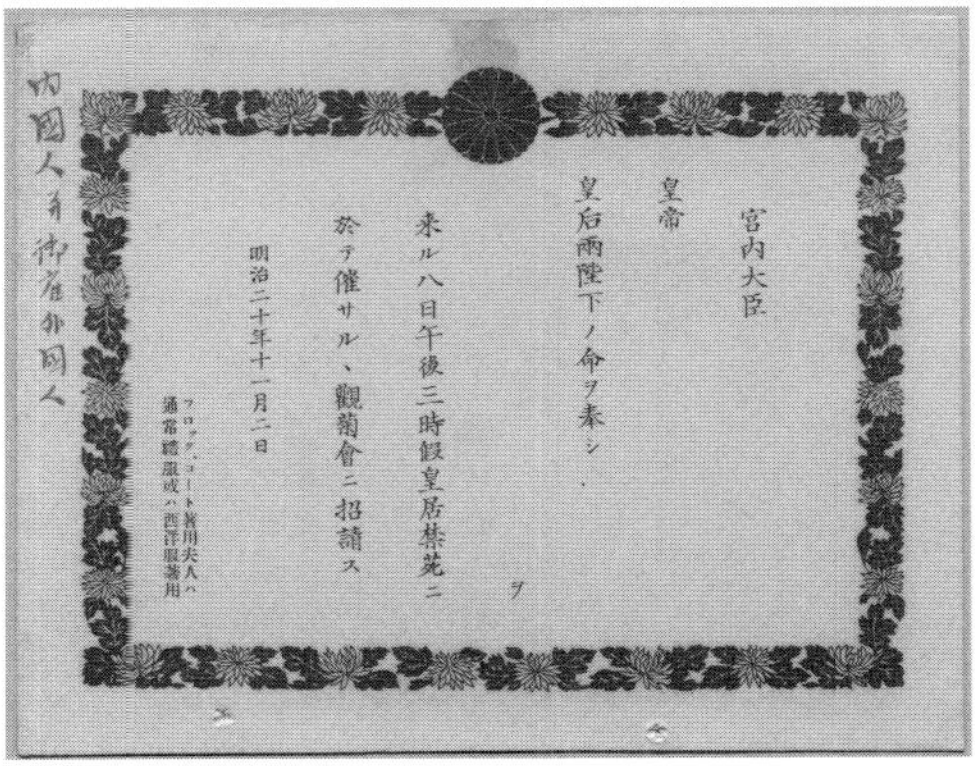

図 24　明治 20 年観菊会召状（日本人・雇外国人用）
並金での摺りで，色が経年変化している

お、各国交際官、領事、貴客等および一部の雇外国人の召状は、御紋章と周囲の縁取り模様に「本金摺」が施されるようになった。(384)

次いで、二十一年観菊会からは、日本人用の服装規程の記載が子細になり「男子ハ通常服（フロック、コート）夫人ハ通常服（ヴィジチングドレス）或ハ袿緋袴《うちきひばかま》」と改められた（「男子ハ通常服（フロック、コート）」は、二十四年観菊会からは単に「通常服」のみとなる。また「袿緋袴」は二十二年観桜会からは「袿袴《うちきばかま》《けいこ》」となる。ただし袿緋袴と袿袴は同じである）。さらに、二十二年観桜会からは日本人・雇外国人用の「招請ス」が「招待ス」に変更され、菊の御紋章はエンボス加工されて浮き上がるようになった。

明治二十四年観菊会からは、日本人・雇外国人用の服装規程の記載の中で「夫人」の文字は「婦人」に変更される。また外国人用には服装規程の記載がなくなる。そして二十五年観桜会からは、外国人用、日本人・雇外国人用ともに「公務又ハ病気ニヨリ参苑難致向ハ速カニ其旨申出ラルベシ」の文言が付け加えられた。無断欠席が多かったからだ。(385)

次いで三十一年観菊会で、日本人・雇外国人用の服装規程の記載は「文官ハ通常服高帽《トヲルハツト》武官ハ其相当服婦人ハ『ヴィジチング、ドレス』或ハ袿袴」と改まる。

この後、三十八年観菊会からは、これまでの日本人・雇外国人用の文言が外国人にも使用され、両者は同一の召状となった。理由は「格別其必要ヲ認メズ」というものだった。(386) この同一文言への変更は、同年天長節以降の三大節宴会と観桜会・観菊会の召状すべてに共通する。(387) なお観桜会・観菊会の召状のみ、服装規程の記載が消えた（後述するように服装規程が廃止されたわけではない）。

しかし、四十五年観桜会からは再び外国人用と日本人用に分けられた（雇外国人宛召状がどちらになるのかは判然としない）。(388) これまでとの違いは、日本人用は「皇帝」ではなく「天皇」が用いられるようになったことである。これも

天皇皇后両陛下ノ命ヲ奉シ
來ル　日午後二時三十分
濱離宮御苑ニ於テ催サルル
觀櫻會ニ招待ス
明治四十五年四月　日
宮内大臣伯爵渡邊千秋
[redacted]

図 25　明治 45 年観桜会召状（日本人用）
「天皇」が使用される

天皇皇后両陛下ノ命ヲ奉シ來十七日
午後二時三十分新宿御苑ニ於テ催サ
ルル觀櫻會ニ招待ス
大正六年四月十二日
宮内大臣男爵波多野敬直

図 26　大正 6 年観桜会召状（日本人用）
用紙が縦に使用される

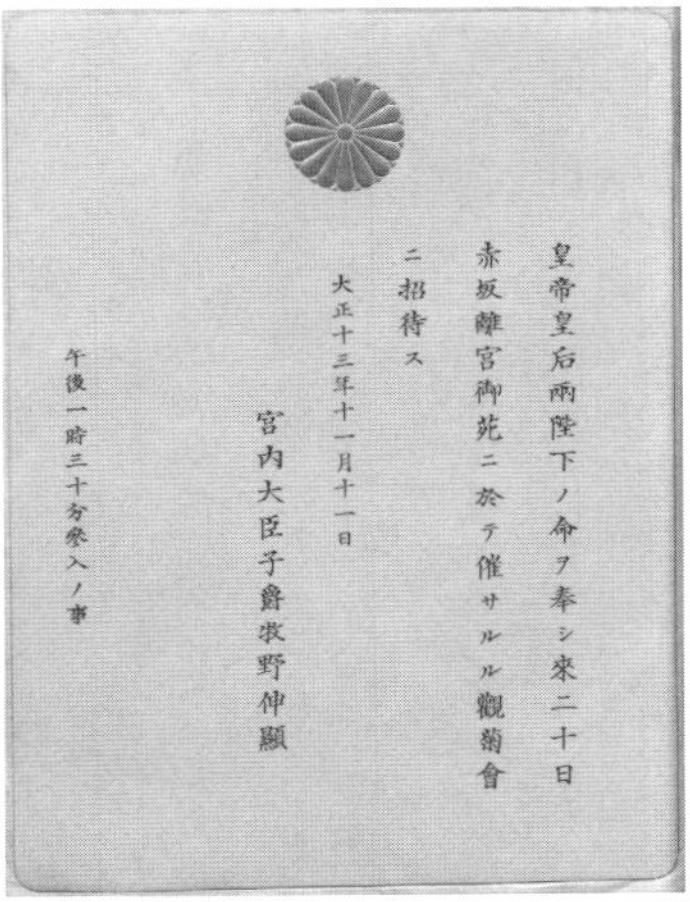

皇帝皇后両陛下ノ命ヲ奉シ來二十日
赤坂離宮御苑ニ於テ催サルル觀菊會
ニ招待ス
大正十三年十一月十一日
宮内大臣子爵牧野伸顯
午後一時三十分參入ノ事

図 27　大正 13 年観菊会召状（外国人用）
縁取り模様が消える

同年の紀元節以降の三大節宴会と観桜会・観菊会の召状すべてに共通する。[389] そして、ここから欠席の場合の届け出についての記載がなくなっている。また先に触れたように、招待者の氏名は本文の後に宛名として記載されるようになった。図25は四十五年観桜会の日本人用である。

この後、大正六年観桜会から用紙は再び縦に使われるようになり（図26）、さらに大正十三年観菊会からはデザインがシンプルになり、縁取り模様が削除されて菊の御紋章が一つ浮かぶだけになっている（図27）。また会場への参入時刻が記載されるようになり、以後この様式が継承された。[390]

## 添紙と入苑証

招待客へ送付されたのは召状だけではなく、参苑の心得を記載した「添紙」が同封された。心得の内容は、参入すべき門、服装に関する注意事項、雨天の際の処置などで、対象者によって内容は違っていた。図28は明治十四年観菊会のものだが、「大臣参議外国人等へハ心得書ヲ不添候事」の但し書きがある。ただし、翌十五年観桜会では後の二ヵ条を除いて同人たちへも同封しており、以降は招待客全員に送ったようだ。なお、明治二十七年の観桜会以降は「入苑証」が同封され、心得はその裏面に記載されることになった。図29は下って大正十一年観桜会で使用された内閣総理大臣・高橋是清《たかはしこれきよ》のものだ。表には肩書きと氏名の記入が求められた。無造作に書かれた丸印は、入苑に際し係がチェックのために記したものだと思われる。図30は大正十四年観桜会でのもので、このように裏面に心得が書かれている。なお入苑証は明治十四年、十五年観桜会でも吹上《ふきあげ》入口門参入の際に提示するために使用されているが（ただし日本人のみ）、その後は利用されていなかった。

これらを封入する封筒は、史料上わかる範囲ではすべて白色で、裏の合わせ部分には菊の御紋章がエンボス加工で

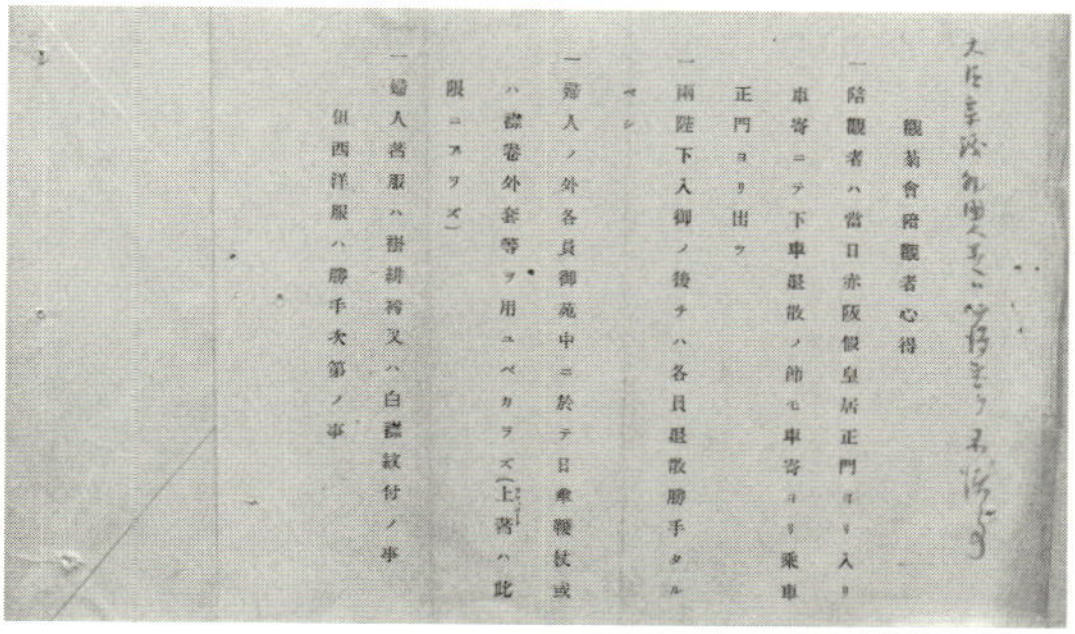
觀菊會陪觀者心得

一陪觀者ハ當日赤阪假皇居正門ヨリ入リ車寄ニテ下車退散ノ節モ車寄ヨリ乗車正門ヨリ出ヅ

一両陛下入御ノ後チハ各員退散勝手タルベシ

一婦人ノ外各員御苑中ニ於テ日傘[illegible]杖或ハ襟巻外套等ヲ用ユベカラズ(上着ハ此限ニアラズ)

一婦人著服ハ袿袴又ハ白襟紋付ノ事
但西洋服ハ勝手次第ノ事

図 28　明治 14 年観菊会陪観者心得書

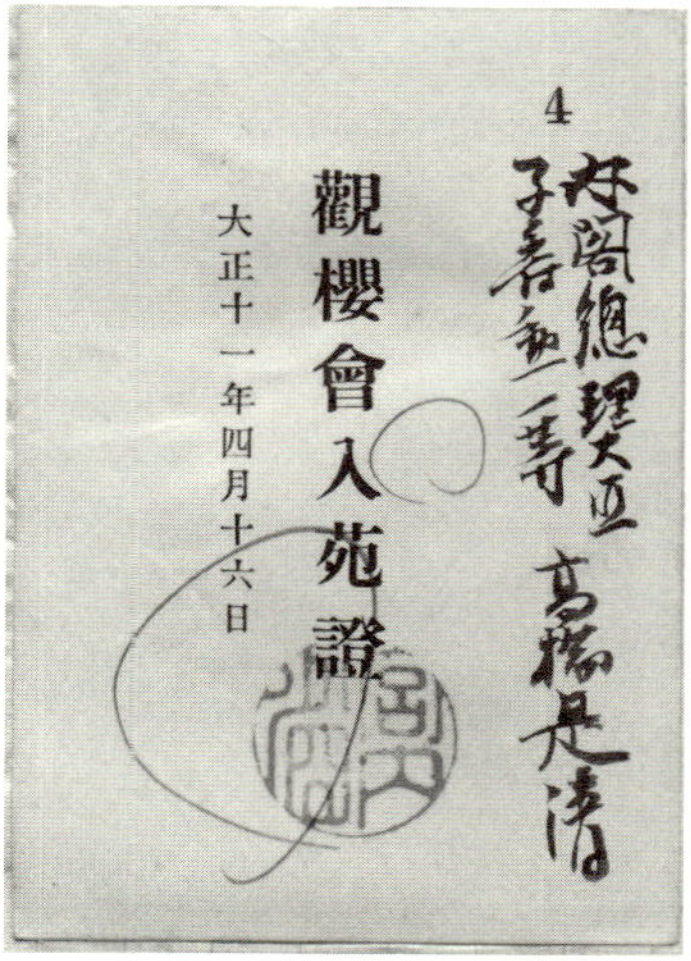
4

内閣總理大臣

高橋是清

觀櫻會入苑證

大正十一年四月十六日

図 29　大正 11 年観桜会入苑証
内閣総理大臣・高橋是清が使用したもの

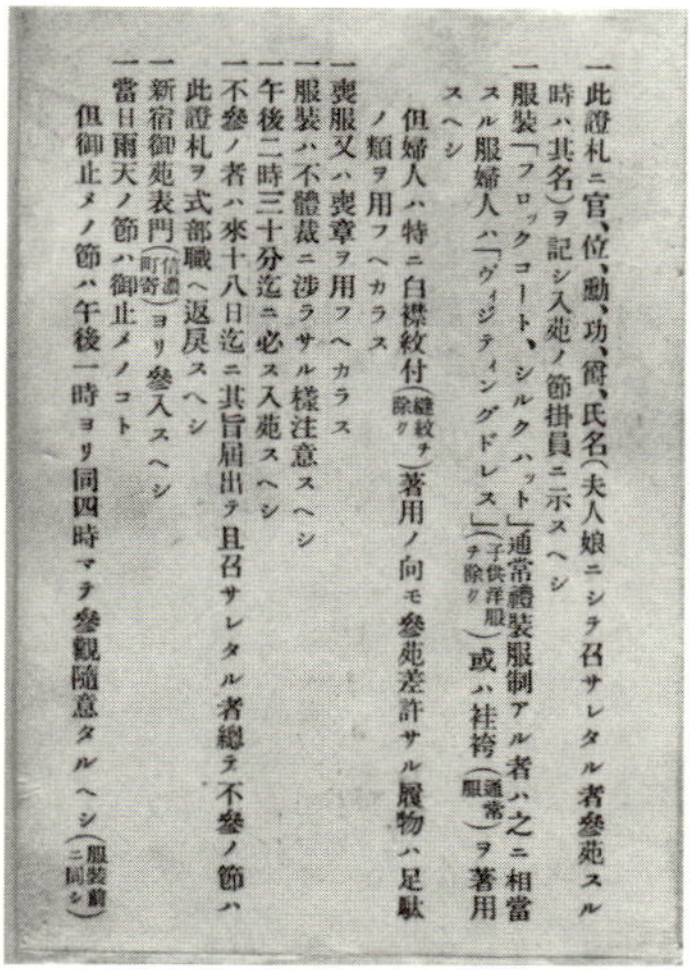
一此證札ニ官、位、勳、功、爵、氏名(夫人娘ニシテ召サレタル者參苑スル時ハ其名)ヲ記シ入苑ノ節掛員ニ示スヘシ

一服裝「フロックコート、シルクハット」通常禮裝服制アル者ハ之ニ相當スル服婦人ハ「ヴィジティングドレス」(子供洋服ヲ除ク)或ハ袿袴(通常服)ヲ著用スヘシ
但婦人ハ特ニ白襟紋付(縫紋ヲ除ク)著用ノ向モ參苑差許サル履物ハ足駄ノ類ヲ用フヘカラス

一喪服又ハ喪章ヲ用フヘカラス

一服裝ハ不體裁ニ渉ラサル樣注意スヘシ

一午後二時三十分迄ニ必ス入苑スヘシ

一不參ノ者ハ來十八日迄ニ其旨屆出テ且召サレタル者總テ不參ノ節ハ此證札ヲ式部職ヘ返戻スヘシ

一新宿御苑表門(信濃町寄)ヨリ參入スヘシ

一當日雨天ノ節ハ御止メノコト
但御止メノ節ハ午後一時ヨリ同四時マテ參観随意タルヘシ(服裝前ニ同シ)

図 30　大正 14 年観桜会入苑証
裏に記載された「心得」

浮き上がり、「宮内省」の文字も同様にエンボス加工されている（明治十七年の後日拝観用にはない）。表書きは、明治二十年観菊会から内外人ともに夫妻宛に認めるようになった。これは宮内省雇外国人モールの意見によるところだったという[391]。

後日拝観用の召状は、保存されているものが少ないので判然としないが、残存するものを見ると、明治十七年と十

有爵者拝観状

假皇居御苑菊花滿開ニ付參觀被差許候條來ル九日午後　時參苑可有之候也

明治十七年十一月　日

宮内卿伊藤博文

図 31　明治 17 年観菊会後日拝観召状
色は付いていないが御紋章が打ち出されている．右は封筒で同じく御紋章が打ち出されている

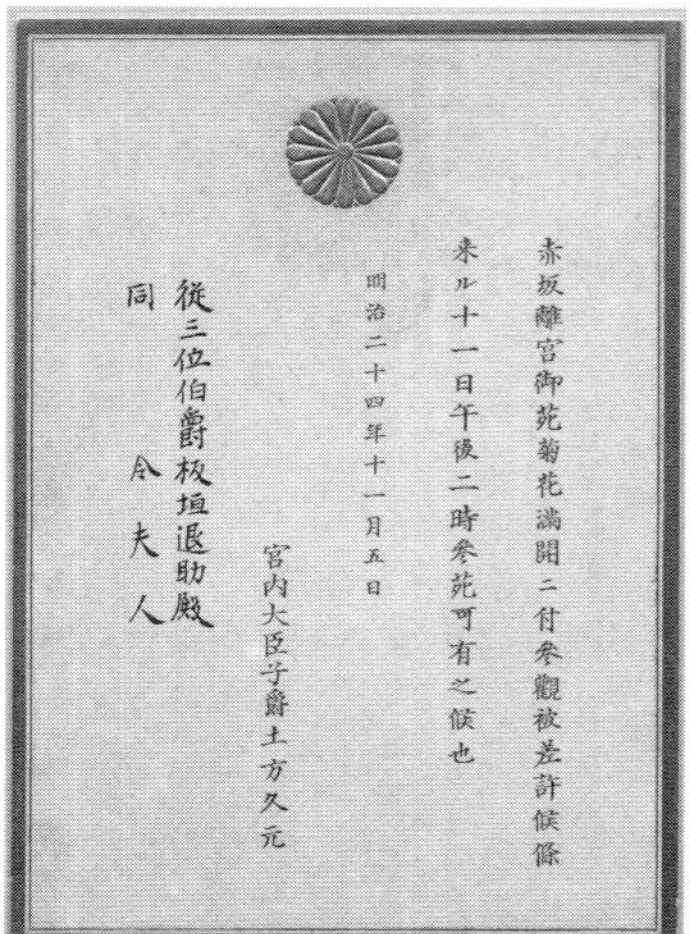
赤坂離宮御苑菊花滿開ニ付參觀被差許候條來ル十一日午後二時參苑可有之候也

明治二十四年十一月五日

宮内大臣子爵土方久元

從三位伯爵板垣退助殿

同　夫人

図 32　明治 24 年観菊会板垣退助夫妻宛後日拝観召状
金色の御紋章と金色の縁取りが施されている

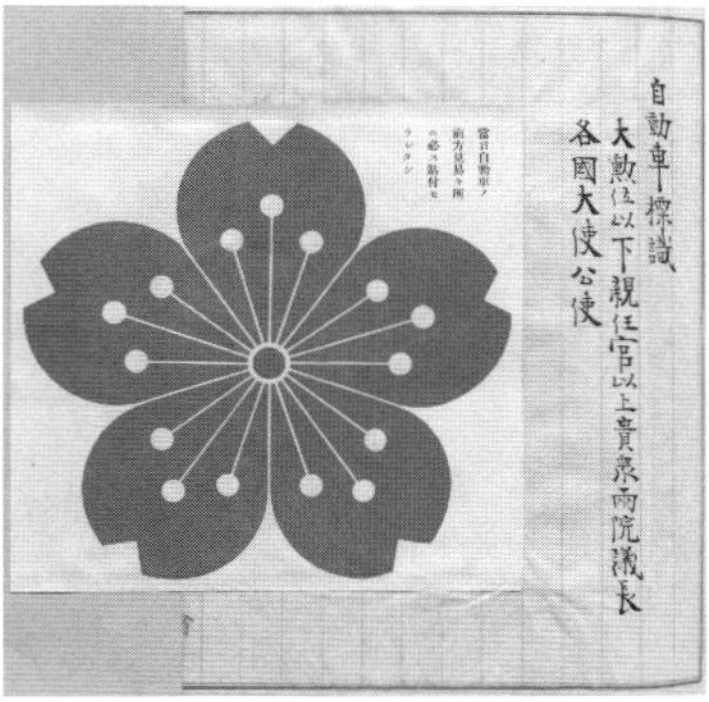


図33　観桜会用自動車識別表

図34　観菊会用自動車識別表

八年のものは白無地で菊の御紋章はエンボス加工され、園遊会当日の召状と同様に紙の縁は金色になっている（図31は十七年のもの）。二十年および二十四年（図32）では御紋章（エンボス加工）と文面の周囲を金色で縁取っている。こちらの召状にも「参観者心得」と「御苑観菊之證」（観桜会の場合は「菊」が「桜」に変わる）が同封された。

## 視覚に訴える

以上のように、召状は文言もデザインも細かく変更が加えられた。宮内省内の内規の設定や、宮内省職員のアイディア、雇外国人モールのアドバイスなどにより、様々な変更・工夫が施されたのだ。前述のように、ピエール・ロティは召状に心を躍らされた。金色の菊の御紋章に、美しくデザインされた菊唐草模様、そして用紙にいたっては「象牙のように」白いとまで形容するほどだった。菊づくしでデザインされた召状は、皇室や園遊会に対する関心を大いに刺激したようだ。

召状に桜花や菊花のデザインを施したものは観桜会・観菊会だけのようで、管見の限りでは三（四）大節宴会にこのようなものはない。すなわち、観桜会・観菊会が条約改正交渉の「側面工作」のための行事であるため、このように視覚に訴える美しさ・華やかさが表れたものとなったのであろう（大正の末頃から無地になったのがそれと関係しているかどうかは不明である)。

なお、このような細部にわたる工夫は、招待客が乗車してくる自動車の識別表にも見られる。当初は無地の色紙など単純なものが使われていたが、昭和八年観桜会以降は桜と菊の図柄が採用されている。さらに、赤、緑、白に色分けされ、それぞれ「大勲位以下親任官以上、貴衆両院議長、各国大使・公使」用(図33)、「勲一等以上、各国大公使館員、賜謁ノ外国人」用、「高等官一等以下諸員(外国人共)」用(図34)にあてられた。

# 第四章　服装規程

## 一　洋装化と服装規程

### 軍服姿の天皇

天皇皇后をはじめ、観桜会・観菊会当日に御苑に集った招待客たちは、どのような服装で参加していたのだろうか。詳細に入る前に、まず近代の洋装導入過程について少し触れておく必要がある。

明治四年（一八七一）八月二十五日に天皇は「服制更革の内勅」を発した。

朕惟フニ風俗ナル者移換以テ時ノ宜シキニ随ヒ国体ナル者不抜以テ其勢ヲ制ス今衣冠ノ制中古唐制ニ摸倣セシヨリ流テ軟弱ノ風ヲナス朕太《はなは》タ慨之夫レ神州ノ武ヲ以テ治ムルヤ固ヨリ久シ天子親ラ之カ元帥ト為リ衆庶以テ其風ヲ仰ク　神武創業　神功征韓ノ如キ決テ今日ノ風姿ニアラス豈一日モ軟弱以テ天下ニ示ス可ケンヤ朕今断然其服制ヲ更メ其風俗ヲ一新シ　祖宗以来尚武ノ国体ヲ立ント欲ス汝近臣其レ朕カ意ヲ体セヨ(392)

このように述べ、翌年五月に九州西国地方に巡幸した時から自ら西洋式の服装を身にまとい、以後、日常の私生活以外の場では西洋服（フロックコート）、あるいはいわゆる軍服を身につけて人々の前に現れるようになった。(393)

これも新政府の掲げる欧化政策による近代国家建設路線に呼応したものだった。当然、天皇が西洋服を着用することに反発する保守勢力もあったが、当時外務卿を務めていた副島種臣《そえじまたねおみ》や参議の西郷隆盛《さいごうたかもり》の賛成で、天皇に西洋服着用を奏請することが決まり、そして天皇が同意した、という経緯がある。(394)

図 35　明治天皇「陸軍御軍服」

図 36　黒木半之助「芝浜離宮二両陛下観桜ノ宴ヲ御開催之光景」

このため、歴代天皇は明治十三年の第一回目から昭和十二年（一九三七）の最終回まで、観桜会・観菊会に伝統的宮廷装束で登場することはなかった。では何を着用していたかといえば、第一回観菊会から軍服を着用し、[395]菊花章や八等勲章等を佩用した。ただし、綬は用いなかった。図35は明治十九年に改正された天皇の「陸軍御軍服」[396]である。園遊会にはこのような姿で臨んでいたのだ。

天皇が着用する軍服は基本的には陸軍仕様だったので、[397]観桜会・観菊会でも同様だったようだ。後の昭和天皇は、摂政であった大正十三年（一九二四）十一月に侍従武官長・奈良《なら》武次《たけじ》に対し「観菊会等に於て稀れには海軍服を用ひられたき御思召」を語っている。[398]このことから、少なくともそれまでは陸軍仕様だったということだろう。

図36は明治三十九年観桜会を描いたものである。ただし描かれている天皇や男性皇族、また供奉員の服装は正装や大礼服であり、観桜会・観菊会の服装規程とは異なっている（すなわち間違いである）。図37の明治四十二年の観菊会を描いた絵画には、陸軍仕様の軍服姿の天皇が描かれている。後に続く守正王《もりまさ》（梨本宮《なしもとのみや》）も同様である。

園遊会における天皇の服装に関して、面白い逸話がある。軍服姿で臨御する天皇だが、ある年の観菊会の際、宮内大臣の土方久元《ひじかたひさもと》（明治二十年九月～三十一年二月在任）がフロックコートの着用を願い出た。次の引用は明治天皇の侍従・日野《ひの》西資博《にしすけひろ》の回想によるその時の様子である。

> それから御「フロックコート」で御願ひ致したい。御軍服より御「フロックコート」で御出ましを願ひたいといふことを私は御取次を致しましたが、再三その事を申上げましたけれども御聴きになりませぬ。「さう土方がいつまでもやかましく言ふならば、土方を呼んで来い」と仰せになりまして、どうしても御聴きになりませぬ。「貴下を召します」と言つて土方さんを呼びに参りました。
>
> さういふ時は御内儀から御表の御座所に御出ましになります。その間の御廊下に　陛下が御出ましになつて御待

ちになつてをります。御廊下の立話で土方が参りますと頭から叱りつけられます。二言三言、言訳を申上げますがやはり御聴きになりませぬので、たうとう終ひに「それでは致し方がございませぬ」と申上げて土方さんは例の首を傾けて帰られたことを覚えてをります[399]

イギリスの絵入り新聞『The Illustrated London News』や『The Graphic』を見ると、男性王族は宮殿での謁見式などの際は軍服や燕尾服を着用しているが、ガーデンパーティーではフロックコートを着用している（一八六〇年代に始まったイギリス王室のガーデンパーティーでは当初は燕尾服着用だったようだが〈図1参照〉、観菊会が始まった一八八〇年にはすでにフロックコートに変更）。そのためこのように進言したものと思われるが、ここまで天皇が軍服での園遊会臨御に拘ったその訳は量れない[400]。

図37　中沢弘光「観菊会」
中央奥に明治天皇，皇后，皇族が続く．左手に招待客．通路に向かい，前列手前から２人目に裃袴姿が見える

次に、男性皇族は、天皇と同じく当初から軍服姿であったと思われる。明治六年以後、年長者を除く男性皇族は陸海軍に従事することになっていたからだ[401]。時代は後のものだが、図36・37には男性皇族の軍服姿を見ることが

できる。ただし、前出ピエール・ロティは十八年観菊会の際にこう述べている。「なんという気がかりな醜い姿であろう！　西洋ふうの夜会服や、シルクハットや、白ネクタイをつけているこの異国趣味の皇族たちは！」[402]。参苑の政府高官などを皇族と勘違いしたものと思われるが、あるいは男性皇族は当初はフロックコートを着用していたとも考えられ、この点については判然としない。

## 男性招待客のフロックコートと軍服

さて、天皇が明治四年に「服制更革の内勅」を出したが、この後、男性の宮廷服も制度化された。五年十一月には、従来の衣冠を祭服として残し、直垂《ひたたれ》や狩衣《かりぎぬ》などは廃止されることになった。そしてイギリスの宮廷を手本として西洋服による文官大礼服と通常礼服（燕尾服）が定められた。このほかに政治家や官吏、外交団が通常、着用したのがフロックコートで、先にも触れたが観桜会・観菊会の際に男性招待客に着用が求められた。両園遊会は皇室の正式な儀式ではなく、「御慣例ニ依ル一公事」[403]、つまり軽めの行事だったので、男性招待客の服装は通常服であるフロックコートと高帽（シルクハット）が採用されたのである[404]（前掲図10参照）。これもイギリスのガーデンパーティーに倣ったのだろう。

武官については、天皇が第一回目から軍服だったので、同様だったと考えられる。記録上は判然としないが、第一回観菊会での皇族宛召状に「文官ハフロックコート」と記してあることから、一方の武官はその制服である軍服着用と推測できる。また、海軍武官に関しては、少なくとも十九年の観菊会以降は文官のフロックコートに相当する軍服（正服）を着用していることが明らかなので[405]、天皇と同じく当初から軍服を着用して参苑していたのではないだろうか。ただし、次第書や召状に明記されるのは明治三十一年観菊会からになる[406]。外国人武官に関しても、彼らは当初から軍服着用が認められていたと思われる。なぜなら、前出のピエール・ロティが軍服で参苑しているからだ(407)。ただし「観桜会録」「観菊会録」の記録の上では、明治二十五年観菊会で軍艦乗組将校、貴客への召状に同封された添紙に「著服『フロックコート』武官ハ相当服」と但し書きがあるのが最初である。

いずれにせよ、男性招待客はフロックコートまたは軍服のいずれかであり、あくまで西洋式の服装であったということだ。明治四年に「服制更革の内勅」を出し、天皇自ら西洋式に服装を改め軍服で園遊会に現れる以上、招待客にもその徹底が求められたのである。

ただし例外もあった。大正十年の観菊会以降、民間功労者のうち宗教関係者の服装については、神職についてはフロックコートだが、仏教の僧侶についてはフロックコート相当の法衣、救世軍はその「正服」が認められるようになっている(408)（救世軍の「正服」については、昭和十年以降許可との記録もある(409)）。

## モーニングコートの許可

時代は下って、昭和四年の観桜会からはフロックコートのほかにモーニングコートの着用が認められるようになった。これは「現今社会一般ノ趨勢ニ於テ『フロックコート』ニ代フルニ『モーニングコート』ヲ以テスルハ顕著ナル事実ニシテ或ル一定ノ範囲ニ於テ此ノ趨勢ヲ容認スルハ妥当ノ処置ト認メラルルノミナラス各国宮廷ニ於ケル取扱振ヲ調査スルニ通常服着用ノ場合之ヲ黙認スルノ実情ニ在リ」という理由によるものである(410)（ただし、「特ニ男子ハ『モーニングコート、シルクハット』（略）着用ノ向モ参苑差許サル」という特例的な扱いではあった）。

同年四月一日に、一来喜徳郎《いちききとくろう》宮内大臣、関屋貞三郎《せきやていざぶろう》次官、鈴木貫太郎《すずきかんたろう》侍従長、河井弥八《かわいやはち》侍従次長、白根松介《しらねまつすけ》庶務課長、岡部長景《おかべながかげ》式部次長、山県武夫儀式課長、上野季三郎《うえのきさぶろう》大膳頭などが集まり是とされ、天皇の裁可を願うこととなった。[411] 是とする理由は、「結局フロックは時代遅れにて観桜会に際し御召を受けたる者の内之を所持せざる為種々迷惑する者尠《すくな》からず、屋外に限り特に御差許差支なかるべし」ということだった。[412]

しかしこの変更について、天皇の諮問機関である枢密院《すうみついん》の倉富勇三郎《くらとみゆうざぶろう》議長、平沼騏《ひらぬまき》一郎《いちろう》副議長、二上兵治《ふたがみひょうじ》書記官長の三者は、「余計」なことだと評している。当時、彼らは宮内大臣の一木と次官の関屋が「宮内省ヲ民衆化」していると警戒していたため、天皇が臨御《りんぎょ》する園遊会へのモーニングコートの許可は、民衆化の方策として批判的に受け止めたのだ。平沼にいたっては、「背広ニテ御前ニ出ル様ニナルヘシ関屋ハ余程以前ヨリ（モーニングコート）ニテ御前ニ出ツルトノコトナリ」と、関屋が従前より天皇の前でモーニングコートを着用しているようなので、宮中の服装規程はさらに緩やかになるのではないか、と批判めいた発言もしている。[413] しかし『岡部長景日記』によれば、これより前、同年二月十八日に大谷《おおや》正男《まさお》参事官が座長となり、岡部や式部官たちがモーニングコートの是非について協議をし、三月三十一日に関屋に対して観桜会への着用を話して「同意」を得ているのだ。[414] 枢密院上層部の関屋に対する警戒は、過ぎたものであったかもしれない。

なお、モーニングコートは、観桜会・観菊会での着用が認められただけでなく、昭和五年には天機《てんき》奉伺《ほうし》、御機嫌奉伺のために記帳する場合、任官・叙位・叙勲・賜物などの御礼のため記帳する場合にも通常服に代用可能となった。[415] さらに翌六年には、皇室令その他において指示する通常服にはフロックコートとともにモーニングコートも含まれることが決まった。[416] イギリスをはじめとする諸外国で慣行となっていたことが参照された[417]（なお、この改正は昭和天皇の「思召し」によるものだった）[418]。これにより観桜会・観菊会の服装規程でも「特ニ（略）参苑差許サル」という特例的な取り扱いが変更され、フロックコートと同等の位置づけとなったのである。[419]

ともかくこれ以後、男性招待客の服装はシルクハットにフロックコート、もしくはモーニングコート、あるいは武官のように制服のある者はその制服（フロックコートに相当するもの）、というように定着していった。

## 単純な男性服装規程

繰り返しになるが、男性の服装規程は単純で、天皇と男性皇族は軍服（前述のように、男性皇族については当初はフロックコートの可能性もある）、男性招待客はシルクハットにフロックコート、武官など制服のある者はフロックコートに相当する制服、そしてのちにモーニングコートが加わっただけで、大きな変化は見られなかった（宗教関係者や外国人の民族衣装など例外もあった）。ただし、伝統的宮廷装束や、紋付羽織袴など一般の日本人男性が礼装としていた和服は認められておらず、そこには厳然と欧化政策が表れていた。

ところで、フロックコート（通常服）着用の観桜会・観菊会に対し、三大節宴会の服装規程は、天皇は正装、親王以下は大礼服正装、服制のない者は通常礼服という決まりだった。観桜会・観菊会が皇室の行事の中でも少々気軽な社交の場であったことを物語るだろう。

## 袿袴姿の皇后

男性の装いが基本的に西洋式の服装であり、モーニングコートの導入以外大きな変化がなかったのに対し、女性の服装規程は少々複雑だった。

まず皇后は、こちらも回ごとの記録は見あたらないが、いくつかの史料[420]を併せ見ると、明治十三年の観菊会から十九年の観桜会までには袿袴《うちきばかま》《けいこ》（図38）を着用していたと考えて間違いないだろう。そのほかの女性皇族や女官たちも同様と思われる。足元は、当初は決まっていなかったようで、明治十四年の第一回観桜会の際、有栖川宮《ありすがわのみや》家から宮内省へ

図38　鏑木清方「初雁の御歌」
袿袴姿の皇后（左）と女官（右）

問い合わせがあり、革靴の着用をしかるべきと回答がなされている。(421)

なお、後に尾崎行雄《おざきゆきお》東京市長がアメリカの首都ワシントンに桜の苗木を贈るきっかけとなった、米国人紀行作家エリザ・ルーアマー・シドモア（明治十七年以降度々来日）の叙述によれば、明治十八年観菊会での皇后は、額の上に釵子《さいし》（金属製の飾り）を着けていた。(422) 釵子は本来いわゆる十二単（唐衣裳、女房装束）着用時に使用するもので、明治初期の袿袴姿での皇后の行啓を描いた数々の絵を見ても、釵子は使用していない。しかし明治六年に撮影された小袿《こうちき》姿の皇后は釵子を付けており、武田佐知子は「おそらくヨーロッパの王冠を意識してのもの」(423)と指摘している。とすれば、園遊会は西洋列強諸国に対し「欧州文明ノ我国ニ瀰漫セルヲ知ラシムル」ための「側面工作」として開催されたため、あえてこの場で用いたということだろう。

ところで、この袿袴は王政復古の観点から平安朝以来の装いが正式に宮廷服として制定されたもので、袿を羽織り、緋色の袴を着用するスタイルだ。ただ、平安時代のいわゆる十二単衣や小袿と大きく違う点があり、これらの場合は袴の裾が長い長袴を履くのに対し、袿袴では切袴といい袴の裾が短く切ってある。また、それまでは女性が外出する場合は草履を履いていたようだが、袿袴では洋服用の靴（今で言うローヒールのパンプス様のもの）となっている。

この装いはもともと皇后以下、親王妃、麝香間祗候《じゃこうのましこう》の夫人および宮中の女官たちが用いていたが、明治十三年十二月七日には、この袿袴に関し宮内卿・徳大寺《とくだいじ》実則《さねつね》から勅任官および麝香間祗候に対して一つの内達が出された。観桜会・観菊会の開催が決まると同時に、新年拝賀の儀や、天長節の儀にも勅任官と麝香間祗候の夫人が参内することも決定したため、それに合わせて服装規程を決める必要が生じたからだ。その内達は次の通りである。

勅任官並麝香間祗候之妻服飾

一　袿　地織物　色黒ノ外何ニテモ不苦　地紋勝手十六歳未満者ハ長袖
一　切袴　地精好、塩瀬、或ハ正絹、色緋十六歳未満者ハ濃ヲ用ユ
一　小袖　地綾、羽二重　色白十六歳未満者ハ長袖
一　髻　トキサゲ　白紙ヲ以テ中程ヲ結フ十六歳未満者ハ紅ノ薄葉ヲ用ユ
一　扇　中啓
一　履　品勝手[424]

このように、勅任官および麝香間祗候の夫人たちが参内する際には切袴を履き、小袖を着た上に袿を重ね、扇を持ち、靴を履き、髪型はときさげ、とするよう定められた。さらに十七年九月には宮内卿・伊藤博文《いとうひろぶみ》の内達が出て、礼服・通常礼服・通常服とランク分けされた。形は全く同じだが、使用する生地や色がそれぞれ違っていた。また礼服に限っては、靴は袴と同色の絹地のものが求められ、扇も檜扇が指定された[425]。さらに十一月には礼服に「単」を着ることが決まった[426]。ただし、礼服は即位礼や大嘗祭に参列する勅任官以上の夫人への規程であるため、滅多に着られることはなく、それ以外の時に参内する際などには通常礼装の着用が義務づけられた。通常服は、日常に着る場合に用いられた。このうち観桜会・観菊会への出席には通常礼服の着用が求められた[427]。男性が通常服（フロックコート）であ

るのに対し、女性は通常礼服(428)である。その差にどのような意味があるのかは判然としない。

なお、同年十一月には奏任官の夫人にも参内の際に袿袴の着用が定められたが、奏任官夫人は即位礼や大嘗祭に出ることはないため、通常礼服と通常服だけが宮廷服として規程されている(429)。

## 西洋服姿の皇后

さて、皇后は十九年の観桜会まではこの袿袴姿だった。後述するが、シドモアやロティは十八年観菊会での皇后の袿袴姿を賛辞し、ロティにいたってはそれがやがて消えていくであろうことを惜しんでいる。赤坂仮皇居の庭園での和の色彩を放った園遊会において、袿袴は菊と同様に外国人に「示スニ足ル」ものだったのではないだろうか。

しかし、十九年観菊会からは皇后は西洋服で現れ、以後そのスタイルを貫いた。実は十七年九月に袿袴が三つにランク分けされた宮内卿内達に話を戻すと、この内達には一言、「西洋服装ノ儀ハ其時々達スヘシ(430)」と付け加えられていた（奏任官夫人への内達では「場合ニヨリ西洋服装相用ユルモ妨ケナシ」に変更(431)）。欧化政策を進める伊藤博文は、すでにその一環として皇后をはじめとする宮中女性の西洋服着用を企図していた。そのため、第一段階としてこの十七年の内達に伏線として一言添えたのである。

この宮中女性の洋装化が具体的に動き出したのが鹿鳴館《ろくめいかん》外交が繰り広げられていた最中の十九年六月で、勅裁を経た上で内閣総理大臣兼宮内大臣の伊藤博文から、皇族や大臣、勅任官、有爵者、麝香間祗候などへ、次の如く夫人の洋装着用に関する内達が出された。

婦人服制之儀先般及内達置候処自今　皇后宮ニ於テモ場合ニヨリ西洋服装御用井可相成ニ付皇族大臣以下各夫人朝儀ヲ始メ礼式相当之西洋服装随意可相用事

明治十九年六月廿三日

宮内大臣伯爵伊藤博文(432)

このように述べ、次いで、具体的な服装規程が示された。

明治十九年六月廿三日宮内大臣内達文中礼式相当ノ西洋服装ト称シタルハ現ニ宮中ニ於テ用井ラレタル所ニシテ其別左ノ如シ

婦人服制

大礼服　Manteau de Cour《マントードクール》　新年式ニ用ユ

中礼服　Robe decolltee《ローブデコルテー》　夜会晩餐等ニ用ユ

小礼服　Robe mi-decolltee《ローブミーデコルテー》　同上

通常礼服　Robe Montante《ローブモンタント》　裾長キ仕立ニテ宮中昼ノ御陪食等ニ用ユ(433)

このうち、通常礼服・ローブモンタントは昼の陪食（午餐）や儀式以外での天皇皇后への拝謁の際などに着用された。形は衿が詰まり、袖は長く、スカートの裾を後ろにひく形のスタイルだった。

さらにこれらのほかに宮中で着用された洋装には、通常服・ヴィジティングドレスがあった。形は通常礼服・ローブモンタントと同じだが、生地の色や風合いが通常礼服よりも自由に決められた。行啓や賜謁《しえつ》の際に利用され、観桜会・観菊会でも西洋服着用の場合はこれが服装規程となった。袿袴の場合は通常礼装が服装規程だったが、西洋服の場合は男性の場合と同様に通常服のレベルでよかったのだ。

さて、こうした背景から皇后は十九年の観菊会以降はこの通常服・ヴィジティングドレスを着用して参苑するようになり、とうとう袿袴姿に戻ることはなかった。(434)

図39　守正王妃伊都子（梨本宮）
明治42年観菊会で着用した西洋服

図36・37にはドレス姿の皇后と皇族妃が描かれている。図36のドレス姿には勲章も画かれているが、これは記録上、実際に佩用していたかどうかは不明だ。図39は守正王妃伊都《いつ》子《こ》（梨本宮）が明治四十二年観菊会に参苑した際に撮影したものだが、勲章は佩用していないようだ（守正王妃伊都子は図37に描かれた右から三番目の女性）。

なお、明治二十一年の観桜会までは、召状や次第書には単に「西洋服」とのみ記載されているだけで、通常服・ヴィジティングドレスを明確に示すようになったのは同年観菊会からである。それまでは通常服・ヴィジティングドレス以外の西洋服で参苑する者がいた可能性もある。また、「観桜会録」「観菊会録」の記載によると、大正五年観菊会からは「通常服（ローブモンタント）」と変更され、同十二年観桜会から再び「通常服（ヴィジティングドレス）」となるが、経緯は不明である。前述のように両者の違いは生地の色や風合いだけなので、そのあたりの事情が関係しているのかと思われる。

図40は大正八年観菊会に参苑した婦人の姿である。第一次世界大戦後の女性西洋服の傾向で、装飾が省かれた単純なデザインになっている。前掲図5・11は大正十一年観桜会での貞明《ていめい》皇后だが、スカートの裾が流行に沿って床上丈

となっている。図41は昭和三年観桜会での昭和天皇と香淳《こうじゅん》皇后だが、皇后のスカートはさらに短くなっている。女性の西洋服姿には流行の変遷が見て取れる。

図40　大正8年観菊会に参苑した婦人
（左：小笠原長幹《おがさわらながよし》夫人貞子，右：大木遠吉《おおきえんきち》娘伸子）

図41　昭和3年観桜会での昭和天皇と香淳皇后
香淳皇后（中央）のスカートも短くなっている．帽子のつばも小さい

## 昭憲皇太后の思召書（思食書）

昭憲《しょうけん》皇太后は洋装を積極的に取り入れ、明治二十年一月十七日には婦人服制に関して次の思召書「婦女服制のことに付て皇后陛下思食書」が出された（当初は「皇后宮」だったが、同月十四日夜に「皇后陛下」に修正されている）(435)。

女子の服は、そのかみ、既に、衣裳の制なり。孝徳天皇の朝、大化の新政、発してより、持統天皇の朝には、朝服の制あり。元正天皇の朝には、左衽の禁あり。聖武天皇の朝に至りては、殊に、天下の婦女に令して、新様の服を、着せしめられき。当時、固より、衣と裳と、なりしかば、裳を重ぬる、輩もありて、重裳の禁は発しき。されば、女子は、中世迄も、都鄙一般に、紅袴を穿きたりしに、南北朝より、このかた干戈の世となりては、衣を得れば、便ち着て、また、裳なきを、顧ること能はず。因襲の久しき、終に禍乱治まりても、裳を用ひず。纔《わず》かに上衣を長うして、両脚を蔽はせたりしが、近く延宝より、こなた、中結ひの帯、漸く其幅を広めて、全く、今日の、服飾をば、馴致せり。然れども、衣ありて裳なきは、不具なり。固より、旧制に依らさる可らずして、文運の、進める昔日の類ひにあらねば、特り、坐礼のみは、用ふること、能はすして、難波の朝の、立礼は勢ひ、必ず、興さゞるを得さるなり。さるに、今西洋の女服を見るに、衣と裳を具ふること、本朝の旧制の如くにして、偏へに立礼に適するのみならず、身体の動作、行歩の運転にも便利なれば、其裁縫に倣はんこと、当然の理りなるしべし。然れどもその改良に就て、殊に注意すべきは、勉めて、我が国産を用ひんの一事なり。若し能く国産を用ひ得ば、傍ら、製造の、改良をも誘ひ、美術の進歩をも導き、兼て商工にも、益を与ふること、多かるべく、さては、此挙、却て、種々の媒介となりて、特り、衣服の上には止らざるべし。凡そ、物、旧を改め、新に移るに、無益の費を、避けんとするは、最も至難の業なりと雖ども、人々互に、其分に応じ、質素を守りて、奢美に流れざるやう、能く注意せば、遂に其目的を達すべし。爰に、女服の改良をいふに当りて、聊《いささ》か所思を述べて、前途の望みを告ぐ。

明治二十年一月

つまり、元来日本女性の服装は上下に分かれており、現在の形（いわゆる着物）になったのは後のことである上に立礼には向かない。然るに西洋の婦人服は立礼のみならず身体の諸動作にも便利なので、その着用の方が理に叶う。ただし、そのように改良するにあたっては努めて国産服地を用いることが重要で、国産品の利用は製造技術の改良を促し、あるいは美術の進歩を導き、さらには商売上も利益となるためにその利点は単に衣服の上だけに留まらないと述べ、西洋服導入の奨励を公にし、自らが率先してそれを実践したのである。

## シドモア―正しい命令

前出の米国人紀行作家シドモアは、皇后の西洋服奨励について次のように述べている。

この命令の底流には、「日本人が外国の文化的国民と少しも違わない」ことを条約国勢力に納得させる伊藤博文伯爵の明敏な政治戦略がありました。古いしきたりと美しい民族衣装の廃棄という犠牲によって一八五四年から一八五八年にかけてこの国に強いられた恥ずべき不平等条約の改正を確実に進め、結果的に日本の外交的自由と経済的繁栄を促すことになりました。この意味から、皇后による因習打破は、強い愛国心から生まれた正しい命令だったのです[436]

冷静に日本政府の事情を分析し、さらには旧習と民族衣装の廃棄が不平等条約の改正に役立ったと判断している。しかし一方では、「かけがいのない鮮やかな錦織や刺繍など先祖伝来の宝は、高価な西洋衣装を採用した貴婦人により、無慈悲な生け贄となりました[437]」と嘆いてもいるのだ。

ところで、シドモアは「自ら欧州ファッションで身をまとった皇后は、心地よい民族衣装に慣れた女性軍に対し、まさに英雄的指導を行っています」(438)と評するが、しかし実際には、皇后は自信満々ということではなかったようだ。明治二十二年に詠んだ歌では「新衣いまだ着なれぬわがすがた写しとどむる影ぞやさしき」(439)と気持ちを表している。「新衣」は西洋服、「やさしき」は恥ずかしさを意味するので、その心情が垣間見られるだろう。また翌二十三年には御苑で人々が梅の実を拾い競うのを見て「新衣袖せばければ青梅の実ひとつだにつつみかねつつ」(440)と詠んでいる。西洋服の袖が狭いことを単に事実として述べているのか、あるいは不便に思う心持ちを語っているのか、興味深いところである。

なお、この西洋服導入の際、ドイツに注文した皇后の衣装代にかかった費用は、総額およそ一三万円だった。その他の親王妃で一万円。勅任官クラスで三五〇〇円程度かかっている(441)。鹿鳴館《ろくめいかん》の総工費がおよそ一八万円、内閣総理大臣の年俸が九六〇〇円、そのほか大臣で六〇〇〇円である。西洋服導入と一口に言っても、これだけ巨額の費用がかかったのだ。つまり、皇后以下、宮廷女性の洋装化は、政府の欧化政策の強い意志の表れにほかならなかったことを示しているのである。

## モールとベルツと伊藤博文

ところで、そうまでして進めた洋装化だが、外国人たちからは度々異議が唱えられていた。前出の宮内省雇外国人・オットマール・フォン・モールは宮廷女性の洋装化について、次のように述べている。

さしせまった宮中における賓客応接と祝祭の準備が行われていたちょうど同じ時期に再び宮中の衣裳が話題となった。わたしが宮中の女性のために民族衣裳を採用することを提議したあと、皇后の式部官長はこの問題をもう一度、伊藤伯爵と話し合うようわたしに依頼した。しかし、わたしも、またこの問題に関心を抱くようわたしからうながされたドイツ公使も、伊藤伯の考えを変えさせることはできなかった。ペテルブルグ、ブタペスト、それにルーマニアや他の宮廷では民族衣裳が使用されているという論拠も、伊藤伯には何らの印象も与えなかった。彼は「日本においては中世はすでに克服された。もっと後の世紀になって日本が民族衣裳に復帰することもあるやもしれない。しかし今や宮廷における女性の応接用衣服は洋装を厳守すると決定した」と述べた。彼はさらにかつて諮問を受けたフォン・ホルレーベン公使が伝統的衣裳の廃止に同意したということをわたしたちに想起させた。実際に伊藤伯がこの問題についてあまりにも前進しすぎたため、もはや変更は期待できなかった。（略）意見開陳の最後に伊藤伯は衣裳問題は日本では政治問題であり、宮内省には決定的な見解を述べる権限はないと伝えてきた。そして彼はこの問題はすでに決定済みであり、既成事実について今更議論して大切な時間を空費するべきではないと言明した(442)

モールが来日するのは二十年四月なので、すでに政府による宮廷女性の洋装化は進行し、皇后の思召書も出た後だが、宮廷女性の西洋服姿を見たモールは内閣総理大臣兼宮内大臣の伊藤博文に対し、ヨーロッパのいくつかの宮廷でも民族衣装を使用している例を挙げて、日本でも民族衣装を用いるべきだ、と提言したのだ。しかし伊藤は、日本はすでに中世を脱したと言ってはねつけ、衣装問題は日本では政治問題だとも述べている。

また、前出の雇外国人ベルツは、明治三十七年一月一日の日記に次のように認めている。

十時、天皇皇后の新年引見のため皇居へ。全然洋式である。服装の点でもまた、このような西洋心酔に自分は幾度、口を極めて反対したかしれなかったが、徒労だった。かつて伊藤侯が、宮中で洋式の服装が採用になる旨、自分に告げた時、見合わせるよう切に勧めていった——何しろ洋服は、日本人の体格を考えて作られたものではないし、衛生上からも婦人には有害である、すなわちコルセットの問題があり、また文化的・美学的見地からは全くお話にならないと。伊藤侯は笑っていわく「ベルツさん、あんたは高等政治の要求するところを、何もご存じないのだ。もちろん、あんたのいったことは、すべて正しいかも知れない。だが、わが国の婦人連が日本服で姿を見せると、『人間扱い』にはされないで、まるでおもちゃか飾り人形のように見られるんでね」と。伊藤侯が自分の忠告ないしは願望を斥けたのは、これがたった一度きりだった。しかし今日では、侯もおそらく考え直すことだろう。西洋諸国と対等になることは、外面的形式の方面ではなく、内面的資格の方面においてこそ、その目的を達せねばならないのであって、ことにその外面的形式が欠点ですらある場合には、なお更のことだ。今日、黒のビロード服に白い羽毛の襟飾りをつけた侍女を見た時、再びこの事を考えざるを得なかった。あの太短い姿では全く論外である。衣裳が服装ではなく仮装になっている。固有の古代日本式衣裳を着ければ、自然で良く似合うものを(443)

ベルツもまた、西洋を模倣した服装に対して苦言を呈している。ベルツは医師であるため、コルセットをきつく閉めるドレスは体に悪いことや、日本人の体格に合わないことも指摘し、さらに文化的・美学的な観点からも日本女性の洋装化は不適切だと進言した。しかし伊藤はベルツに対しても、欧化政策の観点からそれを拒否した。民族衣装を着た女性が外国人からは奇異の目で見られると反論している。確かに明治期に来日し袿袴姿を目撃した外国人は、皆よほど袿袴が興味深いようで、非常に詳しく観察している。西洋の価値観がスタンダードだった時代にあっては、袿袴姿は良くも悪くも強烈な興味の対象だったと思われる。伊藤が言う人間扱いされない、というのはおそらく、見せ物状態になっているということを言いたいのだろう。そしてそのような状況では列強諸国と同じ土俵に上れるわけがない、ゆえにそのような民族衣装は脱ぎ捨てなければならない、そうした決意を伊藤は示しているのだ。しかし一方ベルツは、列強諸国と対等になるには外見的なことではなく内面的なことのほうが重要だと指摘しているので、両者の意見は平行線を辿り続けるしかなかったのである。

## 悲嘆

伊藤の一連の発言には、西洋文化を理解し、同じ生活環境、価値観のなかで生きていることを示さねばならないという、欧化への強い意思が表れているが、前出ベルギー公使夫人のダヌタンも、次のように西洋服導入を悲嘆するとともに、伝統衣装を称えた。

私は綺麗な閑院宮《かんいんのみや》妃殿下のすぐ後ろに座ったが、近くに表情豊かな面白い顔をした老婦人が座っていた。彼女は皇后の御友人で歌人の、マダム・アツコ〔税所敦子《さいしょあつこ》〕という人だそうだ。彼女は美しい着物を着て、刺繡をした帯を締めていた。このときの集まりに出席した人々は、私が今まで見たうちでは特に和風の服装をした人たちが多かったので、正装したときの日本古来の服装の美しさに感心すると同時に、ヨーロッパ風の服装を着る昨今の風習を嘆かずにはいられなかった。それは日本婦人の本来の美しい衣裳の魅力と芸術的な趣きを全く欠いているからである。日の光を受けて輝く華やかな色どりの優雅な衣裳を着た綺麗な婦人たちが、軽やかな葉をつけた竹の茂みの隠れ家から現われた蝶々のように逍遥している光景は絵のような美しさであった。これらの婦人たちは、かなたに見える起伏に富んだ原に向かって飛び石や古風な石橋を渡り、柳模様の皿の絵にそっくりな風物の中を軽やかな足取りで歩んでいた。散文的な英国人に過ぎない私の目に、このとき初めて映じた東洋社会の優雅で芸術的な美しさを湛えたこの光景は、容易に忘れられない強い印象を残した(444)

このほか、来日外国人による西洋服導入政策批判は数多く見られるが、実はこれはかなり初期から起こっている。

明治四年八月、オーストリア・ハンガリー帝国の元外交官のアレクサンダー・ヒューブナーが世界旅行の途中で来日して長期滞在するが、翌年、彼はまず天皇の西洋服姿を見て、「半分水兵のような、ヨーロッパ風の奇抜な軍服をお召しになっていた」(445)と表現している。ヒューブナーが言う軍服とは、時期から推測すると明治五年の九州西国地方巡幸の際に初めて着用した西洋服のことだと思われるが、天皇の威信を示すため作られた西洋服も、あくまでもヨーロッパもどきの変わったもの、にしか見えなかったのだ。オーストリア・ハンガリー帝国は、モールの話で語られるように宮廷での服装規程に民族衣装が採用されていた国なので、余計にそう思ったのかもしれない。そして、こうした状況を見たヒューブナーは、太政大臣の三条実美《さんじょうさねとみ》に、次のように建言している。

諸氏はこの国の風俗習慣、思想を考慮すべきですし、またヨーロッパにおいてよいことでも、そっくりそのまま日本でもそうなるとは限らない、ということも肝に銘じていただきたいと思います。あまりに急激な変化は避けるべきでしょうし、慎重の上にも慎重に行動すべきでしょう(446)

つまり欧化政策は、このように肝心の西洋人からは対等に認識されるどころか意味のない猿まねをしているにすぎない、とのマイナス評価を受けていたという皮肉な側面を持っていたのだ。

ただし、例外もある。大学南校の雇外国人だったウィリアム・グリフィスは、帰国後の明治九年にすでに次のように判断する。

彼らの大きな野心は、人として、紳士として、また西洋人と同等なものとして、扱われることである。彼らは、あの古めかしい服装をしていたのでは、自分たちも自分たちの国もけっして真面目に扱われないだろうということを知っていた。まもなく、兵隊やサムライの間だけでなく、あらゆる官吏の間、さらにはミカド自身においても、服装が変わってきた。宮廷の貴族たちはすでに、もう偶像や半神ではなく、近代的紳士淑女にふさわしい服装をするよう説得されていた。サムライの衣装が捨て去られたことが、封建制度に属する古い野蛮な習慣の崩壊を促進したことは確かである。実際、衣服の革命は、日本がいろいろな国と同等の兄弟であることを全世界に認めさせる上に大きな助けとなった(447)

先に触れたように、シドモアも旧習と民族衣装の廃棄が不平等条約の改正に役立ったと判断していたが、グリフィスも同様の評価をしているのだ。当然、外国人の中でも捉え方の違いは存在したということである。

## 清国人による評価

一方、同じ東洋人である清国人の所感を見てみると、明治十年に来日した清国公使の何如璋《かじょしょう》はこのように述べる。

日本の前代の儀礼は尊卑高低を大きくし、王は皆深く宮殿の中に居て、めったに下の人と会わない。上と下は隔てられていた。明治の初め、参与大久保市蔵が上奏して、「今後は辺幅を飾らず、物事を簡易にあそばしますよう」と申しあげた。その後彼の提言が採用され、服制を変え、儀制を改めた。質が文に勝ち、外見よりも実質重視のやり方である(448)

つまり、一連の改革について、実質を重視したものと一定の評価をしているのだ。しかし、副使の張斯桂《ちょうしけい》は否定的な見方をしていた。「外観だけを立派に飾り、中身が全く似て非なるような服制の改革」が起こったために「由緒のある古来の伝統服制が根源から断たれてしまった(449)」というのである。

清国人から見ても、西洋服導入についてはやはり評価が分かれるところだったのだ。しかし賛否はともかく、同じく西洋列強諸国の攻勢と対面している清国人からは、近代化を進める日本の動向はかくも注目されていたのだった。なお清国は、日本の西洋服導入とは違い民族服を維持していた。文部省雇外国人のエドワード・モース（大森貝塚を発見した米国人）はその様を「余程品位が高い[450]」としている。ただし、清国は満洲族が漢民族を支配しており、衣服や髪型は、支配の象徴として満洲族のスタイルが強要されていた。そのため服装の改革は政権を揺るがしかねない問題であったという[451]。日本とは事情が違っていたことは事実である。

### 消える袿袴姿

服装の西洋化、なかでも女性の西洋服採用についてかくも外国人から指摘を受けても、政府はその政策上、それを推し進めた。そして皇后は二度と袿袴姿で人前に現れなくなり、当然、観桜会・観菊会にも西洋服姿で登場し続けることになったのだ。そして、皇后に倣ったのか、あるいは単に所持していないだけだったのかその理由は不明だが、袿袴姿で参加する日本人女性はほとんどいなくなってしまった。

つまり、観桜会・観菊会の会場で見られる女性は、日本人、外国人を問わず次第にほぼ全員が洋装になってしまったのだった。たとえば明治十九年の観菊会（皇后が西洋服着用を開始した回）で袿袴を着た日本人女性は、柳楢悦《やなぎならよし》海軍少将の夫人と女官のうちの一名のみであったし[452]、三十四年の観菊会では、乃木希典《のぎまれすけ》の夫人のみが袿袴を着用している[453]。前掲図37には袿袴姿の参加者が一人描かれているが、人物の特定はできない。大正五年の観菊会では「袿袴着用参苑者ノ為メ整衣室付便所[454]」が二ヵ所設けられているので、ごくわずかながら袿袴を着用する女性もいたものと考えられるが、服装規程に袿袴が継続して設定されているので、着用者がなくても便宜上設置したにすぎないのかもしれない。

## 二　白襟紋付の取り扱い

## 白襟紋付は不許可へ

さて、宮中へ参内する際や観桜会・観菊会へ参苑する場合については、女性は袿袴か西洋服着用と定められた。しかしそれは、そうした衣装を持たない婦人たちが招待されても参苑できない、という状況を生み出した。

その経緯を述べる前に女性招待客の装いについて触れておくと、明治十三年（一八八〇）の第一回観菊会を見ると、「袿緋袴《うちきひばかま》」（袿袴と同じ）と西洋服（レベルは不明）のほかに、白襟紋付の中から服装を選ぶことができた。しかし、宮内省が他省に宛てた通知では、当初は白襟紋付と西洋服を服装規程として知らせ、その翌日になって「袿緋袴所持之向ハ此又着用勿論之事」と付言している。[455] また次第書の雛形でも、始めは「婦人ハ紋付或ハ西洋服」と記載してあったものを、「袿緋袴或ハ紋付又ハ西洋服」と訂正している。[456] つまり、当初は袿袴ではなく白襟紋付を想定していたということになる（袿袴は言わなくても当然のものと意識されていたとも考えられるが）。

しかしこの後十七年の観菊会から、白襟紋付は服装規程から外れ、袿袴と西洋服のみが認められることになったのである。しかし想像してみればわかるが、宮中で着用するための袿袴や西洋服を、当時の日本人女性招待客のすべてが所持しているわけではなかった。まだいわゆる着物を日常的に着用していた時代である。特に、二十年観菊会から招待されることになった三等以上の奏任官の夫人はほぼこれらを所持しておらず、前述の通り着るものがないため招待されたところで参苑できない、という状況になったのである。

そうしたことからか、この二十年観菊会から奏任官の夫人に限り白襟紋付も認めるよう配慮が施された。[457] ただし、正式な服装規程はあくまで袿袴と西洋服であり、白襟紋付は添紙に「但白襟紋付ニテモ苦シカラス」[458] と付加される扱いにすぎなかった（そのためか、白襟紋付が許可されたにも拘わらず夫人および娘の参苑者は少なかった）。しかもこの但し書きは、二十二年の観桜会からは削除されるのだ。ただし、実際には白襟紋付着用でも参苑できた。それは、添紙に記載せず表面上は不許可とするものの、実際には「黙許(459)」することが取り決められたからだった。
しかしながらこの措置は長くは続かず、いつからかは明確ではないが、少なくとも二十五年の観桜会からは「断然許サレザル(460)」ことになっている。白襟紋付は再び不可となり、これ以降大正九年の観菊会まで、女性の服装規程は袿袴もしくは西洋服のどちらか、と定められてしまったのである。

## 白襟紋付を望む声

しかし、この措置は問題を引き起こした。招待客の範囲が広がり女性の招待人数も大幅に増えると、かつての奏任官夫人と同様の、着るものがないので参苑できない、という状況が大きな問題になってくるのである。
明治四十三年四月七日には衆議院書記官長の林田亀太《はやしだかめた》郎《ろう》が宮内大臣・渡辺千《わたなべち》秋《あき》に次の申し入れを行った。

本院ニ於テ例年観桜観菊之御宴ニ陪スルノ栄ヲ有スル者有之候而ルニ従来夫妻同伴陪宴ノ場合ニ於ケル服装ノ儀男子ハ通常服夫人ハブ(ママ)イチングドレス若クハ袿袴ノ御定メニ相成居リ候其為夫人ハ服装上止ムナク聖恩ニ浴スルヲ得サル遺憾モ可有之ト存セラレ候間今回ヨリ特ニ白襟紋付ノ服装ニテモ陪宴相叶ヒ候様御詮議相成度此段御依頼申進候也

これに対する戸《と》田《だ》氏共《うじたか》式部長官からの返答（四月十二日）は次の如くであった。

例年御催相成候観桜観菊両会ノ節被為召候夫人ハ今後特ニ白襟紋付ニテ参入被差許候様詮議相成度旨衆庶第一二号ヲ以テ宮内大臣へ御依頼之処従来参内ノ節ニ於ケル婦人服装ノ儀ハ已ニ規定有之白襟紋付ニテハ宮中ニ参内シ能ハサルモノニ候得ハ随テ観桜観菊会ノ節モ　両陛下臨御ノ場合ニ付白襟紋付ニテハ貴院ノミナラス一般ニ参入不被差許候間右様御承知相成度此段御答申進候也(461)

まったく例外・変更の余地を残さない対応である。こうした理由からか、明治四十四年観桜会では、日本人女性の招待客は二二八一人（皇族妃を除く）に対し、実際に参苑したのは、三四人という少なさだった。(462) 以後も同様である。明治四十四年の観菊会では、日本人女性の招待客は二二一五人（皇族妃を除く）だったのに対し、実際に参苑したのは、二二人であった。(463) 袿袴や西洋服はほかに使う機会が少ないため、高価な物をわざわざ新調しないのだろう。

大正四年（一九一五）観桜会の際には、それまで入苑証裏面に但し書きされていた服装規程に関する「通常服（ヴィジチングドレス）」の文言が単に「通常服」と改められるのだが、すると宮内省には白襟紋付が許可されるかどうかの電話照会が度々があった。多くの日本人女性招待客は白襟紋付の着用を望んでいたのだ。そのため、これ以降は再び「ヴィジチングドレス」の文言が記載されるようになるのである。(464) 白襟紋付はいかに要望が多くとも認められなかったのだ（前述の通り、大正五年観菊会からは「ヴィジチングドレス」ではなく「ローブモンタント」と記載が変更され、大正十二年観桜会から再び「ヴィジチングドレス」になっている）。

## 白襟紋付を巡る論戦

しかし、この問題は新聞紙上で大きく取り上げられるようになった。たとえば『読売新聞』大正四年四月十九日付の記事は、「栄ある観桜会の貴婦人　純日本風の袿緋袴は廃れて訪問服《ビジチング、ドレス》の軽装者が多い」との見出しでこう述べる。

かゝるやんごとなき御苑に清興し立食の御饗さへ賜はると云ふ誠に限りなき栄ある御召を受けながら、どういふものか出席する婦人が誠に少う御座います。これは多くは服装の為に差支て居られるやうで遺憾千万な事であります。故に服装の制をゆるめたがよいといふ説も先年中唱へられましたが、現今の婦人礼服である白襟紋付は衣と裳とが揃つて居りませんので謂はゞ着流しといふ格になり、斯る晴の席へは出かねるのです白襟紋付を不可とする服装規程ゆえに婦人の出席者が少ないことを指摘しているのだ。しかし一方、『読売新聞』大正五年十一月二十一日付ではこうした声に反論する長居《ながい》長義《ながよし》（エフェドリンを発見した薬学者で女子教育にも尽力）の意見も伝えている。

天皇皇后両陛下には廿日赤坂離宮に行幸啓、各皇族方を初め内外臣僚を御召の上観菊の御宴を催されましたが、当日は華族有勲者並に高等官二等以上の者は夫人並に十五歳以上の未婚の令嬢同伴にてといふ御召状を拝して居たのであります。近頃かゝる公の場に出づる婦人が大分多くなつて来たが、然し全体から見るとまだ〳〵少い、斯様な所に出る事を甚だ億劫がる、その理由とする処を聞くと服装が大変だからといふ、そして観菊観桜の御宴に参する婦人の服装は白襟紋付を御許可になればよいといふ如き事を誰言ふとなくいひ出し、今度なども之が大分諸方で問題とされたやうであるが之に就き長居長義博士は語るやう、「我国臣民は外国と異つて皇室に対し奉り誠に深い関係があるのであるが、君臣が近づく機会といふものが実に少い、然るに観菊の御宴をお開きなり、それへ召させ給ひて共に楽もうといふ思召、忝けなき極みで、左様な光栄に浴する事の出来る身の幸福を喜ぶと同時に、如何やうにしてもお召に応じねばならぬと思ひます、畏《かしこ》くも当日　陛下には御洋装を遊ばして出御になる、お召の婦人も之に相当せる礼服として袿袴又はビジチングドレスの定めがある、然るに臣下の方から勝手な事を申出るとは恐れ多い次第と申さねばなりません。婦人が大勢揃つて出たならば　皇后陛下にもさぞかし御満足に思召されませう、勅任官以上の人の夫人はかゝる公の席には度々出なければならぬのである、又其位の身分になれば服装を整へるだけの事は出来るであらうと思ふ。是非一揃揃へて頂きたい、之はお上に対し奉る礼のみでなく、臣民の義務であらうと思ふ。袿袴でも宜しい事になつて居るが、あれは歩くに不便で、お金も洋装よりはかゝる、皇后陛下も御洋装の事故、なるべくは洋装にしたいものです」

皇室の園遊会に招かれる以上、招待客はその光栄に感謝して衣装は調達するべきだという意見である。

## 参苑人数の調整か

しかし『読売新聞』大正六年四月十日付記事では、「観桜御苑と婦人の服装—洋装は当日の混雑を防ぐ為め—」との見出しで次の如く言う。

毎年の例になつている観桜御宴は来る十七日桜花爛漫と咲き乱れる新宿御苑にて催されることになつて、招待状は約五六千通それぞれ資格のある人々に向つて発せられましたが、当日の服装は男女ともに洋装か袿《うちき》といふ定めなのでその用意のない婦人達は準備に忙しがつていますが、中にはそれに対して不平を漏らしている人も沢山あります。一体日本の礼式では紋服ならば如何なる場合でもそれで十分なのですがこの観桜御宴だけは洋装及ひ袿あるので〔原文ママ〕用意のない人達は服制の改革をしなければ到底御宴に列《つらな》るの光栄に浴することは出来ない。折角機会がありながら残念なことであるといふのであります。此の点は既に数年前から問題になつていて婦人の服装を日本式に紋服としたらばどうかと言はれたこともありましたが、未だその運びに至りません。御宴に招くだけの好意はあり乍ら猶一面ではかういふむつかしい服制を設けて御宴に列らうとする婦人の数を制限するのは御宴の日の喜びを皆に分つ主旨にも遠いものだと思はれます。これに就て貴族院議員鎌田《かまた》栄吉《えいきち》氏は語られるやう「服制に就ていろいろ批評もあるが宮内省の意向としてはこれによつて当日列席しようとする人を制して、混雑を防がうとする所から設けられたものでせう。実際当日の混雑と言つたら甚しいもので議員にしても誰でも御宴に出られるといふのではなく毎年順番が決つているので、或る数だけに制限されていながらかういふ有様であるからこれがもつと自由なものになつたら一層の混雑を引き起して到底秩序を保つことも出来なからうと思ひます」

このように、記事は服装規程に対する不満の声を紹介する一方で、貴族院議員・鎌田栄吉による婦人の服装規程の厳しさは宮内省による人数調整のためだろう、という声も紹介している（実際に参苑人数の抑制を目的としていたのか真相は不明）。

## 白襟紋付の許可と女性参苑者の増加

こうした世論も反映され、ついに大正十年の観桜会からすべての女性招待客に対し白襟紋付の着用が許可されることとなった[465]。『東京朝日新聞』は「花よりも有難き御思召[466]」と見出しを打った。ただし、この際も明治二十年の時と同様、正式な服装規程は袿袴と西洋服のみで、白襟紋付は「婦人ハ特ニ白襟紋付著用ノ向モ参苑差許サル　但シ履物ハ足駄ノ類ヲ用フヘカラス[467]」という位置づけであった。白襟紋付は観桜会・観菊会のみに許可されただけで、そのほかの行事・儀式では従来通り許されなかったからだろう（女性が園遊会開催後に御礼参内する際の服装は、同じくこの観桜会から白襟紋付が許可された[468]）。

とはいえこの措置により、宮内省内で「観桜会観菊会ニ召サレタル婦人ハ今年ヨリ白襟紋付著用ノ向モ参苑差許サルルコトトナリタルニ依リ当日ノ参苑者ハ自然増加スルコトト考フ[469]」と推測した通り、実際に日本人女性の参苑者は劇的に増え、十年観桜会では一二〇〇人の日本人女性（皇族妃を除く）が出席したのだった[470]。内閣総理大臣の原《はら》敬《たかし》も、「観桜会催させられ、新宿御苑に参入せり。今日より始《ママ》めて夫人に白襟紋付にて参入を許されたる為か、五千人斗りと言ふ事にて非常に盛んなり[471]」と観察している。実際、これ以降に参苑者を写した数々の写真では、日本人女性は白襟紋付姿ばかりだ（図42）。図43は昭和四年（一九二九）観菊会に浜口《はまぐち》雄《お》幸《さち》が内閣総理大臣として初参苑した際のものだが、内閣総理大臣夫人とその令嬢であっても、白襟紋付を着用している。明治二十年の皇后の思召書からかなり経つが、多くの日本人女性には、やはりなお従来の着物が馴染み深かったのだ。こうした実情に合わせたのであろう、昭和六年観菊会以降、白襟紋付は従来の「特ニ（略）参苑差許サル」という特例的な取り扱いが変更され、通常服（ヴィジティングドレス）、袿袴（通常服）と並ぶ位置づけとなっている。[472]これは男性のモーニングコートがフロックコー

図 42　白襟紋付を着用した多数の女性招待客

図 43　観菊会に召された浜口雄幸一家
夫人夏子と娘富士子は白襟紋付姿

トと同等の扱いになったことに関連しているだろう。[473]

なお前述の通り、招待客の日本人女性は、当初は袿袴、白襟紋付、西洋服の中から選択することができた。すべて西洋服の男性と違い、従来の衣装が認められていたということだ。政治の表舞台に立つ天皇やその他の男性に対しては、待ったなしで欧化政策による変革が求められたが、もともと歴史的に長い間表舞台に立つことの少なかった女性に対しては、保守的な観点から西洋服導入が遅くなった、ということが背景にあったからだ。明治五年に祭祀関連以外での男性の衣冠束帯が早々に廃止されたのに対し、女性には、それから八年後の十三年という時点でわざわざ袿袴の制が定められるという不均衡が生じている。それが観桜会・観菊会の服装規程にも表れているのである。

## 男性は紋付を認めず

ところで、観桜会・観菊会での女性の白襟紋付着用を可としたことに伴い、新たな声が出てくることになった。大正十四年一月二十九日、衆議院議員の菊池《きくち》謙二《けんじ》郎《ろう》が第五〇回帝国議会において「男子用通常礼服ニ関スル建議案」を提出したのだ。曰く、

宮内省ノ規定ニ拠レハ男子ノ通常礼服ハ燕尾服ニ限レリ而シテ婦人ニ在リテハ和服洋服ノ並用ヲ許容セリ我カ国ノ慣習ニテハ婦人ノ紋服ト男子ノ紋服トノ間ニ差別ヲ立テス共ニ礼装トシテ認メ来レリ然ルニ宮内省ニ於テハ婦人ノ礼服トシテハ紋服ヲ認メ独リ男子用ノ紋服ヲ礼服トシテ認メサルハ其ノ理由ノ何レニ在ルカヲ知ルニ苦シム畢竟スルニ日本人カ日本国ニ在リテ従来礼服トシテ認メラレタル紋服ノ著用ヲ排除セラルルハ意義ナキコトト信ス是レ本案ヲ提出スル所以ナリ

すなわち、園遊会において女性参苑者の白襟紋付着用が許可されたにもかかわらず、男性に対しては「通常服」で

あるフロックコートしか認められていないことへの批判である（建議案には「通常礼服」とあるが、菊池ほか一六名の賛成者の趣旨は「通常服・フロックコート」のこと）。しかしこれに対する井上勝之助《いのうえかつのすけ》式部長官から江木翼《えぎたすく》内閣書記官長への回答は次の如くだった。

儀式祭典ニ際シ男子ハ大礼服、正装、服制ナキ者ハ通常礼服（燕尾服）ヲ著用シ女子ハ大礼服、中礼服、通常服又ハ袿袴（礼服）ヲ著用スルコトニ規定シアリ婦人ノ紋服ハ許容セラレス

観桜会観菊会ニ際シ男子ハ「フロックコート、シルクハット」通常礼装〔「通常服」の誤り〕服制アル者ハ之ニ相当スル服ヲ著用シ女子ハ通常服又ハ袿袴（通常服）ヲ著用スルモ此ノ場合ニ女子ハ特ニ白襟紋付ノ著用ヲ差許サル然レトモ右ハ我国婦人服装ノ現状ヲ顧慮シ特ニ差許サレタルモノニシテ女子ノ白襟紋付ヲ以男子ノ通常服ニ相当スルモノト認メ許容シタルモノニハアラス[474]

園遊会での女性の白襟紋付着用はあくまでも例外的な措置であり、男性にはそれが適用されることはなかったのである[475]。なお、宮中の行事に参加する際の女性の白襟紋付着用の機会はこの後さらに広がった。昭和五年には男子と同様に天機奉伺、御機嫌奉伺のために記帳する場合と任官・叙位・叙勲・賜物等の御礼のため記帳する場合にも白襟紋付（縫紋を除く）を通常服に代用可能となった[476]。

## 服装規程の遵守

さて、観桜会・観菊会の招待客の服装規程について、その遵守は厳しく要求された。

男性招待客の場合、大正十四年の観菊会では、喪服や喪章を付けた者、目立つ霜降のフロックコートを着用した者など規程以外の服装をした者は、入苑を拒絶するよう宮内省内で通達が出ている[477]（喪服や喪章については明治三十年代か

らすでに問題となっている(478)。

女性招待客については、まず西洋服（ヴィジティングドレス）は西洋服ならば何でもよいわけではなく、裾の短い服では注意を受けた(479)。大正十四年観桜会からは、入苑証裏の心得に「子供服ヲ除ク」と記載されている。招待客の娘の中に子供用の西洋服で代用しようとする者が多かったのだ(480)。また娘の「垂髪《すいはつ》」も認められず、やはり注意を受けている(481)。髪はアップにまとめることが決まりだったようだ。

袿袴の場合でも、大正五年四月十九日付『読売新聞』に戸田氏共式部長官の次の発言が掲載されている。

観桜会に召さるゝ貴婦人の服装は、ローブモンタントの外は通常礼服に相当する袿袴と定められましたが昨年御大礼以来貴婦人中大礼服相当の袿袴を有するものが尠《すくな》くありませんので、若し単に袿袴ならば可なるやうに心得、御大礼当時着用の大礼服相当のものを着用して参苑するものがあるかも知れませんが斯る婦人に対しては気の毒ながら入苑を拒絶する外之れなし

これは、大正四年秋に大正天皇の大礼が挙行され、参列する女性が大礼服相当の袿袴を用意したためだ。多くの注文を取った三越呉服店は一式二〇〇円から三〇〇円で販売したが、それを伝える新聞記事が大礼以降も通常服の袿を上に掛ければ観桜会・観菊会などにも利用できると紹介したため、勘違いしたといったこともあるだろう。また価格も高価だったので、再利用したいという気持ちもあっただろう(482)。しかし、現実には袿袴ならばどのランクのものであってもよいというわけではなく、厳密に規程が守られたのだ(483)。

白襟紋付では、大正十四年観桜会以降、入苑証裏の心得に「縫紋ヲ除ク」と書かれるようになった。この時に決まったのか、あるいはそれ以前から除外されていたのかはわからないが、格式の高い染め紋が求められたのだ。また、非常に細かな点も見逃されなかったようだ。昭和四年の観菊会で、枢密院議長の倉富勇三郎《くらとみゆうざぶろう》が夫人とともに会場に到

着したところ、夫人の帯留めが脱落しているという理由で宮内省の係官から注意を受けた。帯留めは乗車してきた車内で見つからなかったため、会場近くの新宿で新たに購入して会場入りしたということもあった。[484] このように、服装規程の遵守は厳しく求められたのだ。

ただし、明治三十二年観菊会の後日拝観ではモーニングコート着用の者がいて退苑させられているが、[485] 大正十四年観菊会当日では、規程外のものであると注意をした上で、着替えて参苑し直す時間のない者や、外国人にしてやむを得ざる者に限っては特別に許可されている。[486] 対応はその時々で違っていたのか、あるいはそのように変更されたのか判然としない。

## 外国人の違反

はたまた、遡って明治二十二年の観桜会では、英国公使館付一等書記官は黒い法被を着て絹のへこ帯を締め、饅頭笠を被って観桜会会場に現れ、招待客、特に外国人公使から拍手喝采を浴びたというので、[487] 外交団の一員は規程外であっても入苑できたようだ。条約改正交渉の側面工作としての意味を考慮すれば、やむを得なかったということだろう。

また、喪服のような黒服を着用する外国人が度々参苑するようになった。[488] 前述のように、もともと『Japan Mail』などの欧文新聞に服装規程を示す広告を出していたが、新たに明治三十二年観菊会から『Japan Times』、四十四年観桜会からは『Japan Advertiser』にも載せるに至っている[489]（大正二年観菊会以降はすべて廃止[490]）。

しかしながら、それでも規程を無視する者は後を絶たなかった。明治四十五年四月十九日付の『読売新聞』は、「外人中往々心得違ひの者ありてフロックコートシルクハットの定めなるにも拘はらずモーニングにて来る者あり受付にて拒絶すれば種々の文句を並べて役員を苦しむる事珍しからず」と伝える。そして昭和十二年の段階でも数名の外国人が本来着用してはならない外套を着用したままだったり、多数の外国人女性が「不断着《ママ》」「散歩服」を着用していたという。[491] 同年四月十七日付『Japan Advertiser』はこの「非礼」について「此等違反者を看過するか否かは宮内省として尚ほ決定すべき問題ではあるが、兎に角将来に於ては当局として公式御催に召さるべき外国人は厳選するであらうとの事」と報じている。[492] このように、外国人のマナー違反を取り締まることは容易ではなかったようである。

ところで、外国人については民族衣装での参苑も認められていた。たとえば明治三十六年・三十七年の観菊会では、インドの一藩王がフロックコートながら帽子はシルクハットではなくターバンを巻いていた。またその王妃も民族衣装で参加した。[493] 四十三年観菊会では、在横浜清国領事夫人も同様だった。[494] このように、外国人の民族衣装については許容範囲内だったのだ。

## 朝鮮の民族衣装

昭和五年の観桜会に「朝鮮婦人」が招待された際には、「コノ者ニ対シテ通常服袿袴或ハ白襟紋付ヲ着用セシムルモ如何」という議論があったため、この招待客は相当する民族衣装を着用しての参苑となった。[495] この「朝鮮婦人」とは朝鮮総督府中枢院顧問の高義敬の夫人のことだと思われる。[496] 朝鮮の民族衣装については、同年十月に朝鮮総督官房秘書課長・近藤常尚が宮内大臣官房秘書課長・木下道雄《きのしたみちお》に次の電報を打っている。

観桜観菊御宴ニ御召者中朝鮮人男女ノ服装ニ付今春ノ観桜御宴ノ際ハ特ニ今回ニ限リ鮮人婦人ニ対シテハ朝鮮在来ノ礼服ニテ参列差許サレタルモ自今引続キ朝鮮ヨリ参列御差許サルヽ場合ハ必ス朝鮮人ニモ其ノ恩恵ニ浴セシメタキニ付朝鮮人ノ服装ヲ一定セラルヽ様御配慮ヲ願フ

意図はわからないが、朝鮮総督府としては朝鮮の招待客に対し配慮を求めているのである。これに対し宮内省式部職の武井《たけい》守成《もりしげ》儀式課長が返信した回答は、「朝鮮婦人服装ニ対シテハ在来ノ礼服ニテ参列ノ儀其ノ都度取計フヘキモ男子ニ対シテハ詮議致シ難シ」というものだった(497)。女性の民族衣装についてはその都度詮議するが、男性については許可しないと言っている。男性の場合は、紋付着用が認められていないのと同様の対応である。なお、朝鮮の女性については昭和九年の観桜会でも着用が認められたが、これについても「根本方針ヲ定メサル可ラス(498)」という扱いで、翌十年観桜会でも「前例」により認められている(499)。

## 後日拝観の服装規程

後日拝観の際の服装規程については、明治十五年の第一回目の詳細は不明だが、十六年度については、男性招待客は羽織袴またはフロックコート（史料上は単に「西洋服」となっているが間違いないだろう）、女性招待客は白襟紋付または西洋服が指定された(500)。

十七年度に招待日が二日に分けられると、一日目の伯子男爵者については男性は高帽にフロックコート、女性は袿袴（通常礼服）あるいは西洋服が指定された。一日目には天皇皇后の臨御があり、拝謁があるからである。ただし武官は、園遊会当日と同様、フロックコート相当の軍服を着用していたと推察される。二日目の各庁文武奏任官らは、男性はフロックコート、羽織袴、職務により制服のある者はその制服、女性は袿袴、白襟紋付あるいは西洋服の着用が求められた(501)。

また、男性の帽子については当初は「高帽」すなわちシルクハットのみだったが、三十四年には黒丸形帽子も認められている(502)。モーニングコートの着用も大正十年から許可された(503)（前述のように園遊会当日は昭和四年から）。すでに伯子男爵者の招待が園遊会当日に移り、後日拝観日の天皇皇后の臨御がなくなっていたためだろうか。

なお、女性の袿袴については大正八年からは規程から外れ、さらに白襟紋付には着袴も妨げず、という変化があった。(504)

園遊会当日と大きく違うところは、天皇皇后への拝謁のない二日目の招待客には当初から羽織袴や白襟紋付が認められている点と、女性の袿袴が服装規程から外れた点である。なお、大正二年観菊会の後日拝観に袴を着用して参苑した女子高等師範学校の女性教師は、白襟紋付であっても袴は着用しない慣例として、着替えて参苑するように指示されて引き返すことになった（ただし、前述の通り後には許可される）。また この時、華族の長子で学生服を着用して現れた者に対しても同様の措置がなされており、(505)顕著な規程違反は厳しく対処された。

## 服装規程の特徴

以上が観桜会・観菊会の服装規程にまつわる話だが、女性の方が男性に比べて参苑しにくい状況が続いていたことが大きな特徴である。白襟紋付解禁後の女性参苑者数の増加を見ると、いかに長い間解禁を願い続けてきたのかが理解されよう。

このほかに興味深い点としては、園遊会当日について、男性はほぼ全員が徹底して西洋服の着用が求められたのに対し、理由は不明であるが、女性の場合は袿袴が規程の中に存続し続けたことが挙げられる。政府の政策によって西洋服が導入されたが、一方では袿袴という女性の宮廷装束が重視されていたことは注目される。

また、天皇皇后への拝謁のない後日拝観には、男性の羽織袴、女性の白襟紋付が当初から認められていた。これは園遊会当日と後日拝観の違い、拝謁の有無という軽重の差があったからであろうが、より多くの招待客に参苑の機会を与えることになったであろう。

以上、服装規程に関し長く述べてきたが、皇室の行事にあっては服装が大きな意味を持っていたことが伝わってくるであろう。

# 第五章　食事と奏楽（BGM）

# 一　立食と洋食メニュー

## 西洋料理を食する天皇

繰り返し述べたように、天皇は明治維新後、新政府の方針に則り外国の要人や使節に応対するようになった。外国人客を応対すること自体初めてのことであり、その作法として行った立御《りつぎょ》による客の出迎え、握手といった行為はこれまでになかったことだったが、さらに新規のこととして客と会食する、という西洋の作法が取り入れられた。

明治六年（一八七三）九月八日には、来日中のイタリア国王の甥トーマス・アルベルト・ビクトール・ド・サボア・ジュック・ド・ゼーンを午餐に招き、自ら西洋料理でもてなした。ここに致るまでに天皇は西洋料理のマナーの勉強を重ねたといわれる。日本料理とは全く違う西洋料理のマナーを失敗なくこなす準備が整って、ようやく外国賓客と会食できるようになった、というわけである。ちなみに、この日以降、外国の賓客を接待する際の食事は西洋料理、というのが宮中の習わしとなり、現在でもそれが続いているという[506]。

なお、天皇は明治四年八月十八日に浜離宮の延遼館《えんりょうかん》で大臣や参議などとともに西洋料理で食事をしているが[507]、中山和芳はこれを天皇が西洋料理を口にした始めと推測している[508]。この後、同年十一月には天皇が牛乳を飲み始めるようになり、十二月四日には皇后も滋養のために飲用を開始している[509]。さらに同月十七日には、宮中のしきたりである「肉食の禁」が解禁され、牛肉、羊肉が常食されるようになった[510]。

## 贅をつくしたメニュー

このように外国人の応接のために会食が行われるようになり、そこでは西洋料理が採用されることになったが、観桜会・観菊会で供された食事も、同じく西洋料理だった。第一回観菊会のメニューは次の通りである。

冷肉汁　麦粉包漬シ肉　温蒸鴨鶏卵煉汁　冷製鶏肉野菜　肉詰鶏　麦粉包小鳥　袋蒸七面鳥　飾付干膏凝汁　蒸焙七面鳥　蒸焼雉子

干藻寄果物　銘酒浸甘麹　牛乳凝膏　氷菓子香艸入

鶏卵焼甘扁桃　粕廷羅包錬鶏卵　ショコラー製練鶏卵　麦粉包漬シ果物

砂糖漬鳳梨　バナナ　葡萄　林檎　柿

赤白ワイン　シャンパン　シェリー酒(511)

想像しづらいものもあるが、肉類が多用されている。この時指揮を執って準備にあたったのはグランドホテル（外国人向けで横浜にあった）のピヤーだが、ピヤーが宮内省に請求した費用の額（材料費、肉類運搬費、職人旅費）は三〇八ドル（五一一円二八銭）だった。(512)約二五〇名分の経費としても相当な金額がつぎ込まれたのだ。明治十八年観菊会に参苑したピエール・ロティは、「シャンパンの杯、肉のパイ、デコレーション・ケーキ、シャーベット、くだもの」「ショウロ付きのキジの肉」「ブドウ酒や、アイスクリームや、ジェリーや、パン・ケーキなど(513)」がサーブされたことを列記している。また二十六年観菊会では、ベルギー公使夫人、ダヌタンは「すこぶる上等で贅沢なものであった(514)」と述べており、内容は贅をつくしたものだったようだ。なお、明治十四年観桜会以降はピヤーのような助っ人はなく、宮内省の内膳課（後には大膳職）のみで準備されていたと推測されるが判然としない。

## 設営された（仮）立食所

さてこの食事がどこで行われていたかというと、観菊会の場合は、立食所（明治十九年以降は「仮立食所」。「仮」の文字は明治四十四年から削除される）と名づけられた建屋が赤坂仮皇居／離宮の御苑内に設えられていた。この（仮）立食所には卓と椅子が用意されており、天皇皇后や皇族、政府高官、外交団とその家族は定められた卓に着席した（席割については後述）。図44は明治四十二年撮影の仮立食所の様子で、屋根付きで周囲が囲まれている。柱や梁の部分は緑葉のようなもの（明治三十九年の観菊会では杉の青葉[515]なので同様か）で覆われ、菊花で作られた菊の御紋章が飾られている（当初はこのような立派な建造物ではなく、テント張りだった。史料上確認できるのは、十四・十五・十六年[516]）。そして、席割表に収まらないその他の招待客には別に席を設けた。図45は明治三十七年撮影で、仮立食所の屋外に用意された卓と椅子である。図46では、奥に給仕が整列しているのが見え、手前の卓に飲食物ワイングラスや洋皿があり、菊花が生けられている。

この（仮）立食所の設置場所であるが、まず十三年は丸山御苑（図２参照）に仮建の食堂二ヵ所、ほかに仮建の珈琲の間が置かれた[517]。十四年からは青山御花苑（図２参照）に設けられ[518]、ここが長く続いた。大正五年（一九一六）からは、御馬場の西方に広がる「広芝」（図２参照）に設けられた[519]。図47・48はその広芝での光景であると思われるが、壮観な眺めである。

観桜会の場合は、吹上《ふきあげ》御苑で開催された十四年は、苑内富士見台下にテント張りの「御休所」（図３のＡ）を設け、ここに天皇皇后などが着席し、そのほかは適宜他の立食所（図３のＢ）に着いた[520]。翌十五年は前年に比べ少々南西側（図３のＣとＤ。Ｃは天皇皇后など）に立食所が設けられた[521]。十六年に会場が浜離宮（図４参照）に移ると、庭園内の中島御茶屋に皇族、御息所、大臣、参議、同夫人、各国外交官同夫人、松御茶屋と燕御茶屋に勅任官、麝香間《じやこうのま》祗候《しこう》同夫人、

図 44　明治 42 年観菊会仮立食所（赤坂離宮）
緑葉（か）や菊で柱や梁に装飾が施される

図 45　明治 37 年観菊会仮立食所
飲食物が用意された建屋と，屋外に置かれた卓と椅子

図 46　明治 37 年観菊会仮立食所
奥に給仕，手前に食器等が見える．梁には御紋章が飾られている

図47　立食所／仮御茶屋（奥）と招待客の席（大正期観菊会）

図48　招待客の席（大正期観菊会）

というように席が割り振られた。[522] 十八年には富士見台下（図４のＡ）に仮立食所（観桜会は明治十八年から四十三年まで「仮立食所」となる）が設営されたものの、大風のためにそれまでと同様になった。[523] そして十九年以降は、仮立食所が富士見台から見て池を挟んだ対岸の広場（図４のＢ）に設置された。[524]

大正六年に会場が新宿御苑に移ると、同様に立食所（大正八年観菊会以降、名称は仮御茶屋になる。理由は後述）が設けられたが、設営場所は、新宿一丁目通用門（現在の大木戸門）近くの洋館（現在の旧洋館御休所）前の広場（図49のＡの辺り）から、池の南方の広場（図49のＢの辺り。現在の芝生広場と桜園地の辺りで千駄ヶ谷門の前）のどちらかが年によって利用された。

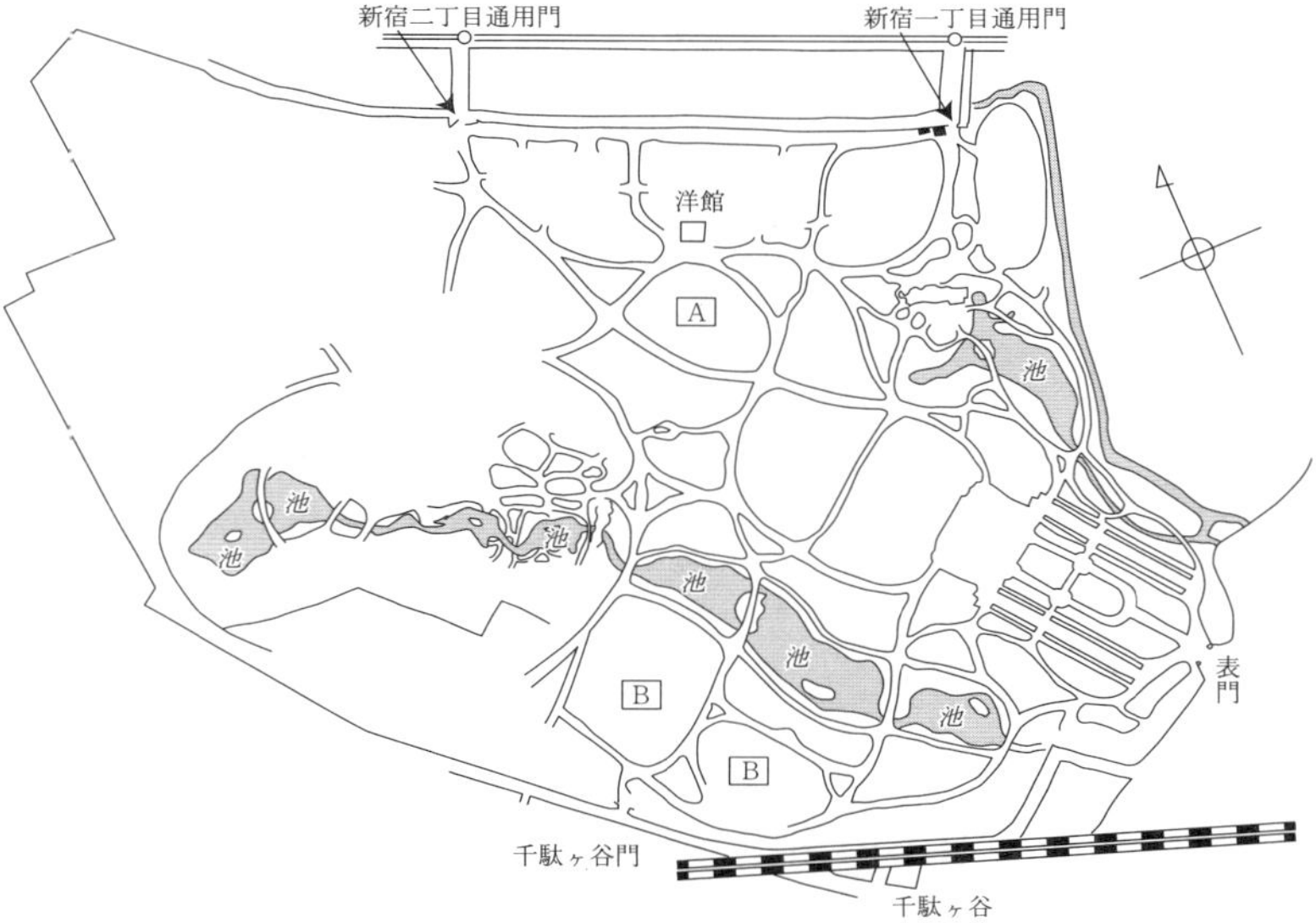


図 49　新宿御苑略図（大正 6 年の図面を元に作製）

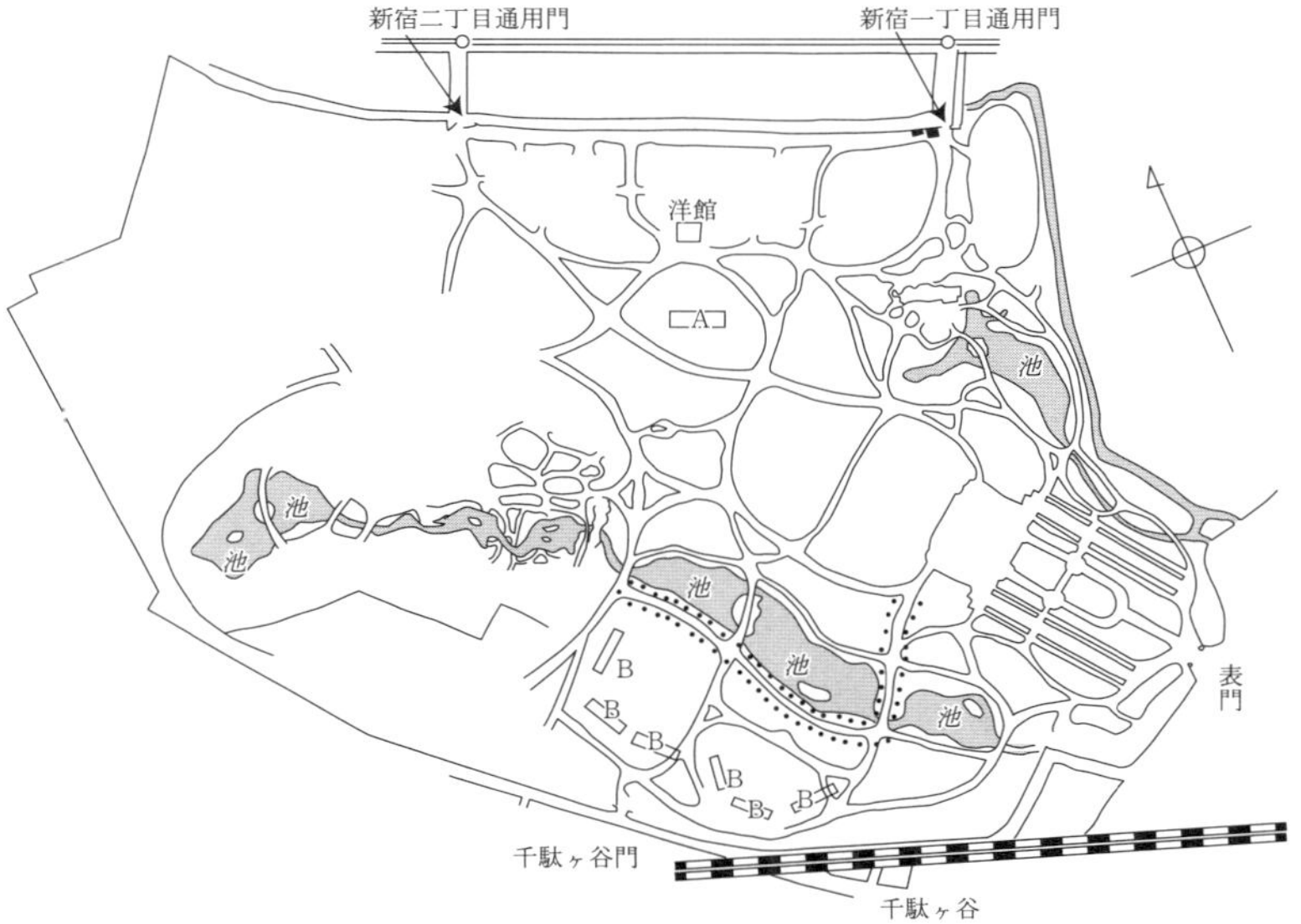


図 50　新宿御苑略図（大正 11 年観桜会）
皇后，摂政，イギリス皇太子などの仮御茶屋は一般の喫茶所から極端に離された，一般招待客は点線上に列立して拝謁した（図 54 まで同じ）

十一年は、皇后、摂政以下、皇族およびイギリスのエドワード皇太子、各国大公使や政府高官などの仮御茶屋は洋館前の広場（図50のＡ）に、その他の招待客が利用する「喫茶所」（図50のＢ）は池の南方の広場に設置された[525]（①大公使とその夫人娘を除く大公使館員と同夫人娘、特別に拝謁を許可された者など、②一般招待客の席は、観桜会では大正十一年以降「喫茶所」と称されるようになり、①については喫茶所でも「特定席」〈図52・53・54のＣ。昭和五年観桜会以前の位置は判然としない〉として扱われた[526]。観菊会では大正十四年以降と思われる[527]。後掲図75は昭和四年観桜会での一般招待客の喫茶所の様子）。ただし、十二年には両者は再び池の南方の広場に集められている（これについては後述）。

そして、昭和四年（一九二九）には観菊会の会場も新宿御苑に移るが、この年は設置場所が二つの会で重ならないよう配慮して設営された[528]。ただし、五年度以降は同一の場所に設置されている（昭和八年を除く）。

昭和五年観桜会では、天皇や皇族、各国大使公使と夫人、内閣総理大臣（夫人とも）、宮内大臣、内大臣、外務大臣（夫人とも）などが[529]利用する仮御茶屋（インペリアル天幕あるいはインペリアルテントとも呼ばれた[530]）のみが洋館前の広場に移った[531]。それまでは仮御茶屋と一般招待客が利用する喫茶所は同一の広場に設営されていたのを、極端に距離を置いたことが注目される（図51Ａが仮御茶屋。１〜16が喫茶所）。またこの回以降、一般招待客は班ごとに喫茶所が振り分けられるようになった。この時は第一班以下一六班に分かれ、御苑中央東寄りに広がる広大な大芝生（第一班から第五班）と、池の南方の広場（第六班から第一六班）に分散され、第一班には「勲一等旭日菊花大綬章以下勲一等以上並夫人」、第二班以下に「身位ヲ論セス順次」招待客が着席した（第二班以下は各班定数五〇〇名）[532]。

なお、同年の観菊会では仮御茶屋は再び喫茶所に近づけられたが[533]（図52）、このあたりの経緯は不明である。また喫茶所は、大芝生に第一班から第一一班、池の南方の広場に第一二班から第一六班が設けられた[534]。

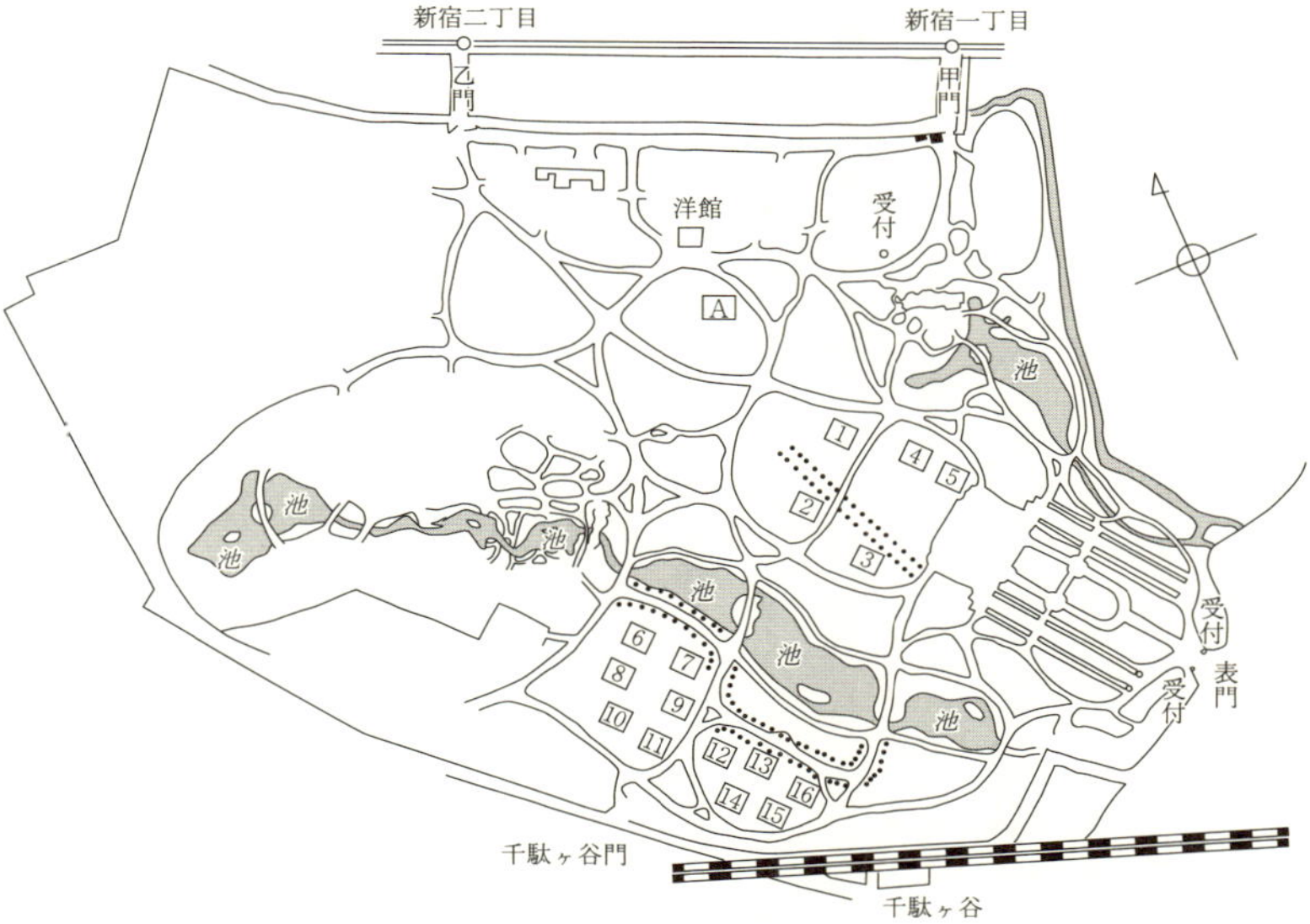


図 51　新宿御苑略図（昭和 5 年観桜会）
仮御茶屋と喫茶所が遠く離れている

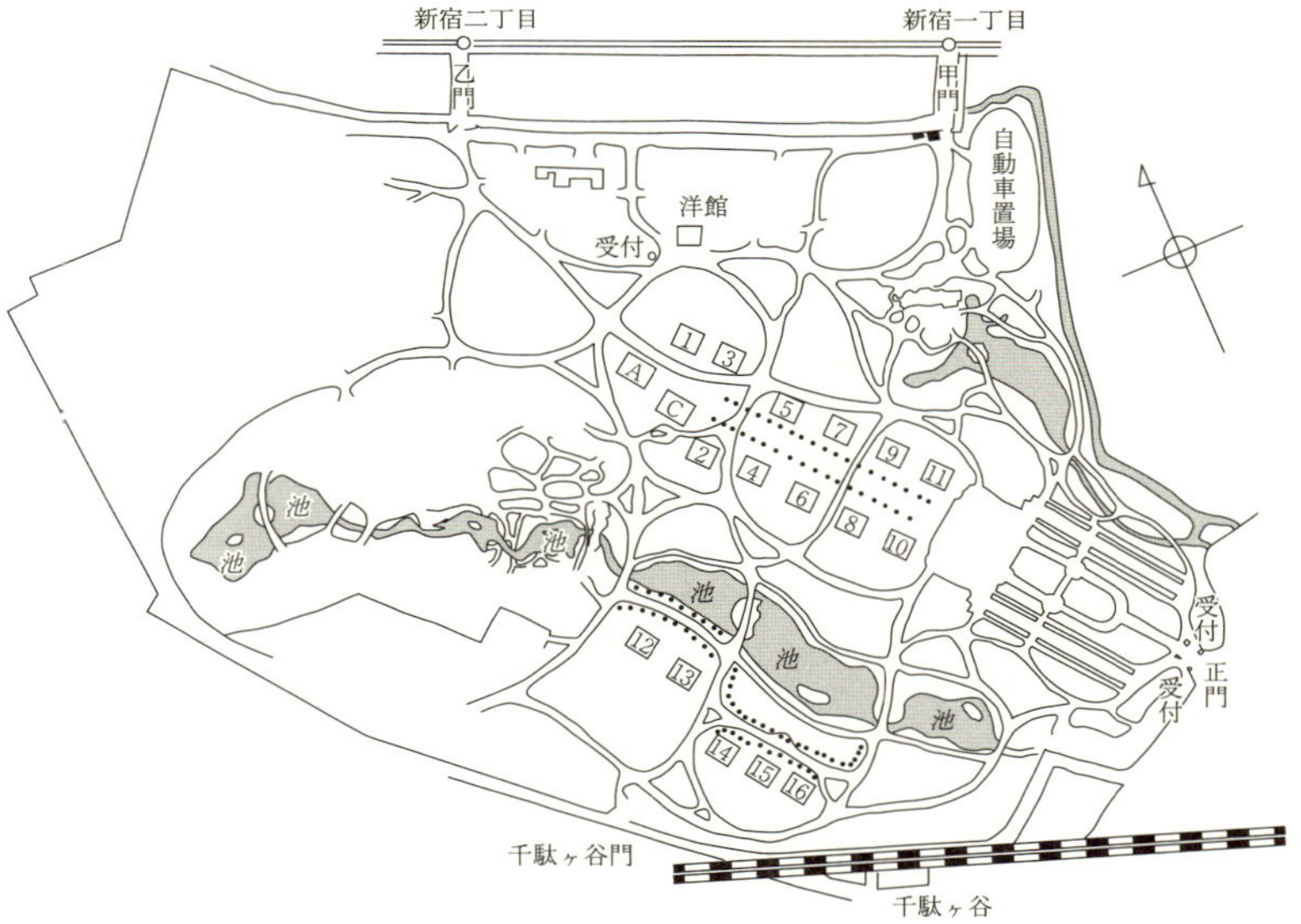


図 52　新宿御苑略図（昭和 5 年観菊会）
仮御茶屋と喫茶所が再び近接する（一部の席は物理的理由から離れている）

## 仮御茶屋と一般招待客の距離

このように多数の喫茶所が設けられると、班によっては当然、天皇皇后のいる仮御茶屋との距離は遠くなる。そのため昭和五年観菊会後、宮内省内で、式部官・渡辺直達が「喫茶所十二班以下ハ仮御茶屋ト離レ過キ（略）可成十一班以上ト同所ニ設ケラレタシ」と問題提起した。

これに対し儀式課長・武井《たけい》守成《もりしげ》は、「喫茶所第十二班以下カ池ノ南方ニアル為御料天幕ニ遠ク差別的待遇ヲ受クルカ如キ感アルハ一応尤モナルモ今日ノ人員ヲ以テシ今日ノ御苑ノ状態ヲ以テシテハ之以上改善ノ余地ナシ　各班夫々ノ間隔ハ少クトモ今回ノ程度ヲ保ツヲ必要トス然ラサレバ各班ノ区分ハ明瞭ヲ欠キ混乱ヲ来スノオソレアリ到底今回ノ如キ静粛サハ保チ得サルベシ第二班以下第十六班ハ要スルニ順序的ニ配列セルモノニシテ偶々地理的関係上（池ヲ挟ム為）区別セラレタルカ如ク感ズル事アルヘキモ元来第二班ヨリ第十六班マデ参苑ノ順序ニ従ヒ班札ヲ交付スルモノナレバ其点ニ付各員ハ充分諒解シ得ヘキ筈ナリ。若シ又第十二班以下ヲ池ノ北方ニ移シ其広場ニ十六班全部ヲ配列スルトセバ各班ノ区分ハ前述ノ如ク不明瞭トナリ為ニ数年前ノ如キ混乱ヲ来スコト言ヲ俟タズ」と、招待客数が多い以上は混乱を避けるためにやむなし、と意見を述べている。[535] こうしたためか、昭和六年観桜会以降も一二班以下は池の南方の広場に置かれたままであった。しかも班は一班増えて一七班になっている。

しかし昭和八年観菊会からは、前述の通り招待客数の大幅な削減措置（三分の二程度まで減数）[536]により班も一三班になり、天皇の仮御茶屋近くに全班がまとめて設置されるよう配慮が施されることになった（図53）。ただし、鳩彦《やすひこ》王妃允子《のぶこ》内親王（朝香宮《あさかのみや》）薨去により観菊会は中止となり、実施は九年観桜会からになる。さらに昭和十一年観桜会からは、各班は天皇の通行する道筋に沿って一列に並ぶようになった（図54）。それには次の経緯があった。

先に、一般招待客は天皇が通行する道筋に並んで拝謁するようになったと述べたが、この列立拝謁は喫茶所前の道筋で行われた。しかし、図53のように距離が短いため、招待客が並ぶ列は三重四重となった。そのため昭和十年観菊会の後、宮内省内で「玉顔ヲ拝シ得サル者相当多シ特ニ考究ヲ要ス　老婦人カ聖上通御ノ際数珠ヲ出シ拝スルヲ目撃シタリ恐ラク社会事業関係ニテ地方ヨリ召サレタル婦人ナルヘキモ此ノ実状ヨリスルモ拝謁者全部ニ通御ノ際玉顔ヲ拝シ得サス様致シ度シ」[537]との意見が出た。

これを受けてか、翌十一年二月には、宮内次官・大谷《おおや》正男《まさお》、式部長官・松平慶民《まつだいらよしたみ》、式部次長・鹿児島虎雄、宗秩寮総裁・木戸《きど》幸一《こういち》、内蔵頭《くらのかみ》・白根《しらね》松介《まつすけ》、内匠頭・木下道雄《きのしたみちお》、総務課長・岩波武信《いわなみたけのぶ》、秘書課長・金田才平、大膳課長・三浦篤、儀式課長・武井守成により一時間にわたって座談会議が行われた。そこで述べられたことの中に、次があった。

一　参苑者ヲシテ出来得ル限リヨリヨク拝謁セシムルコトヲ主眼トス

一　仮御茶屋ノ位置並喫茶所ノ班列ヲ変更シ之ヲ両側一列トシ各班ノ諸員ハ自己ノ班前ニ於テ拝謁シ得サシムルコト[538]

こうして再三の実地検分が行われて準備が進められ、昭和十一年観桜会から各班は天皇の仮御茶屋の側に並列して設置されるようになったのだ。ただし、同年に起こった二・二六事件により観桜会は開催されなかったため（代わって拝観が行われた）、実施は同年観菊会からになる。

さて、このように（仮）立食所／仮御茶屋の設置場所は工夫された。宮内省の事務方が招待客への心配りに注進していたことがよくわかる（ちなみに事務方の工夫は細かな点にも及んだ。給仕が客に茶やポンチを注ぐ量が少量すぎる[539]、ポンチが一人一杯あたりでは少量すぎる〈昭和十年観菊会〉など、細かな心配もしている）。そして同時に、観桜会・観菊会の趣旨が当初の条約改正の「側面工作」から、天皇に拝謁する栄誉を等しく人々に付与することに明確に変化していることが理解されるだろう。

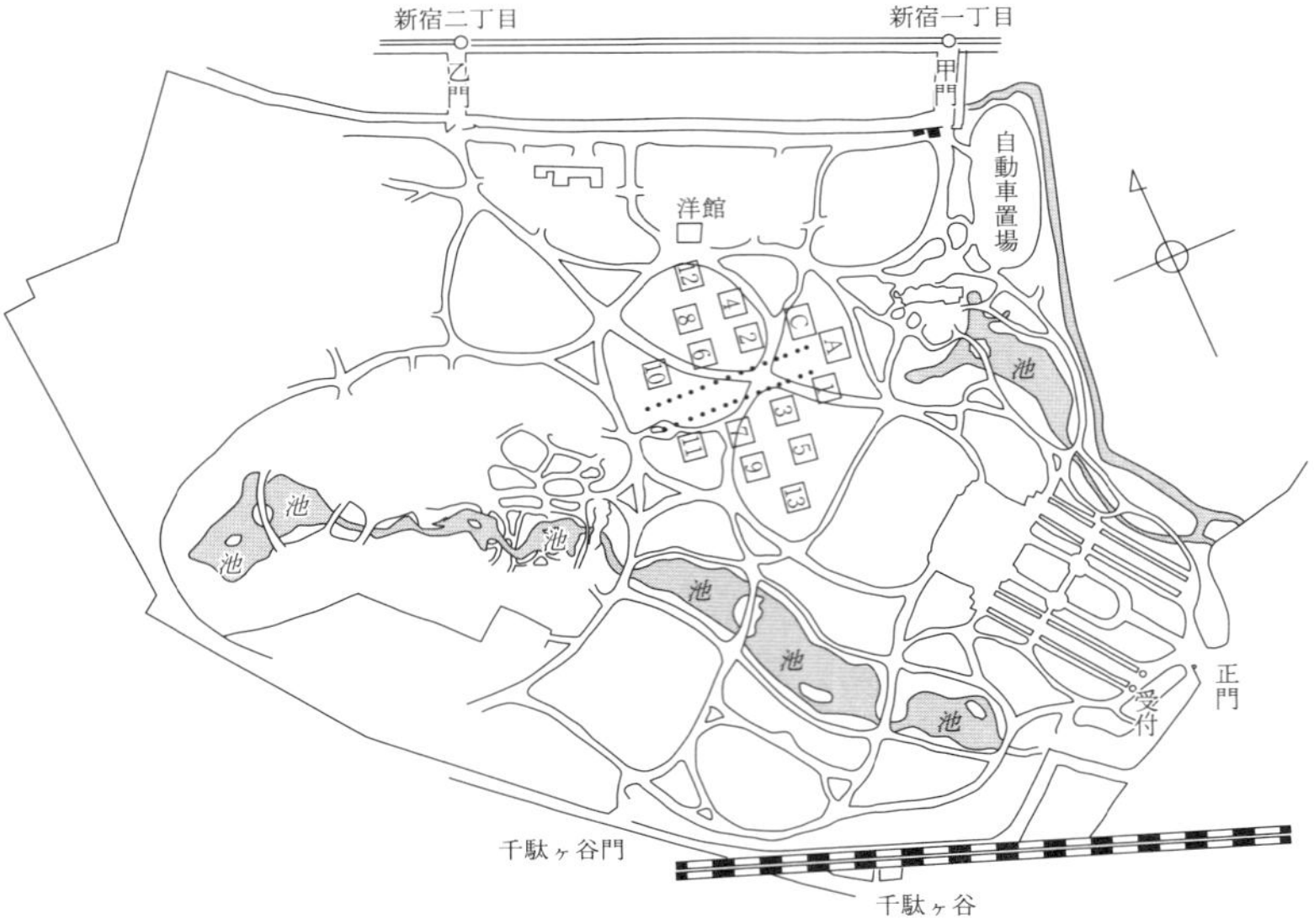


図 53　新宿御苑略図（昭和 8 年観菊会）
仮御茶屋とすべての喫茶所が近接している

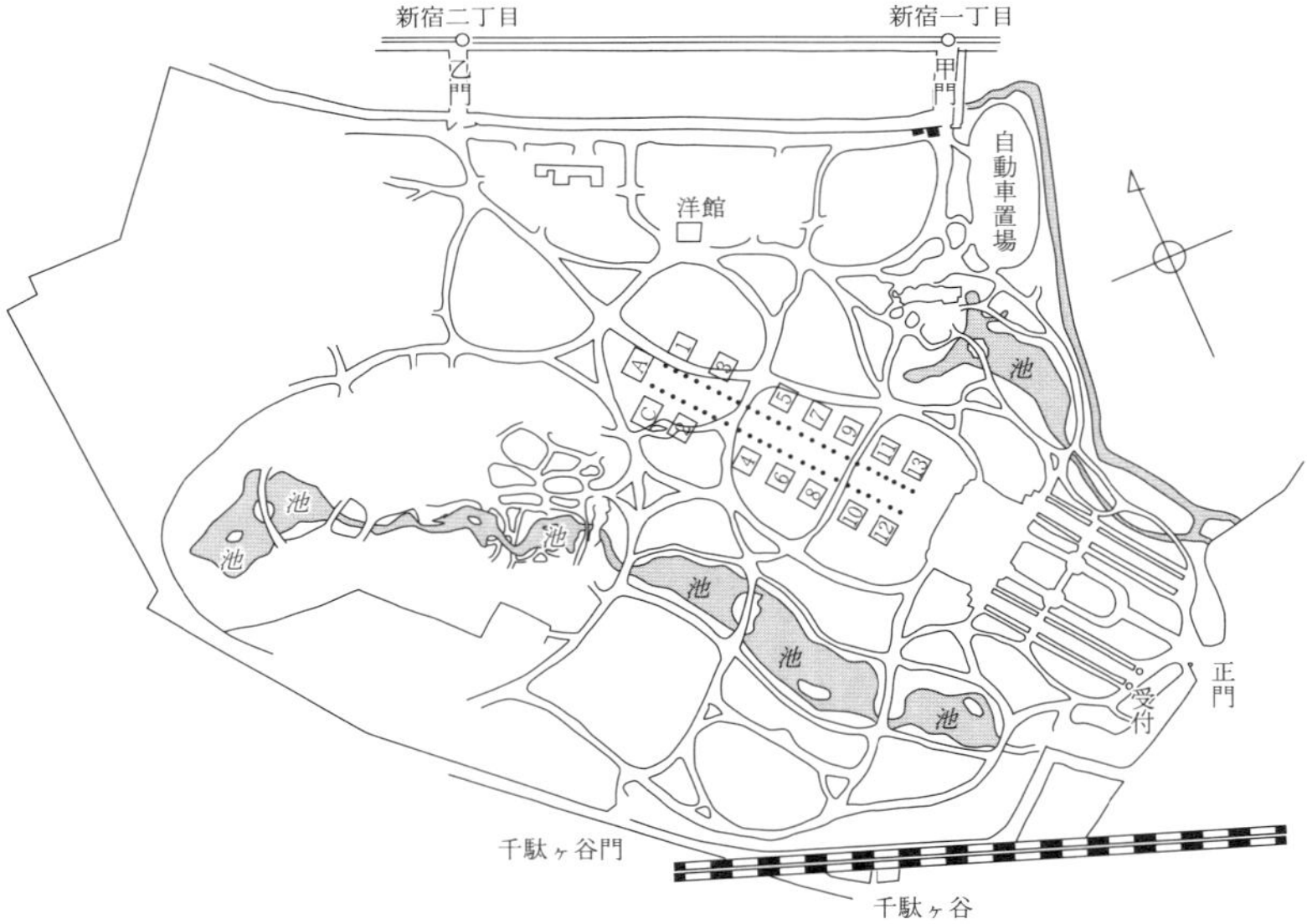


図 54　新宿御苑略図（昭和 11 年観桜会）
「ヨリヨク拝謁」するための工夫．列立するラインが長くなった

なお、(仮)立食所／仮御茶屋の建物は、時代とともに様相を変化させた。その過程は史料が限られているため明確にはわからないが、いくつか現存する写真から推測してみたい。

図55は大正期の観菊会と推測される。図56は大正八年観桜会、図57は大正十五年観桜会で、西洋風の建物である。図58は昭和三年観桜会でテント張り(インペリアルテント)になっている。図59は昭和四年観桜会で、奥にインペリアルテントが見える。

観桜会は大正期(あるいは明治期)のいずれかの時点で西洋風になり、昭和に入ってからテント張りとなっている。観菊会については判然としないが、少なくとも昭和四年は図59と同型のテント張りである[540](テント張りについては経費削減の目的があったと思われる)。このように様式を和から洋へと変えている。ただしこのテント張りも、写真が残る昭和五年観菊会(図60)以降は屋根部分が入母屋造に変更され、伝統回帰の様相を見せたようだ[541]。

## 席割—外国人との同席

次にそこでの席割を見てみると、明治十三年第一回観菊会では、食卓は三ヵ所用意され、第一卓に天皇皇后、熾仁《たるひと》親王同妃(有栖川宮《ありすがわのみや》)、能久《よしひさ》親王(北白川宮《きたしらかわのみや》)、外務卿・井上馨《いのうえかおる》の夫人と娘、アメリカ公使の夫人と娘、イタリア公使夫人、ロシア公使夫人、イギリス公使夫人、スペイン公使の娘が同席している(この第一卓では金器が使用された[542])。外国人のなかでも、女性が優先されたようだ。第二卓と第三卓には大臣、参議、各国交際官、勅任官、麝香間祇候および各夫人と娘などが着いた。料理は別卓に用意されていた。ただし天皇皇后は立食といっても席を立つことはなく、侍従試補が給仕していた[543](天皇皇后と同卓に着く招待客にも給仕がついたであろう。後のことになるが、昭和五年の「観桜会録」第十号には「インペリアル天幕ハ従前ノ通リ『サーヴィス』ノコト」とあり、やはり同じ卓にあっては同様の対応が自然である。あるいは開催

図 55　立食所／仮御茶屋（大正期観菊会．14 年か）

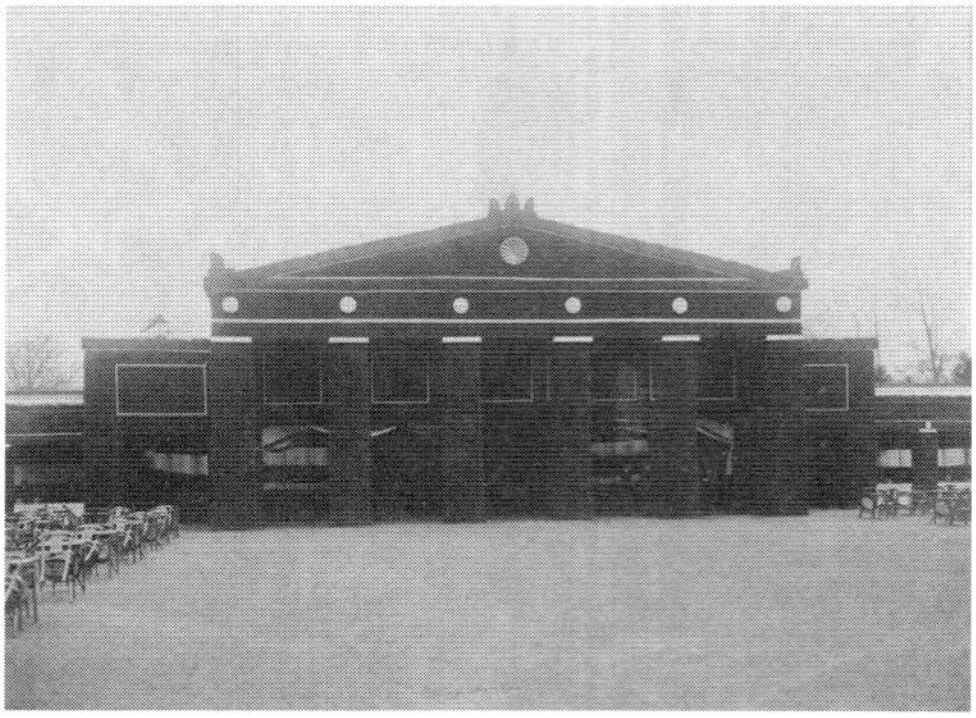

図 56　立食所（大正 8 年観桜会）

図 57　仮御茶屋（大正 15 年観桜会）

図 58　仮御茶屋（昭和 3 年観桜会）

図 59　仮御茶屋と喫茶所（昭和 4 年観桜会）
奥に仮御茶屋．手前の卓上にサンドウィッチの入った白い箱が用意されている

図 60　仮御茶屋（昭和 5 年観菊会）

初期には招待客全員、もしくは一定以上の者にであったかもしれない。先に触れた通り、明治十八年観菊会でフランス海軍大尉であるピエール・ロティも給仕から料理がサーブされているからだ）。

さて、回を重ねていくと、次第に天皇皇后の卓には皇族のみが着席するようになった。これについて前出宮内省雇外国人・モールは明治二十一年観桜会の際、次のように苦言を呈している。

> しばらくすると招待客たちは立食テーブルに導かれた。そのとき皇族は彼らだけでひとかたまりとなり、客たちとはひとことも言葉を交わされなかった。だがいやしくも西欧の風俗習慣をとり入れた以上、こうした融通性のない皇族のご態度は不適当であり、将来この点において変革がなされることが望ましい[544]

しかしこれが改善されることはなく、外国人と同席するのはしばらく後のことだ。昭和四年の観桜会以降、毎回ではないが天皇の卓には外国の大使あるいはその夫人が同席するようになった。この時はイギリス大使とフランス大使が同席している[545]。図61は昭和三年観桜会である。図中手前から三番目の卓に、天皇、皇后、雍仁《やすひと》親王（秩父宮《ちちぶのみや》）、宣仁《のぶひと》親王（高松宮《たかまつのみや》）、故依仁《よりひと》親王妃周子《かねこ》（東伏見宮《ひがしふしみのみや》）が着席している。

## 外国公使夫妻との談話（会話）

さて、ここでの食事中、ただ飲食していたのではなく、各国公使夫妻が呼ばれて天皇や皇后と談話があった。たとえば、明治十五年の観菊会での天皇と各国公使との談話の内容の大意は次の如くだった。イタリア、オランダ、フランス各国公使には、

> 今般有栖川二品親王貴国へ遊覧ノ節ハ貴皇帝陛下（仏ハ貴政府）ニ於テ御懇篤ノ待遇ヲ受ケ候旨委細申越シ深ク之ヲ欣悦ス

図 61　昭和 3 年観桜会
仮御茶屋内左手前から奥の卓に昭和天皇，香淳皇后の姿が見える

ロシア臨時代理公使へは、

我国駐在前公使ハ帰国後如何イタシヲラル、ヤ近日音信アリシヤ

ドイツ公使へは、

我国駐在前公使ハ帰国後米国駐在公使ニ栄転ノ由承リ朕モ満足ス

清国公使と朝鮮使節へは、

貴国ノ菊ト我国ノ菊トハ粗似タルモノナルヘシ貴国ニモ種類多キヤ

と、天皇はそれぞれに対して内容を変えて話しかけている[546]。

イギリス公使のアーネスト・サトウは、明治二十八年観菊会で「どう過ごしていたか、どのくらい日本を離れていたか[547]」を尋ねられている（アーネスト・サトウはイギリス公使館員として文久二年〈一八六二〉から明治十六年にかけて滞在した後に日本を離れ、明治二十八年に駐日特命全権公使として着任した）。

他方、皇后については、明治十八年観菊会に出席したピエール・ロティが立食所の少し離れた席から観察しているのだが、それによると、公使夫人たちが代わる代わる通訳に呼ばれて皇后の前に案内され、皇后から日本を気に入っているか、あるいは、庭園の花は好きか、といったことを質問されたり、日本滞在中の多幸を願う言葉などがあったという。[548] この会話についてロティは「まったく！　ほかにいったい何を語ることがあろう？　思想と感情のあらゆる領域において、おそらく、ただひとつの接触点さえもたぬ、かくも人種のまちまちな婦人たちの間にあっては、こういう子どもじみた、たわいもない言葉が交わされる間にも、皇后は、きわめて品よく、たいへん優しくほほ笑んでおられる」[549] と評している。ロティによれば、極めて社交辞令的な会話しか成り立っていなかったようだ。

しかし、ダヌタン・ベルギー公使夫人は明治二十六年観菊会で、皇后から「来着以来所々見物セラレタルヤ」とか「婦人ニハ東京ニ住マハル、由好キ屋敷ヲ見出サレタルヤ」との言葉がかけられ、先にも触れたが「皇后陛下は私に優しく話しかけて下さり、二度握手を賜った」と好印象を得たようだ。ちなみに、この時皇后からベルギー公使にかけられた言葉は「卿ハ南アメリカニ在勤ノ由同地ノ冬ハ如何」「日本ノ冬ハ同所トハ格別寒気ナレハ自重セラレヨ」というものだった。[550]

またダヌタン夫人は、明治二十九年観菊会で皇后から「頃日水害地方ノ為メ芝居ヲ催フサレシ趣奇特ノ至リニ存ス」[551] と夫人による慈善活動をねぎらう言葉があったが、それに対して次のように述べている。

日本の貧しい人々を慰問しようという私たちの努力について、皇后陛下から大へん優しいお言葉を賜った。日本での慈善活動のため設立された演劇協会に対して、陛下からご親切にも二〇〇円（二〇ポンド）のご寄付を戴いた[552]

さらに明治三十七年観菊会では、

天皇陛下はアルベールと長いお話をなさり、皇后陛下は私に特にご親切だった。皇后陛下は私の献上した詩の本のことで、ねんごろにお礼を述べられ、その詩をご自身のために日本語に翻訳させたと仰言った。そして私が先日華族女学校の運動会に出席したことについて、色々とお話をなさった。私は皇后陛下に、陛下の御歌の翻訳を読んでおりますが、とても美しい歌だと思いますと申し上げた(553)

このように、回を重ねるうちに慣れたのか、あるいは個人的関係によるのかは知る由もないが、形式的ではない個人的な会話も行われていたようだ(554)。

ただし、基本的に天皇と皇后の御言葉は事前に綿密に準備されていた(555)。とはいえ、三大節宴会では天皇は一人御座に着き、使臣や外交団とは卓が分かれており、また勅語と奉答が厳粛に執り行われたが(556)、そこには観桜会・観菊会で交わされた談話のような色彩はない。こうした意味でも観桜会・観菊会は異例の行事で、皇室による社交活動という期待が強く課せられていたことが伝わってくる。

なお、会食の場において公使夫妻たちへは談話だけではなく握手も行われた。明治二十三年観菊会では、仮立食所において各国軍艦乗組のうち中少将夫妻へも賜謁・握手があった(557)。

このように、天皇皇后が通訳を通じて外国人と会話をしている様子が伝わってくるが、食事を共にして談話を楽しむという西洋式の応待方式が採られているのだ（ただし、同卓に着席して食事と談話を行っていたわけではなく、この点は前述の通りモールが苦言を呈していた）。

ところで、大勲位、内閣総理大臣、各大臣、枢密院議長、大臣礼遇、陸海軍大将、参謀総長、海軍軍令部長とその夫人たちなどとも談話があったが、こちらについては管見の限りでは内容は伝わらない。

ちなみに、食事の時間は大正六年観菊会では四〇分程度だった。図62は昭和四年観桜会で、仮御茶屋を出て還御する昭和天皇である。

図62　仮御茶屋を後にする昭和天皇（昭和4年観桜会）



## 二　飲食時の醜態

### 茶菓へ変更

前述の通り、招待客は年を追うごとに増加した。そのため（仮）立食所において混乱が生じるようになった。すでに明治の末には同所の混雑の甚だしさが見られ、それだけではなく装飾の花を持ち帰ってしまう招待客が多数に上ったことも伝えられている。(558) しかし問題が大きくなるのは大正に入ってからのことである。大正六年四月十日付『読売新聞』は、貴族院議員・鎌田《かまた》栄吉《えいきち》の次の発言を伝える。

然しこの混雑は御苑内が狭いのでなく、十分余裕があつてかうなるので原因は重に食べ物を食べることから起つて来るのです。立食場に於ける混乱と言つたら殆んど言語を絶する有様で、我れ先にと入込んで礼儀も何もなく食べるのを争ふ所を見ると浅間しい感じを持たずには居られません。で来賓の方が今

少しく謹慎した態度であつたなら、服制も自由になり人が多くなつても困るやうなことはなくなるでせう

この言は第四章で取り上げた、婦人の白襟紋付が許可されないのはそれにより参苑者数が増大することを避けるため、という説を伝える発言の続きだが、同時にいかに立食所の混雑が見苦しいものであったかも示すものである。このように、飲食時の混乱が起こるようになっていたのだ。

そうしたこともあってか大正八年（一九一九）観菊会からは、食べ物は単に茶菓が提供されるのみとなった。これに伴い立食所の名称は仮御茶屋と改称された。(559) 大正八年十一月十一日付『読売新聞』の記事によれば、変更の理由は以下の通りである。

本年よりは特に例年の如き立食の御饗応を廃止し、只洋式茶菓の御饗応のみに止めさせらると旨十日宮内省より発表されたり、右に就き吉田式部官は謹んで語る「従来観桜、観菊の両御会には、何れも午餐同様の結構なお料理を賜つたが、斯の如きは御会の主旨にも添はず、又外国の皇室にも其の例を見ぬ所なので今回愈々《いよいよ》単に茶菓の御饗応と御裁定遊ばされたのである、随つて来春の観桜御会にも同様の御饗応に止まる訳である」

## 苦　言

しかし、一般席での混沌ぶりは改善されなかった。大正十年四月二十二日付『読売新聞』は、「宮内省式部職の大官」の言を伝える。

観桜御会は昨年以来お召の範囲が拡大され続いて服装が簡略になつた処から空前の参列者を見たが扨《さて》もこの厳かに楽しかるべき園遊会の席場は間もなく真に落花狼藉の修羅場を現出したといふ、今同日お召になつた人員を記すと

お召総数八千人△内参列者三千八百八十四名△内国人三千五百四十四名（内訳男二千三百卅七名）△女千二百七名△外国人（三百四十名）

であつたが「いやどうも実に公徳心のない国民には呆れ返つたョ」と宮内省式部職の大官は次の通り語つた「同日は畏《かしこ》くも陛下からお召になつた人々の事とて当局としては非常に寛大な取り扱ひを行つたが先づ参列者一同が今を盛りと咲き誇る禁苑の桜花拝観に感激した迄は良いとして愈々立食の饗応に移ると非常な醜態を暴露した、初め宮内省ではお召は八千人であるが実際の参列者は五千人の見込みで五千五百人分を用意して置いた、所でいざ御賜餐《しさん》のサンドウヰツチ、菓子、チョコレート、珈琲、紅茶などが出るとこの綺羅びやかな装ひをした一団の紳士夫人の連中は白昼而も高貴の人々の前に押し合ひへし合ひ我れ勝の奪ひ合ひを始め中には主人、妻、令嬢と代る〴〵ハンケチや風呂敷を持ち出し菓子は素より菓子台まで包み込んで五千五百人分の賜餐が三千余の参列者で瞬く間に無くなり、さしも丈夫な食卓迄が壊れて了つた然もこの不体裁は全く御下賜品の幾分を家人にも分たうとの心からであつた為で分けて婦人連に多かつたそして是等の人々は役人とすると何れも高等官五等以上の人達である、御苑内に在る内は陛下の御前とも心得べき事であるから不敬な事を慎まねばならぬ許りでなく外国貴賓に対しても実に不面目極まる話であるから今後の参列者は呉れ〴〵も注意して欲しいと思ふ」(560)

「宮内省式部職の大官」は茶菓を巡る不体裁について、かく苦言を呈したのだ。なお、同年「観桜会録」にはこれに関連する記載がある。「吉田式部官〜通信員へ示サル」として用意された文章だ。

観桜会観菊会ニ召サレタル婦人ハ今年ヨリ白襟紋付著用ノ向モ参苑差許サル、コトトナリタルニ依リ当日ノ参苑者ハ自然増加スルコトト考フ而シテ参苑者多数ニ上レハ随テ混雑ハ免レカタキコトナルヲ以テ何トカシテ混雑ナキ様致シタキモノナリ申スマテモナク一般ノ園遊会等ト異リ特ニ御召ニ預リタル次第ナレハ其光栄ニ対シテモ各自ニ適当ノ注意ヲ払ハレ度様希望ナリ尚ホ多数ノ参会者アル場合ニ最モ困難ヲ惑スルハ婦人ナリ故ニ座席其他ニ付テハ可成婦人ニ便宜ヲ与ヘランコトヲ望ム又召サレタル御礼ハ東車寄ニヨリ御礼帳ニ記名スル義ナレハ此際モ亦婦人ハ白襟紋付ニテ差支ナキコトトナレリ[561]

おそらく通信社（皇室専門の千代田通信社か）に示すことによって、宮内省の努力と招待客への注意喚起をあらかじめ周知させておきたかったのではないだろうか。宮内省としても混乱による不体裁について困却していたのだ。

## 反　論

しかしこうした苦言には反論もあった。同年四月二十二日付『読売新聞』は、一参苑者の言を「包んで持ち帰るは日本婦人の習慣　宮内当局が参列者を誣るものだ」との見出しで次のように伝える。

こんな問題を今更宮内省の大官が公然口に出し世間に発表するとは非常識も甚だしい、成る程中にはそんな醜態を演じた人もあるやうだが、之れ等の事は要するに宮内省で予め参列者に注意して欲しい事で、昔から日本婦人の習慣として人前で食べる事をせずに多く紙とかハンケチに包んで持ち帰る事は良くある事だ、それに今度参列者の服装も簡略となり当日入苑者の沢山ある事は既に明かな事であつて始めての事ではあるし幾分不心得の人達もあらうから宮内省としても相当雑踏を防ぐ用意はすべき筈である、況して禁苑内の模様――やれ五千五百人分の菓子などが三千何人の為に無くなつたとか、菓子台まで持ち出したとかいふに至つては言語道断の話で、元来観桜御会は一に陛下の思召であるに見ても宮内当局が何かといふべき筋合のものではあるまい。素より之を一般に注意する事は喜んで之を受けるが恰《あたか》も一同を誣《し》ひるやうな口吻を洩らせば今後参列者も激減し却つて聖旨に悖るやうな事になりはせまいか[562]

あくまでも宮内省の準備不足が原因であり、招待客に非はないという勢いである。この問題は新聞紙上を賑わし、一般読者も加わって白熱化した。次はその一つである。

昨日の諸新聞に初めて教育家其他の婦人連が宮内省に招かれ菓子の御下賜を受ける際吾勝ちにと数を多く取つたといふので宮内官の憤慨談が掲げられた私はあの記事を見て更に憤らざるを得なかつた婦人連が御下賜の菓子を家に持ち帰つて其老父や身内の者に一口づゝでも喰はせてやりたいと云ふ心持ちが日本人の皇室に対する美である、自然そこに多少の争奪が起つたかも知れぬ、併《しか》し三四千人の人数を招かれたのであるから始めから係員は混雑をせぬ様に準備するのが当然だ例へば菓子の数を定めて折詰めにするとかハンケチに包むとかしたら混雑もなく争奪も起らないのだ、折角招いて喜び勇んで招かれた人が少々の混雑をしたというふ位でそれを諸新聞に発表するなどは宮内省の非常識を自白するのである記者如何となす(563)

この意見も宮内省の対応を「非常識」と責めるばかりだ。

他方、こうした宮内省批判をする側の言い分を切り捨てる意見としては次の投稿があった。

所謂《いわゆる》貴婦人とは、あの一二等車にノサばつて居られるつんとしたお方、何かの祝日には十字街頭で造花をお売りになる、綺羅びやかな方々のことだと思ふ。

それなら別に不思議は無い、観桜御会で饗応の先陣争ひをしたり御菓子を包んで持ち帰つたりするのは、今更事新しく云ふ迄もないと、参列者の一人が言明して居られる。併し彼等が如何に厚顔無恥であるにしても、若し少しでも場所柄と己れの身分を考へたら、あんな醜態は為し得ぬ筈である。此事件は外のみを飾る上流社会の人間が其汚れた内面を暴露した好例とも云ふべきであらう。

前の参列者は云つた「食はずして持ち帰るのは日本婦人の習慣である」と。そんな旧習は直に打破してしまへば好いではないか。かかる悪習を守つてゐることこそ、反つて聖旨に悖るのである。
一方に於ては虚礼廃止などを企て（尤もさう云ふお方は、こんな不作法をせられなかつたに違ひないが）他方にあつては旧習に囚はれて居ると云ふのは、実に不思議に堪へない。

参列者又曰く「予め注意して置かなかつたのが宮内省の手落ちだ」と。幼稚園や小学校の生徒ではあるまいし、一々前以て指図されなければならぬ程、現代の貴婦人紳士は低能なのか知らん(564)

多分に階級批判が滲む反論だが、いずれにせよ会場内での飲食物を巡る混乱ぶりは世間の知るところとなっていたのだ。かくして女性招待客の白襟紋付の着用が可能となり、参苑者が急増した大正十年の観桜会はハプニングに見舞われたものとなったのだった。なお、混乱の原因を宮内省の準備不足とする言い分については、翌二十三日付の『読売新聞』紙上に式部官・醍醐《だいご》忠直《ただなお》の見解が紹介されている。曰く、

成程日本の婦人が人前で物を喰べずに持ち帰るといふ事もあるが之が折詰めなどならば知らぬ事その席に出された茶菓は外国の例としても、分けて観桜観菊会等の性質から云つても持帰るべきもので無いからこの点はよく〳〵注意して貰ひたい(565)

このように、宮内省側と非難する側には双方の言い分があり、認識は平行線を辿るしかなかった。そしてこうした混乱によるものと思われるが、大正十一年の観桜会にイギリスのエドワード皇太子が参苑した際には、皇后、摂政以下、皇族およびエドワード皇太子、各国大使や政府高官などの卓は洋館前の広場に、その他の招待客が利用する喫茶所は池の南方の広場に設置された（図50参照）。両者は相当離れている。喫茶所の混乱をイギリス皇太子の目には入れたくなかったということだろう（先にも述べたが、同年の観菊会以降、両者に再び同一の広場に設置されている）。この時、一般参苑者が貴賓に近づくことができなくなるために想定される不平に対しては、「当日の入苑者は全く皇室のお客様で

あるからお互に気持ちよくお花見をするやうにした迄だ」(566)と宮内当局は説明している。
ただし、大正十三年観菊会の際、宮内大臣・牧野《まきの》伸顕《のぶあき》は次のように述べている。
飲食品は暫時の間に費消、若しくは人々の持帰へる事となる。甚だ不体裁にはあるも、何れも地方或は留守の老人、縁故者に恩賜を分かんとの美意に出づるものなれば、制すべきものに非ず。成行に任せ可然ものなり(567)
「不体裁」ではあるが「美意」という招待客の心情に一定の理解を示しているのである。

## 箱詰めのサンドウィッチ

昭和に入っても混乱は続いた。そのため昭和三年（一九二八）二月二十八日と三月十五日に行われた宮内省内の会議では、その年の開催について混雑防止の方法を議題とし、「一、園遊会ノ様式トスルコト　二、菓子等ヲ予メ配布シ置クコト　三、参列員ノ赴クヘキ『ビユツフエー』ヲ予定スルコト」や、椅子のほかにベンチを設置すること、飲料のみを提供するテントを別に設けることが論議された。また、多種類の菓子が並ぶことによる移動の混乱を避けるために、それまで提供されていた「カナツペー」の廃止も取り上げられた。「カナツペー」については経費削減の意味もあった(568)。ただし、これらが実施されたのかは定かではない。
さらに、宮内省内は二種の案を検討した（時期は三年観桜会以降と推察されるが確認できず）。一つは、
御宴ヲ全ク園遊会風トナシ茶菓ヲ喫スル天幕ヲ苑内数ヶ所ニ散在セシメ　両陛下ハ適当ノ時刻ニ其ノ沿道ヲ通御《つうぎょ》ノ後インピリアル《ママ》天幕ニ於テ親任官以上一定ノ範囲ノ諸員ト喫茶ヲ共ニセラルル方法
二つ目は、
「サンドウィッチ」其ノ他ノ菓子適当ナル紙器ニ一人前宛盛付ケテ各卓ノ上ニ予メ配シ置クノ方法

この二案である。前者の「全ク園遊会風」というのはイギリス王室の形式を指すと思われる。そこでは会場内に飲食のためのテントが点在していた。

結論として、前者については「陛下ニ陪シテ茶菓ヲ食スルノ光栄ヲ辱ウスル情ヲ薄カラシムル失アル」ため、「現状トシテハ第二ノ方法ニ依ルヲ可トスヘシ此ノ方法ヲ採レハ或ハ食品ノ準備等ノ関係上多少費用ヲ増スノ虞《おそれ》アリト雖亦已ムヲ得サル所ナリ」としている。(569) その結果、昭和四年観桜会では、「サンドイッチ、菓子」が詰められた箱（白色）が風呂敷一枚を添えられて卓上に準備された。(570) 前掲図59には食卓に置かれた白い箱と「サイダー」の瓶が見える（その他、紅茶などの飲料は別途用意されていた）。

なお、この二案の検討がなされた時にも経費面から「賜宴ヲ簡素ニスヘシ」との意見が論じられ、「其ノ内容或ハ種目ニ付テハ現在ヨリ程度ヲ下シ能ハサルヘシ但シ各個ノ食品ノ単価等ハ更ニ低廉ナラシムルノ余地アルヘシ」(571) との意見が出されている。内容のレベルは落とせないが、個々の食品単価を下げることは可能だとアイディアを捻り出している。経費の増大は懸案事項だった。先に触れた通り、昭和五年には招待客数の減数が実施されている。

## 切り抜き

さて、飲食時の混乱は、このように工夫を凝らしても解決しなかったようだ。『東京朝日新聞』昭和五年三月一日付に次の一般読者の投稿が掲載された。

観桜菊の御会に召出さるゝものは皆その光栄に歓喜するは申すまでもないが、さて陛下御側近に設けらるゝ大官、貴族、外国使巨〔ママ〕等の席を除けば、御紋章入りの煙草など忽《たちま》ちのうちに参列者のポケットに入って影も留めず、いよ〳〵酒せん場の開かるゝや、群衆は先を争つて殺到し、一杯の紅茶も容易に得べくもない。

もちろんこれらの人達も恩賜の酒せんそのものを珍重するにはあらで多くはこの無上の光栄を一族郷党にも分ちたいといふことが主たる原因であらうから、あながちに悲しむべくも、とがむべくもない。あるひは外国人に誇るべき心理状態でもあらう。けれども現状を見ては如何にも浅ましく感じられる。何とか改めらるゝ途はないかと常に心に懸つてゐた。

然るに昨日の新聞紙は宮内省の節約発表として観桜御会の御召範囲を縮めらるゝ旨を報じた。御趣意の程は我等の彼これ申上ぐべきではないが、この機会において何とか御工夫を願ひたいと思ふ。

一体諸外国では人を招くに、午餐晩餐を除けば、茶会、園遊会、夜会等すべて招かるゝを光栄として、飲食させらるゝを光栄とはしない。日本の園遊会なども極めて軽い準備で催される習慣を作りたいとしみじみ感じてゐる。宮中の御召の如きはだれが飲食のために参列しようぞ。たゞ龍顔を拝するだけで身に余る光栄を感ずるのである。しかし、にはかに従来恩賜の慣例を破らぬとの思召ならば、御紋章入り煙草一ふくろ、御紋章入りの御菓子少々を賜ひ、御会の席では紅茶でも賜はつたらこの上はないと思ふ。たゞ外国使臣等のゐる御側近の御席ではシャンペン位御下賜になる必要はあるかも知らぬ。

宮中から集会即飲食でないといふ例をお示し下さらば、民間でも段々改良されようと思ふ。今民間では庭前の花に友人を案内したいと思つても十二分の御馳走をせねば人は招けぬ。

この事は直接宮内大臣か次官に申上げてみたいと思つたが、それよりもまづ民間の人々に御賛成を得たいと思つて。

混乱解決の方法として、招待客範囲の縮小による客数削減よりも飲食物の簡素化の方が良策だと述べているのだろう。また持ち帰りの行為をむしろ皇室に対する敬慕の念として理解している。前掲の読者の言い分と同様だ。

この記事は同年「観桜会録」に切り抜きが綴じられている。宮内省でも、こうした世間の声を気にかけていたのだ。

## 食材の下賜

ところで、延期や中止などで使われなかった食材は、慈恵医院、養育院、福田会、日本赤十字社病院などの施設や宮内省内関係部局に下賜された(572)。昭和八年観桜会が雨天中止となった際、四月二十二日付『東京朝日新聞』は、喜ぶ子供たちの写真とともに次のように書いている。

畏《かしこ》き辺では二十日の観桜御会をお取やめ遊ばされたので同日拝観者に賜はるはずだつた御菓子箱三千個を市内の四十八社会事業団体に御下賜遊ばされる御沙汰があつた各代表者は二十一日午後宮内省に出頭拝受したがこれ等の恩恵に浴する団体は大部分が託児所と孤児院で約六千名の子供達がこの有難い思召を拝するといふ

その一例――本所厩橋の隣保館託児所では主任の保母さんが廿一日午後三時頃その御下賜のお菓子箱五十包を積み円タクでニコ〳〵と帰館、百四十名全部に一箱づつといふわけにはゆかないので一人に五つづつと決り、無論赤ん坊にも分配、更に親達にもこの思召を均てんさせたいと有難い趣旨を刷つたガリ版をそへた

さて一同紙包をあけてみるとこの辺では見たくたつて見られない西洋菓子、大部分は喜び勇んで帰宅したが労働者の子供達約四十名は夕方まで居残つてゐるのでおやつ時に一つだけそこで食べさせられた、箱は金粉のふられた白いちりめん紙で出来、桃色のリボンがかかつて居り、それ等を前にした子供達は喜悦と食欲とで緊張してゐたが、やつとお許しが出ると息をもつかせず食べる騒ぎ、箱を持ちあげ歓声をあげる喜び方だ、空箱はあとで女の子達だもらふので喜びの二重奏だ

招待客にとっては中止は残念なことであったが、晴れの招待に与る由もない者にとってはこうした下賜が大きな喜

びであったことが伝わってこよう。

## 三　奏　楽――ＢＧＭと西洋音楽

### 西洋音楽（吹奏楽）

天皇皇后が園遊会会場である御苑に入る時と、その後（仮）立食所／仮御茶屋を退出して去る時には「君が代」が演奏された。天皇皇后の登場（出御）と退場（入御・還御）を知らせるためだが、これもこうした際に国歌を演奏する西洋流に倣ったものだ（ピエール・ロティは観菊会の御苑で皇后の登場を知らせる君が代を聴いた際、「まるでなにか超自然物の到来を迎えるためのように、はっきりしない、ゆるやかな、暗い、ある日本の宗教歌」が演奏され始めたと述べている。西洋楽器での演奏ではあったが、旋律の違いが大きかったようだ）。[573] そしてこれ以外にも、招待客が御苑を鑑賞したり飲食をする際に奏楽があった。ただし、公使や大臣らの拝謁の際は演奏は止められた。

さて、観桜会・観菊会はヨーロッパ「皇室」「帝室」の社交形式であるガーデンパーティーという形態を採用した催しだが、前述の通り完全に西洋風を採用せず、菊と桜という日本の味付けがされた。日本の伝統や美意識を示す、という理由からだったが、奏楽に関してはそれをせず、西洋音楽[574]（吹奏楽）が演奏された。菊と桜で伝統を示したのならば奏楽も日本の伝統音楽である雅楽を演奏してもよさそうなものだが、そうはしなかった。雅楽と西洋音楽の演奏は、後述するが、行事ごとに割り振られていたようだ。

### 雅　楽

雅楽について触れておくと、これは日本固有の歌舞と、五世紀頃から古代アジア大陸諸国から伝来した楽器と楽舞とが日本化したもの、そしてその影響を受けて新しく出来た歌の総体で、十世紀頃に完成した。(575) 雅楽は宮中で保護され、明治維新以前の宮中での儀式などで演奏されていた。そして明治維新後も、新年の宴会などの儀式や、外国人と天皇の拝謁の前などにも演奏された。たとえば、明治元年十一月二十三日（一八六九年一月五日）にアメリカ公使が天皇に拝謁した際、それに先だって雅楽が演奏されている。(576) 明治五年九月下旬にロシア皇帝の第三皇子であるアレキシス（アレクセイ）・アレキサンドロウィッチ公が国賓として来日した時には、新橋駅で海軍軍楽隊が西洋音楽で皇子を迎え、翌日、天皇と皇子は舞楽《ぶがく》を鑑賞した。(577) 同五年には天皇が西洋服の着用を開始するが、一方で雅楽という伝統は維持されたのだった。

このように、雅楽と西洋音楽はどちらかが選ばれて演奏されており、どちらか一辺倒となったわけではなかった。そして様々な儀礼の場で雅楽や西洋音楽が演奏されるようになったのである。

ただし、外国公使謁見の際の奏楽は明治五年のドイツ公使を最後に廃止され、外国の賓客との会見の際の奏楽も、同五年のロシア皇族との会見が最後と言われている。(578) 他方、午餐や晩餐などの会食や、宴会などでは奏楽が引き続き行われた。六年にはイタリア皇族が国賓として来日するが、この時には天皇主催の西洋式の午餐会が初めて行われ、海軍軍楽隊が西洋音楽を演奏している。(579)

なお、雅楽を聞いた列強諸国の欧米人は、西洋音楽の音色や旋律との違いから、「まるで葬送曲のような奇妙にうら悲しい調べ(580)」、あるいは「かすかに哀れを誘うような音楽が流れてきた。われわれ一行のなかには、それを楽隊が出演の準備をしているものと感違いして、その異様な旋律にしばらく耳を傾けた後、いったい、いつ演奏がはじまるのかと質問した者がいる(581)」など、ロティのようにマイナスの印象を示す記録が多く残っている。

## 西洋音楽の演奏者

明治時代初期の宮中の諸行事において、西洋音楽は当初、陸海軍の軍楽隊が出張して演奏していた。当時は宮中専属で西洋音楽を演奏できる人間がいなかったからだ。しかし、宮中で宴会や午餐、晩餐など奏楽が必要とされる催しが増えるにつれ、軍楽隊の出張演奏だけでは間に合わなくなり、宮中専属で西洋音楽を演奏する者が必要となってきた。そこで、式部寮雅楽課に所属して雅楽を演奏していた伶人《れいじん》たちに白羽の矢が立ち、明治七年十二月から、正式に西洋音楽の伝習が命じられ、それ以後伶人たちによる西洋音楽の演奏が始まった。(582)

さらに十一年二月になると、三大節宴会での伶人による演奏が決定したが、新年宴会には雅楽の舞楽、紀元節宴会には雅楽の久米舞《くめまい》、天長節宴会では西洋音楽の奏楽が行われることも併せて定まった。(583)なお、この振り分けについては、紀元節宴会の久米舞は由来（神武《じんむ》天皇が東征の際に詠んだ歌を歌詞としている）が明らかだが、新年宴会と天長節宴会については格別の理由がなく、単に一つは舞楽、もう一つは西洋音楽を当てたにすぎず、伶人たちが西洋音楽（吹奏楽）を演奏する機会を作るためだったようだ。(584)

ちなみに、演奏者の人数は多くなく、そのため、病気等で演奏ができなくなる者が出ると、軍楽隊から人員を借りて穴埋めすることもしばしばだった。

軍楽隊という西洋音楽の導入と、宮中の諸行事における西洋音楽奏楽の導入、そして本来雅楽だけを演奏していた伶人たちの西洋音楽伝習は、西洋服の導入などと同じく、欧化政策の流れの中で行われた。そして本場のイギリス王室ガーデンパーティーでは、近衛騎兵連隊や近衛歩兵連隊の軍楽隊、あるいは女王の私的な楽団がBGMとして演奏していた。(585)そのため観桜会・観菊会にも奏楽が導入されたと言ってよいだろう。なお、演奏は当初は陸海軍の軍楽隊のみが行っていたが、明治十六年観菊会からは伶人たちも行っている[586]。十九年観菊会からは近衛軍楽隊が演奏することもあった[587]（図63は昭和三年観桜会での演奏風景。陸軍または海軍軍楽隊）。

図63　演奏する軍楽隊（昭和3年観桜会）

## 演奏曲目

さて、西洋音楽といっても、どのような曲目が演奏されたのだろうか。第一回観菊会での曲目は次の通りである。

陸軍
一　君可代
二　アツプレーロラージュ（ウーヴヱルチュル）
三　シムパチ（レドワー）
四　ラミュヱット（ファンテージー）
五　コンムイルフォー（ポルカ）
六　ヱルミール（ファンテージー）
七　ヱルトルーバドール（ボレロ）
八　リュシアニユス（パールドウブレー）
九　リードウシュルプリーヅ（ウーヴヱルチュル）
十　ルパスタン（ファンテージー）

海軍
一　ジャパニーシヱヒムス
二　デヒレーマルシュ　レシュ氏作

三　ジヒテルヱバウヱル（ウーベルチウルツールヲーペル）ズッペ氏作
四　カドリール　カル、氏作
五　アムメール（リード）　ヱフ　シュベルト氏作
六　ロマ子ネスカ　ヱフ　チコツフ氏作
七　コンツヱルト　ポルカ　メンツヱル氏作
八　タンヌホイゼル（マルシュアンデデルヲーペル）ヱル　ワグ子ル氏作
九　ヂイ　ショイ子　ガラーテ（ウーベルチウルツールヲーベル）ズッペ氏作
十　ドルフシュワルベン　アウス　ヲーベル　ヲーストライヒ（ワルツヱル）ストラウス氏作
十一　ガロツテ　レツシュ氏作
十二　ガロツプ　ストラウス氏作(588)

すなわち、観桜会・観菊会で演奏された西洋音楽とは、いわゆるクラシック音楽と軍隊の行進曲などであった。ただし、「観桜会録」「観菊会録」および式部職楽部の関連事務書類を集録した「雅楽録(589)」「奏楽録(590)」でわかる範囲では例外が一度だけあった。それは昭和五年（一九三〇）観菊会でのことで、内容は不明だが「朝鮮民謡集」が演奏されている。招待客の中に前出の「朝鮮婦人」がいたからであろうか(591)。

## ピエール・ロティの評価

例外を除けば西洋音楽が演奏された観桜会・観菊会だが、会場の庭園や当初の袿袴《うちきばかま》《けいこ》姿が上手く融合しているかどうかについては辛辣な意見が残っている。ピエール・ロティはかく述べる。

緑の木蔭に隠れている二組の宮廷楽団は、順次に音楽を演奏している。その二つの楽団は、わたしたちの着ているフランスの服装と同じように、すくなくともこの庭園には不釣り合いのものを演奏しているが、しかしその曲はとてつもなく美しい。それはリゴレットの四部曲から始まって、ついでベルリオーズのもの、マスネーのもの、サン・サンスのものというふうに移ってゆく……そしてこれらの演奏は、いずれもみごとである！(592)

BGMの西洋音楽は美しく、演奏も見事であるが、赤坂仮皇居の日本庭園には不釣り合いだと感じていたようだ。ロティが見た観菊会の場合は、登場する女性たちがまだ袿袴姿であり、西洋音楽とはかけ離れた出で立ちだったので、一層強く違和感を持ったことと思われる。

前にも述べたが、欧化政策は明治政府による日本の近代化という悲願によって行われたが、それは反発する日本人からだけではなく、皮肉なことに往々にして高く評価して欲しい西洋人からも評判が良くなかったのだ。

なおロティは演奏は見事だと褒めているが、これは練習の賜物だった。明治十年の内国勧業博覧会で軍楽隊の演奏を聞いた前出の雇外国人エドワード・モースは、「演奏の十中八、九までは、我国の田舎のあたり前の楽隊が、簡単な音楽をやるのに似ていた（略）音楽を知っている者は、不調音を聞き、間違った拍子に気がつくことが出来た」(593)と酷評していた。しかし十五年の外務大臣主催の天長節夜会で再び軍楽隊の演奏を聞くと、今度は、

彼等は日本人の指揮者と、すべての現代的の楽器を持つ、非常に完備した楽隊で、古い作曲家達の音楽を、極めて正確に演奏した。私は彼等の演奏のハキハキしたこと、正確なこと及び四年間に於る彼等の進歩に驚かされた。何故かというに、私は四年以前、陸軍軍楽隊が奏楽するのを聞き、いまだに明瞭に、その演奏が如何にお粗末であったかを覚えていたからである。その時私は、たとえ日本人が如何に完全に外国の様式を取り入れ得るにしても、音楽に関するかぎり、その意味をつかみ、適当に演奏することは出来ぬであろうという結論に達した。私は

二つの音楽が、全く相異しているので、このように思考したのであった。今や私は、この結論を変更し、我々の音楽に関しては、単に練習が必要であったのだといわねばならぬ。余程の達人にあらずんば、演奏しつつあるのが日本人であるか、それとも上手な外国人の音楽家であるか、判断出来まいと思われた(594)と賞賛している。上達の背景には、ドイツ人雇外国人のフランツ・エッケルトの特訓があった。

## 奏楽の効果

イギリス王室のガーデンパーティーを参考に開始した観桜会・観菊会だけに、奏楽の採用は自然な流れであり、また参苑する外国人にとっても至極当然のことであったであろう。日本庭園に西洋音楽の音色が合うか合わないかは判断の分かれるところであるが、そもそも日本人の西洋服姿も同様であり、ここに伝統と欧化の融合のバランスの難しさが表れているだろう。

ところで、奏楽は単に心地よいＢＧＭを提供しているだけではなかった。たとえば大正十四年（一九二五）の「観桜会録」で明らかなところでは、一般招待客の御苑内の移動を円滑に行わせるよう、心理的な効果を演出している。その方法は、御苑内の池の北方にいる客を池の南方に進ませる時には、北方の楽隊は演奏を止め、南方の楽隊が奏楽を開始して、音の聞こえる方向への移動を促進させるという具合だ(595)。園遊会の進行がスムースにいくよう、様々な方策が採られていたが、奏楽もそれに一役買っていたのである。

# 第六章　招待客の感想と天皇の感慨

# 一　外国人招待客の感想

## 外国人が受けた印象

このように構成された観桜会・観菊会に参苑した招待客たちの感想はどのようなものだったのだろうか。むろん、全員の感想など知るのは不可能である。しかし「側面工作」を期待され、そもそも招待客あっての園遊会という趣旨を考えれば、触れないわけにはいかない。辿れる限りの感想を紹介していくこととする。

まず、園遊会の開始の目的からすると特に大事なのが外国人外交官の感想だろう。しかし、彼らによる記録は管見の限りでは見当たらない。先に取り上げたように、イギリス人外交官のアーネスト・サトウが明治天皇との会話を記しているくらいである。ただし、外交官の夫人による記述は複数残っている。直接の外交関係者ではないが、配偶者同伴が慣行となる社交の世界にあって、夫人たちの感想は見逃すわけにいかないであろう。また外交関係者以外では、雇外国人や前出米国人紀行作家のシドモア、そしてピエール・ロティなどが感想を残している。ロティの場合は前述のように観菊会を一大絵巻の如く叙述した。彼らは観桜会・観菊会をどのような目で見つめ、どのような印象を抱いたのだろうか。これら外国人の感想については、やはり日記や旅行記などによって知られるが、その内容は詳細なものが多く興味深い。

## ベルギー公使夫人―素晴らしい見もの

まずは外交官の夫人たちの感想を取り上げる。ベルギー公使夫人のエリアノーラ・メアリー・ダヌタンは、明治二十六年（一八九三）の観菊会でこう述べる。

私たちは二時に赤坂離宮に到着して御苑の中を散歩したが、それはこの世で最も美しい庭だと私には思えた。遊歩道はとても長く、両側に緑の植わった小道で、小さな丘や丸木の踏み段を上ったり下りたりしながら続いていた。この道は、この上なく美しく興味深い景色が次から次へと現われるので、最後に御殿へ辿り着いたときには、全く残念に思えたほどである。（略）しばらくすると楽隊の演奏する荘重な国歌と共に、天皇皇后両陛下が御入場になり、それに続いて皇族方と随員が列を作って、ゆっくり私たちの前を通り過ぎた。私たちは御一行がお通りになるときは、膝をかがめて礼をし、そのあと行列に加わった。それは素敵な散歩だった。華やかに装った人々の列が、鮮やかな色どりの紅葉が枝を拡げた木蔭を通り、絵のように美しい橋を渡って、ゆっくりと歩を進めていく有様は、本当に素晴らしい見ものであった。（略）菊の花はとても立派で、一つの茎だけで七百もの花を付けている鉢がある。こういう菊は伝統的な厳格な方法で仕立てられているので、その結果としてやや人工的な感じはあるが、どの花もとても引き立って見える[596]

この引用文は第二章でも取り上げたが、観菊会を楽しむ様が伝わってくるだろう。皇后とは個人的な会話があったことは前述の通りだ。さらにダヌタン夫人は、観菊会に対する感想ではないが、皇后について好意的な評価をしている。たとえば、明治三十七年の観菊会で「皇后陛下はいつものようにチャーミングだった[597]」と評している。また前述の如く、世界漫遊旅行者の多さに目を見張っている。

## イギリス公使夫人―名高い菊

イギリス公使夫人のメアリー・フレイザーは、来日後最初の観菊会（明治二十二年）が天皇の風邪のために中止となったことを「残念」[598]だと記している。そして翌年の観菊会の際には、「紅葉と菊と皇室の園遊会の月」[599]と形容して次のように語った。

とうとう皇居の菊を見ることができました。それはこの上もなく美しいものでしたが、そこに示された自然にたいする人工の完全な勝利という点では、美しいというよりはむしろ興味深いといった方がよいでしょう。（略）今回が私にとって、名高い菊を目にする初めての機会でしたが、その種類の多さ、花の大きさにはまったく目も眩むばかりでした。（略）緑の芝生と申し分なく手入れのゆきとどいた庭を楽しみながら、かなり歩いてやっと集合場所に着くのです。途中の庭全体は音楽で満ちていますが、いくつかの楽隊がそれぞれ美しい場所に、しかも互いに近すぎないように配されていますので、耳の鋭い人でも不快な思いをしなくてよいのです。小径にはほとんどの友人や知人の顔ぶれがあふれています。木蔭には美しいドレスやきらびやかな軍服の群れが、この上なく華やかな絵を繰りひろげています。ようやく目的の場所に着きますと、皇室をあらわす厳粛な黒と白のはばひろい縦縞の垂れ布に覆われた大きな天幕があります。そこでは、訪れた人全員のための山なす――としか言いようのない――ご馳走が供されています。天幕の隣りには、やや小さめのあずま屋があり、そこで両陛下が私たちに謁を賜り、また宮中の方々と小卓でお茶を頂くのです。（略）それにしましても、何という眺めでしょう！ある菊は、彫刻をほどこした屋根の下に一株だけ立っているのですが、聞けば、巨大な帆船の形に育ち、両端の楼や二重甲板、その他すべてをそなえているというのです。中心の茎は硬い皮に覆われ、木のようになっています。今年はこの株は、大きさもおなじなら薄紅の色もおなじ粒揃いの花を四〇〇近くも咲かせ、全体で長さ一五フィート、高さは地上一〇フィートにもなっています。（略）式部長官の合図で私たちは二列に並び、そのあいだを、親王や親王妃をはじめ宮廷の方々にしたがわれた両陛下がおそろいで歩まれました。貴婦人方の衣服は美

しい京都の錦でできており、あたりの菊花の色彩とも見まがうばかりです(600)

さらに明治二十四年の観桜会では、

皇后陛下の桜が満開となり、私たちは海のかたわらの陛下の宮殿の御苑へ花見に招かれました。昨年は何かのご都合でこの宴はなく、今回、私は初めて、延遼館《えんりようかん》のある浜離宮へ出かけたのです。（略）詩人の魂をお持ちの繊細な皇后陛下は、バラ色の桜の花房をちりばめた柄の、淡い黄緑の綾織りの上着をご自分の機で織らせておられました。美しく映える装いでした。やわらかな緑のビロードの外套や白いレースや宝石のついた帽子を拝見していますと、上着もわざわざヨーロッパの流行に従ってつくられなければならなかったことをつい忘れてしまいました。皇后ご自身もその日はとてもお幸せそうでした。花や日光やボンボンさえ率直に楽しんでおられるかのようでした。ボンボンは桜の花や茶色の枝やおとぎ話に出てくる草などで、すべてあの有名な宮中の菓子職の手で砂糖を材料につくられていました。皇后はいつもよりも長く私をかたわらに引きとめられ、私たちが慈善の目的で行ったお芝居についていろいろ優しくたずねられました。その目的とは、かねて要望の高かった小病院を建てることで、皇后はご親切にも多額の小切手を私に送ってくださったのでした。このような堅苦しいパーティーから帰ることを私が心残りに思ったのは、これが初めてでした。この集まりのすべてがそれほどすばらしく新鮮だったのです(601)

これらが主な外交官の夫人による感想だが、両者とも皇后や庭園を賞賛し園遊会を満喫しているようだ。また、やはり女性は皇后の衣装について非常に興味深く見ているのが特徴である。

## 雇外国人・モール―すばらしい光景

雇外国人について見ると、まずモールについては、これまで度々取り上げてきたように、宮内省雇外国人として運営者側の視点により観桜会・観菊会を注視していた。たとえば、当初は単身での招待だった雇外国人についても夫人同伴とすること、封筒の表書きを夫婦連名とすることを助言したり、仮立食所で天皇や皇族たちが一塊で卓を囲んでいることに苦言を呈したりしていた。しかし一方では、「澄みわたる秋空のもと陽光の輝く御苑はすばらしい光景をくりひろげた」とも賛辞している。具体的には「いとも優雅な色をみせるこの植物は、まったく魅力的であり、一度でも満開の菊の有様を見た者は、生涯忘れることができないであろう」と他の招待客同様に御苑の端正な菊花を褒め称え、また仮立食所の食事が招待客から好評を得ていたことを伝える。また面白いことには、常々女性皇族の西洋服採用を強く批判しているにも拘わらず、この観菊会の際には「残念」としつつも「美しく着飾った貴婦人たちの姿はまことに魅惑的」であったとも述べている(602)。運営側の立場としては気がかりな点は多いが、観桜会・観菊会の開催自体にはすこぶる好意的だった。

## 雇外国人・ベルツ―壮麗な御苑

同じく欧化政策を非難するベルツは三十六年観菊会で、前述の通り世界漫遊旅行者の多さやアメリカ人の観桜会・観菊会への関心の高さを指摘するとともに、かく考えた。

天気はすばらしかった。壮麗な御苑は無限の変化に富む色彩をもって、この秋の陽光の下に持前の美観を余すところなく展開していた。しかし自分には、キクよりもむしろモミジの方が好ましく、堅苦しい日本作りの――どの花もいちいち竹の棒に支えて兵隊のように並べた――キクには感心しない

「観菊」会ではあるが、日本流に人工的（菊の仕立てについては後述）に仕立てられた肝心の菊には批判的だった。しかし、紅葉に染まる御苑の景観には文句のつけようはなかったようだ。なおベルツはこの日、「皇后は幾分お疲れの模様だった」と観察していた。(603)医師ならではといったことだろう。ベルツは明治三十八年に帰国するが、その後再訪した四十一年観桜会に招待を受けた。この時は雨で観桜会は中止となり御苑の拝観のみが行われたが、ベルツは「行ったところで楽しめるかどうかわからない(604)」ので参苑しなかった。雇外国人として日頃から宮中に出入りしていたが、招待に特別な感慨があったわけではないようだ。またベルツはこうも述べる。

宮廷や上流社会の人々をひと目見ようと日本にやってきた世界一周の旅行者たちは、そのほとんどがひどく落胆している。彼らは今回、特別なテーブルに招待されているのだが、そこには天皇ご自身は姿をお見せにならない。それならば長居は無用と決めた者も多い(605)

世界漫遊旅行者は皇室の園遊会に殺到したが、天皇（皇后も含めてだろう）と接することができなければ園遊会の魅力も半減といったところだったようだ。

このほか、明治三十一年に文部省の雇外国人として招かれたドイツ人歴史学者ルードヴィッヒ・リースは離宮の庭園での逍遥を楽しみ、菊花に感嘆し、皇后からは「その身のこなしによって尊大さと柔和さを兼ね備えた印象」を得ている。(606)

## ピエール・ロティ―女神の衣装

次に、明治十八年の観菊会に参加したピエール・ロティであるが、彼には外交権限などなくその意味では「側面工作」に直接関わるわけではない。しかし前述のように、ロティの叙述によって皇室の園遊会は広く西洋で知られるようになった。自国を宣伝するイメージ戦略という点では大いに「側面工作」の役割を果たしており、大変重要なものである。ロティは小説家ということもあるが、モールやベルツと違い、観菊会の内容を詳しくレポートし、感想も興奮した筆致で認めた。かなり長い叙述なので、観菊会で見聞したそれぞれの対象ごとに見てみたい。

まず日本人の装いについてだが、女性の袿《うちき》袴《ばかま》姿に関しては、「風変りの精髄ともいうべき衣裳(607)」「ハチスズメのようによく光る長い衣裳(608)」と言いながらも、「いままさに終りをつげんとしているある文明の最後の光芒をまざまざと目撃しているのだという印象を受ける。明日にも、こういうみごとな衣裳は、伝説と博物館の永遠の闇のなかに葬りさられ(609)」と述べたり、「ほんとうに品のいい姿である。〔略〕わたしたちのじみな衣服のかたわらでは、居合わせる二、三のヨーロッパの大使〔公使〕夫人らのおとなしい色調のかたわらでは、彼女らはまばゆいばかりである(610)」「わたしの望むところは、皇后の思召しだからというので女神の衣裳を廃止しようとしているそのすじの計画——そうなれば、皇后の特異な魅力はすっかり失せてしまうであろう——に対するわたしの芸術家としてのうやうやしい抗議を、同時に皇后が受け入れてくださることである(611)」というように、袿袴を風変わりと形容しつつも、伝統衣装としての価値を理解し、それが欧化政策によって押しやられていく状況を嘆いている。さらに前述の通り、日本人男性のフロックコート姿については〔ロティは「男性皇族」を見て述べている〕、「なんという気がかりな醜い姿」と酷評し、「これに反して、夢幻的な大きな宮廷扇を使っているその姉妹の王女、王妃方のなんという美しさであろう！(612)」と伝統の遺棄と継承に対する明確な認識を示している。

## 庭園と菊花を称賛

奏楽については、前述のように、西洋と東洋のミスマッチを指摘しながらも、演奏技術の高さを認めている。

赤坂仮皇居の御苑について、ロティは相当感心させられたようだ。

庭苑が姿を現わす。御苑は、美しい静かな陽の光に照らされている。わたしたちは、はやくも夢見心地になる。屏風や磁器類などの上では、それをべつにほんとにするわけではないが、こういう真実とは思えぬほど美しい風景、つまり、湖や小さな島々があまりにも錯綜し、遠近法もみとりもでたらめで、樹木も緑ではなく、まるで花束のように、かってな色で描かれているといったような風景をときどき見せられたものである。ところが、いま開け放たれたこの広間の敷居口では、わたしたちは、すべてそうした風景の実際が、目のあたりに見渡される高みの上にいるのだ。(略)そしてこういう美しい人工的なものの向こうには、大きな神秘でいっさいをつつみこんでいる、小暗いいくつもの小山と高い大樹林の真実の地平線がひろがっている。森と荒地を戯れさせている真実の遠景がひろがっているのだ。都会の真ん中に、このような静けさがあるとはなんたる驚きであろう!(613)

ロティは美術品などに描かれた日本の風景しか知らなかったが、実際に江戸時代屈指の回遊式庭園だった御苑を前に絶賛している。さらに展示してある菊花に関しても相当驚いたようだ。

わたしたちは、砂の敷いてある一つの円形広場に立ちどまる。そのまわりには、タケ〔竹〕でこしらえたいくつかの軽快な建物が立っている。薄紫の絹のちりめんで幕を張った建物。そして、それらリラ色のすべての幕の上には、紋章の白ギクが、その風変りな大きな花模様(キクの紋)をひろげている。これらの建物は花の陳列場である。こうした仮小屋の下や皇室の幔幕の下には、天然のものにはちがいないが、すこしもそのおもかげのない菊花の蒐集がある。両陛下がそのためにこそわれわれをお招きになったすばらしいいくつもの菊花や、秋のわがフランスの花壇では想像もつかないようなじつに驚くべき菊花などの蒐集がある。それらのキクは、ローラーをかけたような滑らかな微細なコケがいちめんにおおっている土の段々の上に、幾何学的な規則正しさで五点形に植えられている。しかも一本のキクは、それぞれただ一本の茎しかもたず、またその茎はただ一輪の花しかつけていない。――だが、なんというみごとな花だろう！――わがフランスの最大のヒマワリよりもさらに大きく、どの花もいかにも美しい色合いをし、いかにも珍しい形をしている。（略）そして近寄って、茎にそって立っているほとんど目につかない支柱を見ると、こういう大きな花々を仕立てるに要した苦心のほどがのみこめる。それらの支柱は、葉の下でふたまたに分かれて、重すぎる茎を支えていたり、あるいはまた、あまり速く伸びすぎるような茎の所では、その生気を抑制したりしているのである(614)

珍しい種類だけでなく、栽培や仕立ての技術にも驚嘆している様子が伝わってくる。

## 皇后への賛辞

そして、ロティが最も褒め称えたのが皇后だった。「彼女こそは、最も洗練された意味におけるエキスキーズ（ろうたけた）という形容のあてはまるごく少数の女性の一人(615)」と絶賛する。なお、この観菊会では天皇は風邪のため御苑に出ず、皇后だけがその他の皇族やお付きを従えて出てきたのだが、その登場を目の当たりにして「わたしに生あるかぎり、この御苑の奥深い所で、かくも長時間待ちわびた遅い臨御を、再び目にすることもあろう。だが、日本の幻影の他のあらゆるものがわたしの記憶から消え去っても、つぎの情景だけは、けっして消え去ることはないだろう(616)」とまで魅了されている。

その一方で次のように失われつつある伝統を惜しみ、そして皇后と二度と会うことのないことを嘆いている。

わたしの眼底にはまだ皇后とその行列の姿が残っている（略）数世紀の間あれほど洗練されていたひとつの文明が、まもなく完全に失われてしまうのだと思うと、わたしは生まれてはじめて、一種のほのかな哀惜の念といっ

たようなものが感じられてくるのだ。しかも、その感じには、つぎのような悲しみさえ加わっているのだ（略）

それは、われわれが、ふしぎにも心をひかれる一人の女性のうえに、自分の拘束された全注意力と魅せられた全好奇心とを数時間にわたって集中したときに、また、こんどのようなことは、現在、未来にわたってもう完全にないということ、その女性についてのなにものをも見ることも知ることもできないであろうということ、その女性の顔の上には永劫にヴェールがかけられてしまっているということ、などを考えなければならないようなときに、いつも感じられるあの悲しみが加わっているのである(617)

またこれと同時に、近代化の中で皇后の境遇が一変したことについても眼前の光景によって再確認している。なんぴとも侵すことのできない数千年にわたる不動状態をつづけてきたあとで、自国を新しい未曾有の世界へと引きずりこんでいくこの眩暈《げんうん》のさなかにあっては、これからまだどれほどの驚きと心痛とが彼女に残されていることだろう！　幼少のころ、彼女は、おそらく昔の皇后とおなじように、なんぴとも不敬罪を問われずには見ることのできなかった、深窓に閉じこめられた一種の偶像的存在だった。宮殿においてさえ、宮仕えの者は、彼女の通路のゆかに顔をおしあてたものだ。ところが今日では、あの名づけようもない大擾乱（明治維新）のために、日本と同じようにすっかり時代の波に押し流された彼女は、いまやむなくわれわれの見るがままになったり、また自身われわれのうえに目をとめられたり、われわれに微笑されたり、陪食《ばいしよく》をゆるされたりしているのである。だが、神格をしだいに失いつつある女神の微笑を浮かべた、そのおしろいをはかれた小さな仮面の下に、われわれと向き合うことからくる自尊心上のどんなおそるべき憤懣の念が、あるいは社交をいとわれるどんな臆病な心がひそんでいるかということを、だれが推し量ることができよう(618)！

ロティは自分なりに、幕末以来の日本が置かれた国際関係上の政治的困難と変容を理解しているのだ。

ロティは観菊会の模様を停泊地の横浜を出発する時から記述を始め、終始興奮した筆致で認めた。前述の通り、彼はそれまで日本で見聞したものに対してかなり厳しい批評を残しているが、この観菊会に関してはかくも絶賛した。落合孝幸は、観菊会は彼の日本観を大きく転換させるきっかけの一つになったと述べている(619)。

そして前述のように、ロティは他の日本見聞記とともにこの感激した観菊会の様子を本国フランスに戻ってから発表し、それによって観菊会が欧米で有名になった、というわけである。これは、観桜会・観菊会の開催理由からすれば大きな成果の一つと言えるだろう。

## 紀行作家・シドモア―日本調一色

次に、アメリカの紀行作家のシドモアであるが、彼女はロティと同じく明治十八年の観菊会に参苑（十九年観桜会も参苑）してかく述べた。

古式ゆかしい宮廷衣装姿の皇后陛下と女官が登場すると、御所の園遊会は日本調一色となり絵のような美しさです（略）一堂に会す無数の花は見事に咲き誇り、しかも日除け、仕切り、絹の掛布によって強い日射しや風雨から保護されています。絹の天幕でも菊の株がそれぞれが保護され、一株につき二〇〇から四〇〇もの花を付け、いずれもむらなく豊富に咲いています（略）妃殿下も侍従の貴婦人も、全員同じ伝統的衣装を身につけ、鮮やかな刺繡や金糸で織られた錦織は、色彩的効果満点で目が眩むほどです

シドモアは、他の多くの招待客と同様に菊花に関心を寄せ、また同様に伝統衣装の着用に高評価を与え、皇后についてもロティやリースと同じく「この小柄な女性の品位と威厳は、鮮烈な印象を与えます(620)」と言う。そして彼女も園遊会を楽しんでいるようだ。

以上、例が少なく時期も明治期に限られてしまうが、外国人招待客の感想を列挙した。欧化政策に対する批判はついてまわったようだが、観桜会・観菊会に招待されてその場に参加することは肯定的に捉えられていたようだ。そして、彼らの関心は、菊花、庭園、皇后、衣装に集中することが多かった。

## 不興

ただし、このように観桜会や観菊会を喜ぶ外国人招待客がいた一方で、不興を買ったこともあった。明治二十年観菊会では、前述の通り天皇は皇后と並んで御苑内を歩くことを拒み、一時間の間参列者を待たせていた。そして到着後、各国公使やその夫人と歓談したのだが、代理公使やその夫人には「目礼」(621)だけで、一言も言葉を交わさなかった。先にも触れたが「代理公使」だったためだ。そのため、ポルトガル代理公使夫人は「激怒」し、「宮中の新年会に出席しない」と宣言し(622)、翌年の観桜会にはポルトガルの外交団は全員欠席している(623)。この光景を目の当たりにしたのはモールだが、彼によるとこの観菊会の反響は芳しいものではなかった。具体的な内容は伝わらないが「不満足な外交官の批評がある一方、宮中側からの批判(624)」もあったという。これは「側面工作」の趣旨に反するものであり、以後の運営に一層慎重な検討を行うことになった。

## アインシュタイン―菊に感銘

大正期の外国人招待客の感想として残るものに、相対性理論で有名なアルベルト・アインシュタインが十一年観菊会に参苑した際のものがあり、次のように述べている。

来朝間も無い私の一家族に対し、貴顕紳士と共に　御会にお招きに預り且つ皇后陛下に拝謁するの光栄を賜はつた之はたゞ〳〵感激の外ありませぬ、さても御苑の菊の見事なこと一種云ふべからざる感に打たれました、外国にも菊花は沢山ありその種類も多いが日《ママ》拝見の菊花は私の記憶に在る花の印象の中では最も深く刻み着けられたものゝ一です

やはり菊花が強く印象づけられたようだ。この時、夫人も懸崖作りの菊花に関心を示すとともに、着飾った女性たちが「淑かに」挨拶しあう様を「床しい」と述べている。[625] 園遊会の雰囲気を心よく感じたようだ。

## 菊栽培の技術力

誰もが技巧的と言いながらも賞賛することの多い菊花だが、実際に明治期の写真を見ると、観菊会で展示された菊花の出来栄えは見事だった。特に人工的だと関心を寄せられたのは図64の菊花で、これは大造（大作り）という技法で仕立てられている。一本の幹から数百の枝に分枝させ半円形に形を整え、花を一斉に均等に咲かせるもので、見る者を驚かせた。花の前には品種と花数を記載した「名札」が掲げられた。明治十八年観菊会でロティやシドモアが目にしたのは全部で六株で、少ないもので二一二輪、多いもので三六七輪の花をつけていた。[626] この他、厚物（図65）、一文字菊（図66）、管物菊（図67）（以上大菊）や江戸菊（図68）、嵯峨菊（図69）（以上中菊）などの花壇が設えられ、接分（図70）、懸崖（図71）などの技法も用いられていた（懸崖には小菊を使用）。また各花壇には上屋があり、菊の御紋章の入った幔幕が掛けられていた（図64・70）。

菊の栽培は、皇居の紅葉山御苑や赤坂仮皇居／離宮の丸山御苑で行われた。ちなみに一文字菊（御紋章菊ともいう）は特に栽培が難しく、国内を見渡しても栽培する者は少なかった。しかし丸山御苑での栽培は最も技術に優れ、普通は一六弁すべてを開かせるのは困難だったが、同所では完全に開かせることができたそうだ。ただし、一文字菊の同

図 64　大造菊花壇
一株に数百の花を咲かせる

図 65　厚物
花弁が球形状に盛り上がる．手綱植え（黄・白・紅の順に植える様が神馬の手綱模様に似ているためこのようにいう）の様式で植えられている

図 66　一文字菊
姿が似ていることから御紋章菊とも呼ばれる．手綱植え

図 67　管物菊
細い管状の花弁を持つ．手綱植え

図 68　江戸菊
開花後，次第に花弁がそれぞれ他方向に向いていくので芸菊ともいう

図 69　嵯峨菊
花弁が茶筅を立てたように咲く

図70　接分花壇
一本の幹に複数の菊を接木して仕立てる

図71　懸崖
崖から垂れ下がるような姿に仕立てる

図72　萩御茶屋脇中菊花壇
菊の品種と並び順が丁寧に記されている

所での栽培開始は明治二十二年からだが、[627]天覧に供するには年月を必要とした（『東京年中行事』によれば明治三十八年。『東京朝日新聞』大正二年〈一九一三〉十一月五日付によれば明治四十年）。また嵯峨菊も同様に難しく、明治三十八年頃に京都から種を取り寄せ栽培を開始したが、大正元年に至りようやく天覧に供せるまでになった（内苑頭の福羽《ふくば》逸人《はやと》は毎年京都に出張して研究した）。ただしこの年の観菊会は諒闇中で開催がなかったため、二年観菊会で披露されたという。[628]図72は、明治二十九年観菊会で萩御茶屋脇（前掲図2参照）に展示された中菊花壇の品種や並び順を記録したもので、栽培と展示が緻密に行われていたことが伝わる。

招待客が感嘆するほどの菊花は、努力の賜物だったのである。招待客の詳細な叙述が概ね観菊会の際に多いのは、ほかでは見られないこうした見事な菊花のためであろうか。なお、大正十二年九月の関東大震災後、御苑の菊花栽培も通常通りとはいかなかったために出来映えに影響が出た。そのため十三年の召状には、「震災後ニ付培養ノ手ヲ省キタル為開花恒ノ如クナラス右為念申添候」[629]と認めた添紙が同封された。招待客を落胆させないための気遣いであると同時に、菊花栽培に対するプライドも感ぜられよう。

菊栽培は明治三十七年からは新宿御苑でも開始されるようになり、観菊会に際しては赤坂離宮に運び込まれていた。[630]同所では現在でも菊花栽培が継承され、十一月には菊花壇展の開催が恒例となっている。

ちなみに、明治三十三年のパリ万国博覧会において行われた菊花競技会に、前出福羽逸人（当時は新宿植物御苑掛長）が大造（五鉢）を出品し、審査員の満場一致で一等を獲得した。さらに十一月三日の天長節に際し博覧会会場（トロカデロ日本部庭園）において開催された園遊会には、三鉢の大造がその他の菊とともに展示され、多数の来場者を迎えて盛会に終わった。その様はパリの諸新聞も賞讃の記事を載せるほどだった[631]。そのため明治三十四年には、フランス向けに輸出される日本茶には菊花の商標を付けるよう同国側から依頼があったという（依頼主が政府か民間かは不明）[632]。

他方、観桜会は概ね四月中旬に挙行されたが、一重桜はほとんど葉桜になり、一重と八重の間の開催となることが多かったようだ。そのため宮内省内匠寮では、新宿御苑内に日本中からある限りの桜を集めようと試み、八重だけで約八〇〇株になり、その他も数十種が揃ったという[633]。現在の新宿御苑の桜が見事であるのはこうした努力の結果とも言えるだろう。

園遊会は観桜、観菊という形を採ったが、花の持つ美しさは「側面工作」の趣旨に叶っていたのではないだろうか。

## 二　日本人招待客の感想

### 公家出身と武家出身

一方、日本人招待客はどのような意識で参苑したのだろうか。管見の限りでは日本人招待客の感想の記録は外国人と比べてもさらに少ない。しかし、いくつか興味深いものが残されている。

まず、麝香間祗候《じゃこうのましこう》の嵯峨《さが》実愛《さねなる》を取り上げよう。彼は大正天皇幼少時の御用掛を任されたりと明治天皇の信認があった人物で、明治維新以前には仁孝《にんこう》天皇、孝明《こうめい》天皇に仕えていた。つまり、幕末から明治にかけて三代の天皇に仕えた元公家で、天皇や宮中のあり方の変化について生で見てきたわけである。そうした背景を持つ人物が明治十三年（一八八〇）の初の観菊会に参苑して、次の日記を残している。

出御於大広間之後各供奉歴観苑中内外国人男女混雑也三時後於丸山御苑幄屋御座定一同賜食立食也未曾有之儀仰天之外無他此間楽隊時々奏楽毎時新奇驚耳目日没前　入御此後分散退出(634)

大広間に天皇皇后が出御し、招待客は拝謁をし、天皇皇后に続いて御苑の庭を観賞した。日本人、外国人の男女で混雑していた。三時に天皇が丸山御苑の立食所の御座に着き、一同に食事を賜った。未曾有のことで、仰天するばかりだ。この間、時々楽隊が演奏していて、見るもの聞くもの、目新しいことばかりだ。と、それまでの違いから、とにかく驚いている様が窺える。ただし、多数の外国人と日本人の前に出て賜謁《しえつ》すること自体はすでに諸行事の中で行われていたのでさほど目新しくはなかっただろう。おそらく嵯峨が最も驚いたのは外国人、そして日本人および外国人の夫人や娘が招待されていることや、天皇皇后が招待客と同じ卓に着いて飲食し、談話を行っていることだと思われる（三大節宴会に外国公使が参列するのは明治十四年からであり、また皇后の臨御はなく、夫人、娘の招待もなかった。また天皇は飲食の際は招待客と同席せず、勅語と奉答以上の対話も行われていなかった）。宮中で歴代天皇に仕えてきた人間からすれば、園遊会での天皇や皇后の振る舞いを目の当たりにして驚くよりほかなかった、ということだろう。

翌十四年の第一回観桜会の際には、嵯峨自身は「足痛」により欠席しているが、「本日吹上御苑観桜会臨幸　皇后宮御出後聞降雨混雑男女迷惑云々夕五時斜　還御　皇后同　還啓之由也(635)」とわざわざ日記に書いており、園遊会が気になっていたようだ。

他方、薩摩藩の武士だった吉井《よしい》友実《ともざね》（明治維新後に新政府に参加し、明治四年には宮中改革のために宮内省に送り込まれ、公家

や女官を罷免するなど大なたを振るった人物。後に宮内次官）は、日記に第一回観菊会の感想を述べている。曰く、

午後一時参朝ス各国公使並妻女各勅任官並妻女菊花拝観被　仰付此日天気清《ママ》朗各歓喜無限　聖上皇后宮出御(636)

嵯峨実愛の感想と違い「天気清《ママ》朗各歓喜無限」と喜びの方が大きかったようだ。欧化政策を受け入れ、葛藤しつつも西洋の儀礼様式を取り入れた天皇の姿を前にして、公家出身と、武家出身の両者の違いと言えるだろう。

## 穂積歌子の喜び

日本人女性招待客で面白い記述を残しているのは、勅任官（帝国大学法科大学教授）として招待された穂積陳重《ほづみのぶしげ》夫人の穂積歌子（父は大実業家の渋沢栄一《しぶさわえいいち》）で、招待を受ける喜びの大きさが強く伝わってくる。

二十四年観菊会（初めての観菊会参苑か）では、「来る十日赤坂御所に於て催さるる観菊の御宴に御招待に預る。十五以上の娘は同伴御許可あるよし(637)」と日記に記している。『穂積歌子日記』の編者である穂積重行《しげゆき》（穂積陳重・歌子の孫）も指摘しているが、今はまだ一五歳未満である自分の娘たちを将来は同伴できる嬉しさが行間から見えてこよう。また、招待そのものに対する喜びも伝わってくるだろう。そして園遊会当日については次のように認めた。

二時より赤坂御所へ上る。中門にて人力車より下り御車寄より上り、直ちに御庭に出で菊花壇の方へ行く。児島奥さんお嬢さん達其外の方々と共に菊花拝見する内雨ふり出す。其内両陛下出御《しゅつぎょ》あり。人々の中をお通り遊され御仮屋へ渡らせられ、皆々仮屋にて立食賜はる。しばらくありて還御《かんぎょ》、人々退出し五時過帰宅す。雨しめやかにふりて終夜止まざる様子なり。折角の観菊会に雨ふり出せし為ゆるゆる拝見出来ざりしは残り多し。一本に花数多き菊に最多数三百五十程なり。一本に一輪の菊に今日が真のさかりにていとめづらしく拝見せり(638)。

おそらく初めて見る観菊会の次第を淡々と記すとともに、雨天のために菊花の観賞が十分できなかったことを残念

に思い、また大造の菊花などに興味を惹かれた様子などが窺える。

## 皇后の西洋服

翌二十五年の観桜会では次のように述べている。

午後二時旦那様と共に浜離宮へ行く。今日　皇帝皇后両陛下、浜離宮御苑に文武百官を召させ給ひて観桜の会を催さるるなり。三時　両陛下御着。池の傍なる花のもとに打ちつどひて奉迎し、御跡にしたがひて花を見めぐる。仮屋に入御ありて外国公使等に謁見あり。それより立食の宴開かれ、四時半頃還御あらせらる。皇后陛下には、うすかば色に八重桜を織り出したる御服を召させられしと見奉る。今を盛りに紅なる雲かと見まがふをそ（遅）桜、緑の松にまじりて、小高き芝山の上より見わたしたる景色、えもいはれず。(639)

ここでは、皇后が着用する西洋服に興味を示すとともに、御苑の美しさに目を奪われている。同年の観菊会では、

髪ゆひおよび仕度し、午後二時過旦那様と共に阪谷《さかたに》〔芳郎《よしろう》〕両所同道、赤坂御所（観菊会）へ上る。相変わらず菊花実に見事なり。御苑内にて、両陛下通御《つうぎょ》を拝す。還御は四時頃、少々雨ふり出せしに付、皆々急ぎ退出。帰宅せしは五時なり。

今日参上せし方々の内、婦人方は昨年より少々すくなきが如し。戸田夫人、鍋島夫人、末松高木その外の方々に面会す。洋服の近頃の流行と云ふはあまりひだ少なくさびしく、外国人の服装は別して異質なるが如し、毛にて長えりまきの如き物するが新流行なるが如し。

皇后陛下には、薄もへぎ地にて菊の御模様ある御服を召させられたり。(640)

このように、女性参苑者の少なさが気になったようだ。また、西洋服の流行についての意見や、皇后の衣装をよく

観察していることなど、西洋服への関心の強さが窺える。

二十九年の観桜会と観菊会には穂積歌子は参苑していないが、夫から聞いたこととして「陛下御風気のため臨御あらせられず。皇后陛下おわたりあらせられしとの事」(641)（観桜会）、「誠にお見事にて一本に多数のは千輪以上ありしよし。日本の夫人方はあまり多からざりしよし」(642)（観菊会）とその様子を書き記しており、自らが出席せずとも関心事だったことが伝わってくるだろう。

## 西洋服を誂える

明治三十三年十一月十二日開催の観菊会にまつわる記述は面白い。

暁方より大風吹き立ち朝もやまず、折々雨もふりければ今日の観菊の御会いかがあらんと思ひしに、昼前より追々風もしづまり空模様よくなりたり。（略）恩賜白茶地秋海棠織物にて新調の洋服を着（一昨日できたばかり、もちろん苦心の帽子をかぶって）、午後一時半旦那様と共に青山御所へ参る。菊花は真の盛りにて例年よりもお見事なりしが、紅葉はまだ色あさし。

両陛下還御の御時よく拝し奉りき。竜顔いとゝうるはしく御壮健に見えさせ給ふ御有様、恐れながら御たのもしき心地して拝し奉りぬ。皇后陛下にも御けしきうるはしくおがまれ給ひき。紫紺地に紅葉の綾ある御服、同じ色の御帽を召させ給ひき。(643)

穂積歌子は恩賜の織物で作った西洋服を着用して参苑したのだが、仕立ては十月十六日に発注し(644)、十一月十日に完成品が届けられた。この時、帽子も届いたが「黒ビロードに大輪菊花付き居り、殊の外気に入らざれども、もはや取換る間もなくぜひなし」(645)という次第だった。参苑にあたり西洋服と帽子を新調していることは、やはり皇室の園遊会に招かれる栄誉の大きさを示すものだろう。帽子についてはは気に入らないが仕方なし、と書いているのは、園遊会というここ一番のお洒落の場に水をさされたというような具合だろうか。

そして翌年の三十四年観桜会の際には、参苑の四日前に横浜の西洋服を取り扱う商店「E. A. vincent 商会」に出かけ、帽子一個を誂え、さらに傘二本、手袋、ベールなどを求め、(646)それらを着用して参苑している。(647)当時、洋装関係の品々は東京より横浜に良い物が揃っていたので、前年の帽子の失敗を繰り返さないためにわざわざ横浜まで赴いたのだ。また、参苑の前々日には同じく招待された穂積八束《やつか》（陳重の弟）夫人の松子が「とゝのはぬ所をさしづしてくれよ」(648)と参苑用の西洋服を着用して歌子を訪れている。慣れない西洋服の着用におかしな所がないか、あらかじめチェックをしているのが興味深い。歌子同様、女性にとり園遊会はドレスアップする格好の機会だったようだ。

歌子はこの時の観桜会を「午前より支度にかかり、午後一時八束君御夫婦お出ありければ、同道して芝離宮（浜離宮）観桜御会に参る。両陛下臨御。御けしきうるはしく拝まれ給ひたり。山内侯爵夫人をよそながら見上げ奉りたり。近づきの夫人方には、鍋島、田中、川口、末松、金子、実吉、高木、松田、戸田、宮岡、三宮、伊東、其外あまたありしと覚ゆ。島津家の御娘なる松平田安両夫人も来り居られたり。御園の八重桜は今日盛りにて、夕風にちらちらと散りてサンハン酒の杯にうかべるさま、いといと興深かりき」(649)と記している。

シャンパングラスに浮かぶ桜の花びらに見とれたようで、そこからは歌子の晴れやかな気持ちも伝わってくるようだ。

## 娘のデビュー

さて、参苑の際に着用する西洋服に大層力を入れていることは、明治三十五年四月十七日の観桜会の際にもよく表れている。一五歳になった長女の孝子がこの回から参苑資格を得たのだが、三月二十日には「先年拝領の服地仕立に出し、たか子の服地合かっこう見立てあつらへたり」[650]し、二十八日には歌子本人の分と併せて仮縫いを行った。[651]さらには馴染みの洋服屋に依頼して横浜の商店から傘を取り寄せたものの、注文した傘がなかったために別の店より「上等の品」を購入し、加えて他店から靴も購入している。[652]そして園遊会前日の十六日には、娘・孝子が完成した西洋服を試着し、[653]次の引用にあるように、当日は学校を欠席させて支度に取りかかっている。

孝子学校欠席させ午前より支度にかかり、王子邸よりほろ馬車借受け、午後一時半三人同乗にて芝離宮（浜離宮）へ参る。

両陛下御機嫌うるはしく拝せられたり。皇太子殿下にも出御ならせられしが拝し奉らざりけり。参集の内外貴顕いといと多人数にて二千人近くもありしかと覚ゆ。（略）令嬢方は至て少く、孝子、高木、青木（周蔵か）尾崎（三良か）令嬢方、其外は何人も見受けざりき。終日風も立たず。八重桜は真の盛りにて、松に交りて池水に映ずる景色えもいわれず。夕景になりても退出するが惜しき程なりき。[654]

娘の園遊会への招待は、学校を休ませるに足る喜びだったのだ。そして娘の園遊会デビューにあたり大抵の日本人女性が所持しない西洋服を新調していることなど、いかに園遊会への参苑が名誉であったかを示しているだろう。

次いで三十五年の観菊会では、

御苑の菊花は今年は不時候なりしかばいかがあらんと思ひしに、さすがに御手入格別と見え、例年に勝るとも劣らぬ程立派なりき。赤城と名ある紅色中輪の菊、一もとに千二百余の花持ちしあり。皇后陛下にはうす緑地織物に緑色のリボンの飾ある御服、（皇太子）妃殿下ににに紫ビロードの御服を召させ給ひたり。参苑の人々多数なりしが、いつも来らるる鍋島戸田其外旧大諸侯の夫人方見えられず、三宮《さんのみや》（義胤《よしたね》）青木（周蔵）松田（正久？）菊池《きくち》（大《だい》麓《ろく》）松前《まつまえ》（脩広《なかひろ》）高木《たかぎ》（兼寛《かねひろ》）松方《まつかた》（正義《まさよし》）板垣《いたがき》（退助《たいすけ》）其外夫人たち、下田歌子、松子さん等に会ひたり。令嬢方はいと少数なり。菊池〔原文ママ〕目賀田《めがた》（種太郎《たねたろう》）野田（不詳）の三嬢は孝子と同級生なり。孝子の衣服の裾短かすぎるよし、旦那様へ式部官より注意ありし由なり。(655)

これまでと同様皇后や皇太子妃の衣装に目をとめたり、女性参苑者の少ないことなどを観察している。また娘の衣服の裾が短いことについて注意を受けたことも記している。

三十六年観桜会は、天皇が京都へ行幸中であるため園遊会は開催されず桜花拝観のみが行われたが、穂積陳重が不参のため、歌子や娘も欠席となった。

旦那様は土方氏葬式へお出故、今日浜離宮桜花拝見、自分孝光両人〔孝子と次女の光子〕をつれ仕度にかからんとせしが止めにす。光子は今日始めて参園の資格出来し事なれば、一方ならず残念げに見えたり。

ふる雨ぞひとへにつらき八重桜　今日九重の苑に見ましを
花見にと衣とり出だしをとめごが　袖さへぬれて春雨ぞふる

今年のは御宴ならぬば日本服にてもよろしとの事にて、娘ら学友の中にも参るべしと云ひし者あまたありし由なり。(656)

園遊会そのものではないが、次女はデビューを心待ちにしていたようだ。ところで、編者の穂積重行も述べているのだが、この記述からは、やはり多くの日本人女性には西洋服の所持は浸透していなかったことが伝わる。前述したように、日本人女性で招待を受けてもこの理由で参苑できない者が多かったことがよく理解されよう。

## インドの藩王

三十六年十一月十三日の観菊会では、五日前の八日に長女と次女が参苑用の西洋服を試着している。歌子は「娘たち洋服着試みしによく似合ふ。はや用意ととのひ十三日を待つばかりなり」[657]とついに長女、次女ともに参苑できるようになったことを殊の外喜んでいるようだ。それは次の出だしでも伝わってくるだろう。

> 今日の観菊会には孝子光子召連れる事叶ふに付両人とも学校を休み午前より仕度にかかる。午後一時半両人にて両女を連れ、ホテルの馬車にて二時青山御所に着。参苑の人々おびただしき多数なりき。知人には田中、黒田、三宮、鍋島、珍田、長崎其他大勢の夫人方、渋沢大人、阪谷君、八束君、大倉夫婦、小野塚夫婦、石黒氏其外かぞへ上げがたし。令娘《ママ》には鍋島二嬢、青木高橋令嬢たち、其外数人もありしなれども先づ少数なり。（略）
>
> 三時頃　皇后陛下着御。御服は薄紫地に白く桜花の模様ある織物なりと見奉りぬ。
>
> 最も人目をひきしは印度の某小国の王なりといふ夫婦の人々なり。男子はフロクコ《ママ》ートの様なりしが、帽は例の切《きれ》を巻きつけたる印度帽に金色のカザリの付きたるを戴き居れり。婦人は薄緑地金襴の如き切れを頭よりかぶりし、いと異様に見ゆる服装なり。色も白くなかなか美人と見うけらる。
>
> 御苑の菊花は例の如くいといと御立派にて、中にも赤城といふ中輪菊は花数千百五十としるしありき。されど菊よりもはるかに美しきは御苑内所々の紅葉なり。濃き薄き、日かげにてりそふさまも夕霧につつまれ行く様、いはんかたなく美し[658]

皇室の園遊会への招待にに、人を喜ばせる強い威力があったことが伝わってくる。なおこれまでと同様、女性参苑者の少なさや、皇后の西洋服に関心を寄せるとともに、インドの一藩王国の王と王妃の衣装にも興味をそそられたようだ。また、肝心の菊花より紅葉の美しさに見ほれていることが面白い。

## 多額な衣装代

三十八年四月二十四日の観桜会では、同月十二日に横浜の「八十七番ミセスボックスホルイヤールド」という商店で、観桜会で着用する自分と妹（歌子の妹の琴子。当時大蔵次官だった阪谷芳郎の妻）の西洋服の色に合わせて「羽根其外のかざり品及花など」を選び、二人分の帽子を誂えた。そのほかに「白地傘」「ベール帽子針手袋」などを購入し、「黒地の傘」の誂えを注文した。(659)この時の代金は帽子二つと傘一本で五二円二五銭、帽子一つで二〇円以上かかっている。(660)やはり、多額の費用を費やすほどにドレスアップは参苑にあたっての一大案件だったのだ。園遊会当日の様子は次の通りである。

今日観桜会にて十二時半旦那様自分孝子光子四人、馬車にて芝離宮〔浜離宮〕へ参る。天皇陛下には御風気の為、俄《にわか》に行幸お見合せとなり、皇后陛下三時頃御着。御服は萌黄がかりたる白茶色の薄絹、御裾に輪ちがひの様なる形あるを召させられ、還御の節は緑色ビロードの御上着召し給ふと見奉りぬ。外国婦人多数なり。日本婦人には（十二人列挙、ほぼ例年の顔ぶれ）其他なりしが、総じて昨年観菊会より少き様なり。琴さん新調の洋服よく似合ひていといと若やぎたり(661)

そして同年観菊会では、

今日は観菊御会に出でんとて昨日より仕度し楽しみ居りしに、朝よりの雨にて娘らはとりわけ力を落しぬ。(662)

と、園遊会中止に落胆している。なお、一行は翌日、御苑に菊花拝観に出かけたが、園遊会当日ではないため白襟紋付も着用が認められているにも拘わらず洋服で出かけている。歌子の家庭にとり、西洋服の着用はすでに抵抗がなかったということであろう。というのも、歌子は子供に和服は健康上不適当で西洋服の方が良いと考え、子供が三、四歳の時から西洋服を着せていたという。[663] そのため娘の園遊会参苑に西洋服を準備することは自然な流れだったのだ。多くの日本人女性は所持していない西洋服を、歌子は度々新調し、そして娘にも誂えた。これは父親が渋沢栄一という境遇であるためにできたことだと言ってもよいだろうか。ちなみに、この時の苑内は歌子が好む紅葉にはまだ早く、また菊花は開花が遅れていたようで「総じて例年に比して大に劣りし様なり」[664] と珍しく負の感想を抱いたようだ。

すなわち穂積歌子の場合は、皇后や他の招待客の衣装に関心を寄せたり、自身や身内のお洒落に力を注いだり、あるいは庭園や桜、菊の美しさを堪能したりと、単純に園遊会を楽しんでいる様子が窺える。観桜会・観菊会は、ドレスアップして参加する華やいだお楽しみ、という捉え方をしていると言えるだろう。そこには度々招待されるための余裕も垣間見えよう。また前述のように、娘たちをわざわざ学校を休ませて連れていくほどに、天皇皇后主催の園遊会に招待を受けることが、格段の栄誉だったということを彼女の記述は物語っている。三大節宴会には夫人や娘は招かれないため、喜びは一層大きかったことと思われる。

なお、大正六年（一六一七）四月十日付の『読売新聞』の記事によれば、観桜会・観菊会は参苑者の「嫁選び、婿選び」の場ともなり「大きな社交上の機関」となっていたという。つまり、皇室の園遊会は参苑者同士の社交場という新たな機能を有するようになっていたのだ。そうしたことからも娘の出席には大きな意味があったものとも思われる。

## 政界の大物たち

政界の大物たちにとっても招待は晴れがましいものだったようだ。大正八年の観菊会が雨で中止となった際、時の内閣総理大臣・原敬《はらたかし》は「初しぐれ菊の御宴は止みにけり[665]」と俳句を詠んでいる。内閣総理大臣として二度目の園遊会なので余計に残念だったのかもしれない。原は、農商務大臣秘書官だった明治二十四年十一月十日の日記にも、「観菊の御宴に妻同行にて参上せしに両陛下出御の頃より雨降一同甚だ遺憾に思たり[666]」と記載している。後の枢密院《すうみついん》議長の倉富勇三郎《くらとみゆうざぶろう》は大正十年観桜会に際し、「予ハ昨年枢密顧問トナリタルモ昨年ノ観菊会ハ雨天ノ為両陛下トモ行幸啓ナカリシヲ以テ今日始メテ親任官ノ待遇ヲ受ケタリ[667]」と述べている。親任官の待遇とは、大臣や各国大使公使などとともに拝謁の列立に列し、彼らと同じ仮御茶屋に列する栄誉のことを指すだろう。親任官の待遇で列席する園遊会で享受する栄誉の大きさに満足している様子が伝わってこよう。さらに、浜口雄幸《はまぐちおさち》も内閣総理大臣として、昭和四年（一九二九）の観菊会に参加した際「夏子（夫人）、富士子（娘）ヲ同伴参向ス（新宿御苑）。参苑ノ光栄ニ浴スルモノ九千人[668]」と日記に書き記し、先にも示したが、没後に刊行された『浜口雄幸　日記・随感録』・『浜口雄幸遺稿　随感録[669]』には「観菊御宴に召されて」という写真が大きく掲載されている（前掲図43）。家を出るところだと思われるが、外套に高帽姿の浜口と白襟紋付姿の夫人と娘が写されている。内閣総理大臣として初の参苑で、やはり大きな名誉だったのだろう。

## 後日拝観の印象

さて、以上は観桜会・観菊会当日のものだが、次に挙げるのは後日拝観招待客の感想である。初の後日拝観（明治十五年）に招待された前出モースはこう述べる。

庭園はそれ自体がすでに完全な楽園であった。私はその驚く可き美しさを記述する言葉も、才能も持っていない。そこは広く、もとは平坦だった場所に築園されたのである。起伏する丘や、渓流が流れる岩の谷や、谷や、橋や、ひなびた東屋《あずまや》等が建造され、そのいずれもが賞嘆に値した。（略）花は変化に富み、優雅にも美麗であった。それ等は竹と葦の簾とで趣深くつくった日除の下に排列してあった。もっと永久的な日除の出来た場所もあった。多くの驚く可き樹木の矮生樹があったが、その一つは直径二十フィートの茂った葉群を持ちながら、高さは二フィート半を越えず、幹の直径は一フィートである。また野趣に富んだ垣根、橋、美しい小湖もあった。日本人は造園芸術にかけては世界一ともいうべく、彼等はあらゆる事象の美しさをたのしむらしく見えた。外国人とても同様であった(670)

動物学者のモースは庭園に関心を寄せたようだ。しかし前述の通り欧化政策に批判的な彼は、浜離宮の庭園に点在する純日本様式の御茶屋内に絨毯が敷かれているのを見逃さなかった。「外国製の安っぽくてギラギラした赤色の絨《じゅう》氈《たん》によって、その内部を胆をつぶす程ひどくされた」、「自然そのままの木材でつくった最も繊細で美しい指物細工のこの部屋に、かかる吃驚《びっくり》するような不調和な物がある(671)」と指摘している。なおモースは、大学教授として着任後まだ日の浅い一米国人が、日本庭園に一切の関心を示さない一方で、この絨毯を見て初めて褒めるべき物を発見し美しいと論評している、と観察している。外国人の中にも西洋礼賛に終始する者は当然いたということだ。

## 大町桂月

このほか、紀行作家の大町桂月《おおまちけいげつ》が、大正七年に幼少期のこととして「赤坂御苑拝観記」という随筆を認めている。大町は叔父（陸軍少佐・多賀宗義）叔母に伴われて拝観した。まず、他の多くの招待客の感想と同様に菊花をよく観察し次のように叙述している。

御紋に象《かたど》りて一本十六づゝの花を帯びたるものを揃へたるもあれば、大輪の花一つを厚紙に載せ、別に二輪づつ下に垂らしたるものを揃へたるもあり。隠逸《いんいつ》の君子と云はれしは、野生の菊なり。菊花は培養の如何によつて変化きはまりなしと聞く。御苑の菊は、隠逸の君子にあらずして、廟堂《びようどう》の月卿雲客《げつけいうんかく》なり

やはり菊花の華々しさに強い興味を示している。さらに大造の菊について「先づ人目を駭《おどろ》かす」と驚き、大菊とともに「最も菊花の偉観をきはめたり」と感心し、「御苑もこゝに極まる」と述べている。また御苑内の静寂さを「寂《せき》寞《ばく》無人の境」と表した。そしてこの拝観の栄誉を次のように述べる。

嗚呼美なる哉。今や聖天子、上に在り。明治の世の隆盛は、ひとり我国の歴史に其比を見ざるのみならず、世界万国にも其倫を絶てり。我等この聖代に生れ出でたるは、何等の幸福ぞや。布衣《ふい》の身、御苑に入るを得るも、前古無き所なり。聖代雨露《せいだいうろ》の恩に浴するは、豈《あ》に啻《ただ》に御苑の菊のみならんや。謹んで御苑拝観のあらましを記し、子孫に伝へて我家の宝となさむとするなり(672)

遠い昔のことではあるが、拝観を栄誉の記憶としていつまでも有し続け、「我家の宝」とまで言うほどに感激していることが伝わる。なお大町のこの拝観は、十五年度から始まった後日拝観のことではない。大町は著書『東京遊行記』で一二歳の時に拝観したと述べているのだが、明治二年生まれの大町がその年齢の時（明治十四年）にはまだ後日拝観は行われていなかった。しかし十四年に限っては、観菊会開催日より前の二日間に各庁奏任官・華族およびその家族など、また観菊会挙行後の一日に宮内奏任官・華族およびその家族など、ならびに近衛局奏任官・同大隊附奏任官の拝観が許されており(673)、大町はこの時に参苑したのだと思われる。園遊会そのものの感想ではないが、皇室の庭園に参苑することが広く人々に栄誉を与える場として機能していたことを理解するためにあえて紹介するものである。

## 効果のほど

さて、以上のように、観桜会・観菊会に招待されることはほとんどの場合、外国人、日本人ともに皇室の園遊会に招かれるという栄誉であり、楽しみでもあったようだ（図73・74は昭和三年観桜会会場を散策する招待客。図75は昭和四年観桜会の喫茶所）。もともとは条約改正交渉の側面工作となるように設けられた観桜会・観菊会だが、これが実際にどの程度補助的役割を果たしたのかは明快にはわからない。しかし、例外もあったが多くの場合、日本に対する心象を良く

図73　御苑を散策する招待客①（昭和3年観桜会）

図74　御苑を散策する招待客②（昭和3年観桜会）

図75　喫茶所に集う招待客（昭和4年観桜会）

する、という効果はあったということが伝わってくるだろう。しかし一方、明治維新以前の天皇のあり方を間近で見ていた日本人にとっては、西洋式の園遊会での天皇の西洋式行動は驚きにほかならないことであったことも事実だった。

なお、フランスの文豪ピエール・ロティが美しく叙述したのに対し、日本の文豪森鷗外《もりおうがい》（林太郎）はそれをしなかった。森鷗外は陸軍省の軍医総監として度々参苑しているが、日記には淡々と参苑の事実を記載しているだけだ。小説家としてよりも、軍医としての立場を優先したのだろう。

## 三　天皇の感慨

### 明治天皇の御策略

さて、外国人、日本人ともに観桜会・観菊会への招待は往々にして喜ぶべきものであったが、招く側の天皇とこの園遊会の関係に触れておきたい。まずは明治天皇である。

明治天皇の侍従・日野《ひの》西資博《にしすけひろ》は次のように述懐している。

外国人の拝謁も普通の外国人の拝謁はきまりきつてを

りますが、外国の皇族が来朝するとか何とかいふ場合でございますと、多少上等の御機嫌ではなかつたやうに存じます。併しいよいよ拝謁とか御対面にでもなります時は、ちつとも御変りはございませぬ。ただ拝謁のございますまでが少しいつもと御様子が変つて居るくらゐであつたやうに思ひます。

それでございますから観桜会・観菊会はどちらかと申しますと、どうもあまり御好きでなかつたやうに日野西は存じます。それでございますから観菊会はたいてい大演習の御留守中に御沙汰になつてをりました。これは幾分か　明治天皇様の御策略でなかつたかと存じます。

観菊会の時分に一度土方さんが叱られましたことがございます。私は御取次を致しました。何でも観菊会の時でございます。始終御馬車で成らせられまして萩の御茶屋まで御馬車で成らせられますから、御途中だけ仙錦閣は是非おひろひを願いたい。それから御「フロツクコート」で御願ひ致したい。御軍服より御「フロツクコート」で御出ましを願ひたいといふことを私は御取次を致しましたが、再三その事を申上げましたけれども御聴きになりませぬ。「さう土方がいつまでもやかましく言ふならば、土方を呼んで来い」と仰せになりまして、どうしても御聴きになりませぬ。「貴下を召します」と言つて土方さんを呼びに参りました。

さういふ時は御内儀から御表の御座所に御出ましになります。その間の御廊下に　陛下が御出ましになつて御待ちになつてをります。御廊下の立話で土方が参りますと頭から叱りつけられます。

二言三言、言訳を申上げますがやはり御聴きになりませぬので、たうとう終ひに「それでは致し方がございませぬ」と申上げて土方さんは例の首を傾けて帰られたことを覚えてをります。それでございますから観桜・観菊は表向きには言はれませぬが、あまり御好みではなかつたかと存じます。(674)

日野西によれば、明治天皇は実のところ外国人への応接は得意でなかったようで、そのため観桜会・観菊会も好んではいなかったというのだ。観菊会の開催日を秋の陸軍特別大演習に合わせることによって天皇は何度か観菊会を欠席しているが、それは園遊会を好まない天皇の「御策略」ではないかという（明治四十年〈一九〇七〉から四十四年の観菊会のうち、四十二年を除いてはすべて大演習のために欠席している。これ以前の欠席は少ない。次第に好まなくなってきたということだろうか）。第四章で触れたが、園遊会でのフロックコート着用を渋っていたのも併せて考えると興味深い。

## 一々握手

なお、この話には続きがある。日野西の談を聞いた臨時帝室編修局総裁の金子《かねこ》堅太郎《けんたろう》は次のように答える。

観菊・観桜ハ御好ミガナイト云フ御話デアリマスガ、ソレハ外務省デハ考ヘガナカツタ。私ドモハ外国ニモ行ツテ向フノ事ヲ見テ居リマスガ、コチラデハ親任官ハ別格ニヲリマス。向フガ大使・公使・親任官・内閣大臣・枢密顧問・陸海軍大将トイフヤウニ列ンデヲリマスガ、陛下ガソコニ御居《ママ》デニナリマスト、一々外国ノ大使ヤ公使ガ自分ノ国ノ身分ノ有ル者ヲ併レテ来テ、一々　陛下カラ握手ヲ賜ルコトニナツテ居リマスガ、アア云フコトヲ宮内大臣ガサセルノハ間違ツテ居ル。外国ニ行ツテ見テモ、ソノ国ノ陛下ハ外国ノ大使ニ御会釈ダケハナサルガ、一々握手ハ賜ラナイ。シカルニコチラデハ代理大使マデモ握手ヲ賜ル、サウシテ晴ノ場所デアルカラ長イコト、陛下ニ御話ヲ申上ゲテ居ル。サウシテ私ハ一番長ク、陛下ト御話ヲシタトカイフコトヲ銘々ノ間デ誇ツテ居ル。アア云フコトハ私ドモ見テ居ツテモ実ニ恐入ル。多勢環《ママ》視ノ中デスカラ、アレハ、陛下ハオイヤニナルノハ御無理ハナイト思フ、シカルニサウイフコトハ一向宮内省デ考ヘガナカツタノデス

これに対して日野西はこう述べた。

それはさうでございませう。併し外国人に一々握手をあそばしますが、さういふ時は、にこにこして成らせられ

ます。

金子は再び答えた。

ソノ時公使ヤ何カガ今度誰某ガ参リマシタトカ何トカ言ツテ夫婦デ手ヲ握ル。陛下トシテ洵ニ御面倒ナ訳ト察シ上ゲマス。各国ノ大統領デモサウイフ事ハ致シマセヌ。(675)

西洋に倣って始めた観桜会・観菊会だが、天皇のこうした場合の握手による応接は日本独特のことであり、また大使らが会話を長引かせるなどしたことから、そのため天皇が観桜会・観菊会を好まないとしても無理はないと金子は考えている（ただし前述の通り、握手はイギリス王室のガーデン・パーティーでも行われていた）。

しかしそれでも明治天皇は外国人の前では丁寧な応対をしたのだ。また、観桜会・観菊会を好んでいなかったようではあるが、一方で、仮立食所付近の楽隊の位置を変更するよう御沙汰を出したりと、(676)明治天皇は社交活動としての園遊会の成功を気に留めていたことも窺える。

明治天皇が観桜会・観菊会に関して詠んだ歌をいくつか挙げておこう。

秋ごとにきてみる人も咲く菊も敷そふ庭ぞたのしかりける（十九年）
わが庭の菊見る人も年年にかずそふ世こそたのしかりけれ（二十九年）
さく花のうたげするこそうれしけれ内外の臣をおほくつどへて（三十七年）
はまどのの花のうたげを年ごとに外国人も待つといふなり（三十八年）
としどしの花のうたげにみし人のおほく昔になりにけるかな（四十二年）
たまだれの内外の臣をつどへつつ宴する日はたのしかりけり（四十二年）
うちつどふ花の宴におもふかなこぞみし人のなくなれる世を（四十三年）

ちよろづの人をつどへて浜殿の花みてあそぶ春ぞたのしき（四十四年）[677]

歌の中では、観桜会・観菊会で内外の多くの人々と集えることを楽しみにし、また一方、回を重ねるにつれて、招待客のなかに昔馴染みが減っていくことを寂しく感じていることが窺える。後者はともかく、前者については忖度してもよいだろう。なお、外国人の参苑希望者の多さを詠ったものもあるのが興味深い。明治天皇にもその話題は届いていたのだ。

## 昭和天皇の希望

次に、エピソードが伝わるものとして昭和天皇の逸話を挙げたい。『昭和天皇実録』昭和四年（一九二九）十一月十二日条によると、この日観菊会が終了した後の夕刻、昭和天皇は侍従の木下道雄《きのしたみちお》に対し、観桜会・観菊会に各方面知名の人士が招待されるに拘わらず、「宴そのものが儀式化されている」ため彼らに接する機会がないので、今後、「知名の人士と談話の機会を設けること」の可否を下問している。木下は観桜会・観菊会の目的は「数千の人士に拝顔の栄を与え、かつ名苑拝観の楽しみを頒つこと」にあるため、「席次を顧みず特定の個人・団体のみを特に厚く取り扱うことは不可能」と考える旨の奉答をした。

これに対し昭和天皇は、吹上《ふきあげ》御苑内に新設予定の御茶屋に身分上宮中に参入できない社会事業家、教育家、実業家、新聞人らを招くなど、別の機会を設けてその話を聞くことについて意見を求め、木下は、江戸時代の諸藩の名君においては殿中に召すことができない身分の俊傑《しゅんけつ》を招いたり、農民を集めて里言を聞くために殿外の庭園に御茶屋を設けたことを聞く旨を言上した。昭和天皇はそれに対して、将来そうした機会を設けることを研究するよう命じている。[678]

昭和天皇は皇太子時代の大正十年（一九二一）、半年にわたってヨーロッパを外遊し、幅広い人々と交流した。おそらくそうした経験から、このように観桜会・観菊会の場を利用して広く人々の声を聞きたかったのであろう。

また昭和天皇の侍従次長・河井弥八《かわいやはち》によれば、同じ昭和四年の観桜会の饗応中に細雨が降り出すと、天皇は招待客が雨に濡れるのを察し、予定時刻を一〇分繰り上げて還御したという話も残っている。(679) 昭和天皇はこのように招待客のことを気にかけていたのである。

明治天皇と昭和天皇が観桜会・観菊会の開催について何を考え、何をそこに求めていたのか、多くは伝わらないが、少なくとも、招待客をもてなすことの必要性については認識し、また昭和天皇にいたっては、広く人々と接触する機会となるのではないかと期待していたことが窺える。そうしたことが戦後の園遊会復活につながっていったのではないだろうか。

# 第七章　寸話・余聞と私的な園遊会

# 一　寸話・余聞

## 同伴者と醜態

観桜会・観菊会は参苑人数が増大していったと前述したが、それに伴い、あるいは時代の変化も手伝ってか、大小様々な騒動も起きている。喫茶所での混雑、醜態が顕著になったのはすでに述べた通りだが、次に挙げるのは、単に飲食物の奪い合いという醜聞だけではなく、招待そのものへの裏切り行為とも言えるものだった。

それは大正十年（一九二一）観桜会に、子爵某が夫人以外の女性を同伴してきた一件だ。同年四月二十三日付『読売新聞』は、「何事ぞ！　某といふ子爵が芸妓同伴で観桜御会へ　率先して食物の掠奪を始め隠持つたケーキが押合ふ中に美装を穢す　事実とすれば処罰は免れない」との見出しでこの一件を大きく取り上げた。その醜態は次の通りである。

　廿四日新宿御苑で催された観桜御会が、皇后陛下の御側近く居流れた外国使臣百余名の一角を除いて如何に凄じい食糧の掠奪が行はれたかは既報の通りであるが、某参列者は其の醜態を細叙して上流社会の道徳頽廃を嘆じた「彼の人達は恐らく二三日飯も食べずに居たのでせう、併し夫れ以上の醜態は某子爵が烏森辺の芸妓を貴婦人に粧はせて同伴した事である、其の芸妓は尊貴の前をも憚らず本性を暴露して卓上に美しく置かれた重ね餅大のシヨートケーキを大形の手布に包み込んで小脇に入れ袂で蔽《おお》ひかくした、それを亭主顔をした某子爵は見てみぬ振りをした、此の時『菓子の戦ひ』は益々激しくなり、皆が卓上の御馳走を引ツたくる為めに食卓を引ツ張るので二列に密接して列べた食卓の間に三鞭（シャンパン）や盃が地震に会《ママ》つた建物や樹木の如く大亀裂の間に墜落するので、丁度某子爵偽夫妻の真向ひに座席を有つた私が此の狼藉に驚いて其の亀裂を塞ぐ為めに自分の方の食卓を押したら某子爵は恥づべき自分の同伴者の醜態を認められた苦しみを紛らす一方法とでも考へたのか目を怒らして私を叱り付けた、私が考へるに若し此の醜態が宮内当局の眼に入つて居たら少くとも謹慎ものであらう、その内其の芸妓は滑稽にも文字通り醜態の上塗りをした、それは芸妓が大きなショートケーキ一個に満足せず、尚ほ争奪に夢中になつて犇《ひし》めき合ふ群衆に揉まれた為め切角の掠奪品をベタ〳〵に押し潰され媚かしく盛装した緋《ひ》縮《ぢり》緬《めん》の長襦袢の袖を通して左の小脇一杯にクリームを裏漉しにしたやうに滲み出さして了つた、私の知つて居る宮内官は之等の醜状《しゆうじよう》に呆れ返り啞然として『来年からはプログラムを作り一人当りに三人前の御馳走を列べなくちやなるまい』と云つて居た、兎に角御会を滅茶々々にして了つたのは卓子の引張り合ひから起つた御馳走や器物の墜落に伴ふ不快な物音であつた」[680]

このように、一華族がその夫人の代わりに別人を同伴し、加えてその同伴者の不作法な振る舞いが目に余るものだったのだ。招待客には前述の通り召状のほかに入苑証も配布され、会場への進入は受付で厳しくチェックされるが(ここで服装見分も行われた)、顔写真による照合が行われたわけではないので、監視の目をかいくぐることはさほど困難ではなかったのだ。この一件については、華族に関する事務を掌理する宮内省宗秩寮《そうちつりよう》が調査に乗り出す事態に発展している。

先にイギリス皇太子が参苑した際には皇后、摂政、イギリス皇太子などが着く卓と一般の参苑者の卓との間隔を広く取る処置が採られたと述べたが、それは、この一件があった翌年のことである。この醜態がよほどのことであり、同様の混乱を賓客の目に触れさせる危険を避けたのだろう。

ちなみに、イギリス皇太子が観桜会に参苑中、皇太子随員と、お召艦および供奉艦の乗組員が宿泊する帝国ホテル本館が火災で全焼した。多数の随員と乗組員が観桜会に参加していたために所持品を消失した者も多く、宮内省の接伴員が衣類や日用品の手配を行ったという[681]。前述の、別人同伴、食べ物争奪戦、この火災（園遊会とは直接の関係はないが）といい、大正十年の観桜会はトラブルの多い回だった。

このほか、招待客のモラルに関することとしては、大正期になると写真機の持ち込みが問題になっている。参苑者の写真機携帯は禁止されていたが[682]、昭和四年（一九二九）観菊会の後日拝観の警備計画の中でも「承認ヲ得サル写真撮影ヲ禁止スルコト[683]」と指示されている。また十年観菊会当日にもポケットに入れての持ち込みが指摘されている[684]。不心得が続いたようだ。また四年の警備計画の中には「所定個所以外ニ於テ喫煙ヲ禁止スルコト」（これは宮内省職員にも適用された）「泥酔者[685]」などの入苑の拒否などが指示されていることからみると、これらの行為が多発していたということだろう。

珍事としては、大正十三年観菊会で十数名の招待客が赤坂離宮前に駐車した自動車内からコートなどの盗難に遭っている[686]。四谷署と表町署が警備にあたっていたが、交通整理が主となっていたためにこうした事態を防げなかったという。被害にあった招待客は観菊会の帰途ということもあり表沙汰にはしなかったが、しかし日中、しかも四谷署の仲町派出所の側で起こったために、警察署には非難が殺到したとのことである[687]。

## 政治利用

園遊会が政治の舞台に利用されたこともある。一つは大正八年の呂運亨《ヨウンヒョン》《ろうんきょう》に関する一件だ。呂運亨は三・一独立運動後に成立した上海独立政府の外務次長で、時の原〔敬〕内閣が「懐柔」を目的に日本に招請したのではないかと問題になった。さらにその来日中、観菊会の後日拝観に参苑した事実も貴族院で取り上げられ、第四二回帝国議会はこうした問題で大荒れとなり、新聞紙上を賑わせた。このうち参苑については田中義一《たなかぎいち》陸軍大臣の要請によるもので、議会で追及された。特に反政友会色の強い貴族院茶話会に属する江木千之《えぎかずゆき》の政府攻撃は厳しく「自ら朝鮮の独立を主張し過激なる宣言を敢てしたる彼をば如何に政府の懐柔策とは言へ畏れ多くも御苑の拝観までさし許した一事は断じて見遁す事は出来ない[688]」と糾弾した。政府側は「皇室を政争の具[689]」にするものと応戦したが、結局、政府と貴族院各派交渉委員との間で「招致」と「拝観」を宮中府中の別を画然とするために切り離して扱うこととし[690]、後者については首相が貴族院本会議劈頭で陳謝的答弁を行うことで幕引きとなった。

次に起こったのが第四五回帝国議会における政友会代議士・龍野周一郎《たつのしゅういちろう》の赤坂離宮闖入《ちんにゅう》問題である。これは大正十一年二月十六日、衆議院本会議で憲政会の田中万逸《たなかまんいつ》が議事進行に関係なく、突然、「議員龍野周一郎君ニ依ッテ為サレタル赤坂離宮闖入問題」について発言したことから始まる。この事件は、その三分の一が招待される衆議院議員の選から洩れた龍野が、招待にあずかった同じ政友会の野呂駿三《のろしゅんぞう》の召状を入手、参苑したというもので[691]、田中はこれについて「離宮ノ神聖ヲ冒サレタ」、「平素皇室中心主義ヲ標榜セラレ、口ニセラル、所ノ政友会、而モ龍野君ハ常ニ勅語ナドヲ引用サレテ御演説ナサレル龍野君ニ依ッテ、皇室ノ尊厳ヲ冒瀆スルガ如キ行為ニ出ラレタト云フコトハ、我議院ノ名誉ヲ毀損スルコト是ヨリ大ナルハナク[692]」と与党政友会と龍野を攻撃した。この場で田中は議長によって退場を命じられたが、「氏名を詐称する事は刑法上の違反であり替玉は絶対に許すべからずまして両陛下に偽りを申し上げたに至っては之が離宮に闖入したのでなくて何だらう[693]」とし、翌十七日、次の質問主意書を提出し政府の責任追及が本格化した。

一　衆議院議員龍野周一郎君ハ大正十年十一月十五日御催ノ観菊御会ニ当リ御召シノ御沙汰ヲ拝セスシテ濫《みだり》ニ離宮内ニ闖入セリ政府ハ斯ノ如キ事実ヲ聞知セリヤ

一　衆議院ヲ経テ伝達セラレタル御沙汰書ヲ拝受シタル者ノ氏名ヲ調査スルモ龍野周一郎君ハ此ノ恩命ヲ拝シタル事実ナシ而シテ又当日御沙汰ヲ拝シテ入苑シタル者ノ氏名ヲ調査スルモ同君ノ氏名ヲ発見セス果シテ然ルトキハ同君ハ他ノ氏名ヲ詐称シテ濫ニ離宮ニ闖入シタルモノト断定セサルヘカラス

一　前陳セル龍野周一郎君ノ行為ハ皇室ノ尊厳ヲ冒瀆スルノ甚シキモノナリ政府ハ観菊ノ御会ハ宮中ノ御催シナリトシテ斯ノ如キ不敬行為ニ対シ調査及処罰ノ途ヲ講スル必要ナシト思惟《しい》スルヤ[694]

不忠不敬扱いされた龍野は二月十九日の代議士会で、「三十年来の道楽である園芸の参考に御庭拝見をしたのだが、実は両陛下の御健かな龍顔を拝して万寿を祈り奉りたい心持に外ならぬのであった[695]」と弁明し、三月六日に政府は「政府ハ質問ノ如キ事実ヲ聞知シタルヲ以テ其ノ調査ヲ遂ケタル処不敬ノ意思ニ出テタルニ非サルコト明白ニシテ其ノ情状ニ照シ処罰ノ途ヲ講スルノ要ナキモノト認メタリ[696]」という答弁書を提出した。

これを受けて三月八日の本会議では、田中が「政府当局者ハ此離宮闖入ノ問題ヲバ、非常ニ軽ク見テオイデノヤウデアリマスガ、ソレハ或ハ与党代議士デアルガ故ニ、殊更ニ軽視サレタノデアルカモ知レマセヌガ（略）要スルニ斯ル不敬ノ行為ガ平然ト行ハレルノハ、現内閣ガ与党ノ人デアレバ、何事ニ依ラズ曲庇《きょくひ》スルト云フ斯ル行為ヲ為サレル結果デアリマス[697]」と批判した。この問題について各新聞紙上にも記事が賑わっているが、しかし呂運亨問題の時のような糾弾するような論調は見あたらない。『東京朝日新聞』は「泥溝浚ひの憲政会が議会の問題であるとして担ぎ出した[698]」と述べており、むしろ野党憲政会が観菊会を「政争の具」とした感が認められる。とはいえ、庭園見たさに他人と入れ替わって入苑したことは非難されても仕方のないことだっただろう。

このように、観桜会・観菊会は、大正末・昭和初期の「党争」の一環として思わぬ形で政争の具として利用されることもあったのである。

ちなみに、招待客の入れ替わりはしばしば起こっている。たとえば明治三十二年（一八九九）観菊会開催後、招待客ではない外国人の氏名が記名された入苑証が見つかった。宮内省内ではいずれかの公使より与えた（公使宛に送られる無記名の入苑証が流用された）に相違ない、と推測している。(699)また明治四十年の後日拝観には、ある陸軍歩兵少尉名義の入苑証で会場に入ろうとした者がいたが、羽織袴の出で立ちだったために本人でないことが「自白」され、退場させられている。(700)また入れ替わりどころか、まったくの無断参苑が明治二十四年観菊会で起こっている。入口の混雑に紛れて進入したようで、後になって発覚している。(701)こうした経験のためか、宮内省では前述の赤坂離宮闖入問題に敏感になっていたらしく、大正十年「観菊会録」にわざわざ田中万逸の質問主意書写を集録している。

政策上始まった観桜会・観菊会が、時代とともに一つの習慣的行事、年中行事となるにつれて、様々なハプニングが起こるようになった。かつてのような条約改正交渉の側面工作のため、というような緊張感は消失していき、時勢とともにその存在意義が変わったということだ。

# 二　私的な園遊会の派生

## 私的な園遊会

ところで、観桜会・観菊会をモデルケースとして、世間では華族や政治家、企業などによって様々な園遊会が盛んに開催されるようになった。明治後期に執筆された『東京風俗志』には、次のように紹介されている。

園遊会は、西洋のガーヅン、パーチーに倣ひしものにて、十八九年の頃より行はれ、貴族富豪のものなど、新婚披露、寿賀の祝を始め、諸多の饗宴にあてゝ、自宅、または別荘などにて催すことあるなり。池の辺、築山の上など、随所に簀懸《すだけ》の小屋を設け、床几、椅子をしつらひて、酒舗、茶店、コーヒー店、鮓屋、汁粉屋、田楽屋、栄螺《さざえ》の壺焼屋、ビール店などを開き、賓客が園池を逍遥する間に思ひ〳〵に立ち寄らしめて、これを薦むるにあり。その盛なるには、余興として能狂言、太神楽《だいかぐら》などの催しさへあれば、杯盤狼藉の酒宴に比して清楚たる興味深かるなり(702)

観桜会・観菊会と違い余興の出し物があることが多いが、庭園を鑑賞し、飲食をする内容は同じである。

こうした園遊会はあちこちで開かれた。そもそも観桜会と観菊会の開催にこぎつけた井上馨《いのうえかおる》自身も私的な園遊会を催すようになり、自身の誕生日の一月十六日前後に、興津の別荘で行っていた(703)。

## 大隈邸の園遊会

とりわけよく知られるのが大隈重信《おおくましげのぶ》の早稲田の私邸で開催された園遊会で、そのなかでも特に有名なのが観菊会と同じように菊花の陳列棚を設置したタイプの園遊会だった。明治期のジャーナリスト・鳥谷部春汀《とやべしゅんてい》曰く、

伯は早稲田に広大なる庭園を有し、園中には無数の珍奇なる花卉《かき》を蓄へり。特に其温室は伯の最も誇りとする所にして、室内は四季常に爛漫たる美花を以て飾れり。伯は園芸道楽を最も高尚なるものとし、屢々《しばしば》人に向て、花を愛するものは善人なりとの格言を繰り返へして自ら喜ぶと雖も、伯の花を愛するは、詩人の美神に惝怳《しょうきょう》するが如くならず、又た聖者の自然を楽むが如くならずして、唯だ其の社交に色彩を添ゆるが為に之れを愛するのみ。若し早稲田の庭園にして一たび社交と隔離せば伯の園芸に対する趣味は、恐らくは彼れが如く濃厚ならざる可し。何となれば伯の園芸道楽は頗る共同的なればなり。故に早稲田の庭園は公開せり。且つ人は、未来の短かきを感ずれば感ずるほど、漸く静止の生活状態に傾くものなり。然れども大隈伯は其の未来の短かきを感ずるに由りて、

> 却つて一層猛烈なる現在主義の信者と為り、勉めて其生涯をして掉尾《ちようび》の活動あらしめ、以て賑やかなる晩年を送らむと欲せり。故に伯の性格は、老て益々発揮し、他の元老政治家が、或は客を謝して隠棲し、或は美田を買ふて子孫の計を為すの際に在りて、伯は其の門戸を開放して、社会の各階層と盛むに自由交通を行ひ、財を吝まず、労を厭はずして、八面応酬の活動を継続せり。見よ伯の門前は日々殆ど市を為すに非ずや。何時にても三十人以上を饗するの食膳は準備しつゝありといふに非ずや。其毎年議会開会前後に於ける憲政本党員の饗応のみにても、外務大臣の夜会に劣らざる莫大の費用を抛《なげう》つ上に、或は観菊の会といひ、或は早稲田大学の卒業式といひ、或は遭難紀念会といひ、孰れも毎年一定の期節に於て貴顕紳士を早稲田の庭園に招待するの慣例なれば、其の費用は亦少なからざるべし。此頃全国商業会議所連合会の開会したるを機とし、盛宴を張て其の議員を饗応したる如き、亦甚だ勉めたりと謂ふ可し[704]

大隈は社交による人的交流を重視しており、その手段として園遊会をしばしば開催していたというのである（図76・77）。

明治二十九年（一八九六）十一月十七日、イギリス公使・アーネスト・サトウが大隈邸の園遊会に出向いている。曰く「すべてに準備がよく行き届いており、楽しい集りだった[705]」という。

翌三十年十一月五日にも、大隈邸では園遊会が予定されていた。これは雨続きのために中止となった。しかし八日になると「園遊会は悪天候で中止されたが、今日から三日間午後、早稲田へ観菊に来られる方々すべてを歓迎」という召状が「凍れる音楽」で有名な元雇外国人のアーネスト・フェノロサの元に届いた（その召状は大隈夫妻の名で送られていたようだ）。フェノロサ夫人の描写する大隈版園遊会（園遊会そのものは中止されたので、観桜会・観菊会でいうところの後日拝観のようなものだが）の様子は次の如くだった。

図 76　園遊会での大隈重信
中央，丸形帽子にフロックコート姿の大隈重信が招待客と語らっている．招待客はフロックコート姿が多いが，紋付袴姿も見える．帽子の種類も様々である．

図 77　園遊会（大隈常信等，大隈邸テント）
一般招待客席か

わが故郷のかなり背の高いスカッパノッグ（マスカット葡萄の一種）並の大きさと効果を持つ四阿《しあ》《あずまや》が杉の柱や格子で建てられ、キク（菊）がぎっしり厚く挿し込まれていた。その周りに多くのテーブルや椅子が並んでいた。私たちが入るとほぼ正面に、主人夫妻が座っていた。

私たちがそうした場合につきものの格式張った挨拶を交わした後、大石が菊のある別の囲いの方へ案内した。主要部、四阿の少し左手にあらゆる種類のケーキ、キャンディ、果物、サンドイッチ、シャンパン等飲物が山盛りの長いテーブルがあったことも付記しなければならない。

菊の庭は目から鱗だった。大して広くはない綺麗な竹囲いの窪地で、中心部の洋式花壇に小さな小型化された華やかな色の菊が咲いていた。大輪はもちろん囲いの下にあった。右手には数百の普通種――サイズ、華やかさ、開いた扇の四分の三の配列の見事な――が揃っている。全体の効果が豪華だった。

奥突き当たりには茂みが三株だけあった――それぞれたった一本の茎に支えられた大きなピラミッド。真ん中の株は見事なローズピンクで、二千もの花をつけていた。信じられない。片側は黄色、もう片方は白い菊。いずれ劣らず見事だが、中央株の波打っているところが優れて見えた。残りの側は二分され、縁どりのある菊と一茎一輪の菊だった。(略)

私たちは自由に散策を楽しんだ後飲物や軽食をいただいた。(略)素敵な午後、得がたい経験だった(706)

フェノロサ夫人は菊花に驚嘆し、庭園散策、飲食を楽しんでいる。アーネスト・サトウも述べたように、大隈は準備万端で人々をもてなしていたようだ。

大隈は接待の方法としての園芸を重視したようで、なかでも「The Count is also quite justly proud of his chrysanthemums」(707)と表されるほどに菊栽培に力を注いだ。その様がフェノロサ夫人の記述からも窺えるだろう。

そしてこの翌年、明治三十一年に『Souvenir of a garden party at Waseda』(Kelly & Walsh)という写真集が出版された。これは大隈が園遊会の招待客に土産として配ったものらしく、その写真を見ると、フェノロサ夫人の叙述する光景と一致する。図78は飲食スペースの様子だが、杉の葉で装飾したらしい柱が見える(その柱には菊が挿し込まれているのだろうか)。この装飾の仕方は観菊会で設えられた(仮)立食所に倣ったようである。図77のテント張りと違い凝

図 78　大隈邸の園遊会（飲食スペース）
特定客用席か

図 79　大隈邸の菊花壇①
江戸菊花壇

った作りなので、特定客用の席であろうか。

図79は大隈自慢の菊花壇で、図80はフェノロサ夫人の言うところの「中心部の洋式花壇」だろうか。このように美しく菊花壇と飲食スペースが設置された大隈の観菊の園遊会は、皇室の観菊会の模倣といったところだろう（ちなみに大隈は、各地から出品を募り菊花栽培のコンテストも開催していた[708]）。

図80　大隈邸の菊花壇②
大造、江戸菊花壇と洋式花壇か

## 戦後の園遊会へ

皇室の観桜会・観菊会は日本における各種の園遊会に少なからず影響を与えていた。そして観桜会・観菊会、その他のものも含め、園遊会とはかくも人々を喜ばせる魅力的な催しだったのだ（条約改正交渉の側面工作として採用されるに相応しいものだったと言えるだろう）。

特に観桜会・観菊会は、栄誉を均霑《きんてん》する機能を有しその効果を挙げていたことを考えれば、招く者、招かれる者双方にとり価値のある催しだったのである。

時勢に鑑み、昭和十二年（一九三七）観桜会を最後に観桜会・観菊会の開催はなくなったが、こうした価値が評価されたのであろう、戦後の昭和二十八年から皇室の園遊会が開催されている（はじめに述べた通り、年に春秋の二回開催となったのは昭和四十年から）。名称は観桜会・観菊会ではなく園遊会となった。しかし新聞記事が「十六年ぶりで復活」[709]「戦前の観桜、観菊会が復活した形となった」[710]と伝えるように、実質的に観桜会・観菊会を継承していることになるだろう。

この戦後の園遊会としての「復活」、そして観桜会・観菊会との連続性（あるいは共通性）、不連続性についてはすでに紙幅も尽きたので他日に譲ることとしたい。

# おわりに

以上、現在の皇室で行われている春秋の園遊会の前身となる観桜会・観菊会の成立とその実態、その変遷の過程を、史料にもとづき細目ごとにできうる限り再現・詳述した（ただし、あまり煩雑になるのを避けるため取捨選択はしてある）。

まず、その始まりは単に友好を深めるための社交活動としての意味以上の背景があったことがわかる。そこには明治時代初期、欧米列強諸国が政治的、軍事的、経済的に実質的に世界を席巻していた時期に明治新政府が目指した近代国家建設過程の諸政策が絡んでいた。

不平等条約を改正し列強諸国の仲間入りを目指す新政府は、日本という国家および国民が、彼らと同様の近代的文明の中にあり、共通の価値観を持っていると示すことがその近道だと考えた。そのため、政治、経済、生活、教育、文化など、様々な分野での欧化政策が採用された。天皇の内外人に対する顕現化や応接などは、その一つだった。その一環として採用されたのが、皇室による社交の機会としての園遊会だったのである。繰り返しになるが、観桜会と観菊会の起源は条約改正交渉という国際政治問題に由来し、皇室や帝国日本のためのイメージ戦略といった意義を担ったのだ。ピエール・ロティが観菊会参苑によって日本に対する評価を大きく好転させ、彼が叙述した光景が多くの外国人の関心を引き招待希望が殺到したことや、自国民が多数招待されたアメリカ大使の喜びの声は、開催の趣旨からみれば成果の表れと言えるだろう。

そして、このように条約改正交渉の側面工作としての役割を担ったため、その内容には政府の採った欧化政策の様々な事象が詰まっていた。招待客の範囲、次第、食事、奏楽のどれをとっても欧化政策の影響が見られる。夫人や娘の招待、天皇皇后の談話や握手、洋食メニュー、吹奏楽の演奏などは、列強諸国との交際のなかで取り入れられたものだ。つまり観桜会・観菊会は、政府が描く西洋との価値観の共有を鮮やかに目に見える形で表現したものであると言えるだろう。

とはいえ、欧化政策が進められるなかでも、観桜と観菊という皇室の伝統行事がその手段として採用された。洋風のガーデンパーティーを骨格としつつも、桜と菊を利用することによって和の色彩を放っていたのだ。また新宿御苑に移る前の各会場は、錚々《そうそう》たる日本庭園である。欧化政策とは言いながらも完全なる欧化を採っていたわけではなかったことも事実だったのである（女性の服装規程に袿袴が残り続けたのもそうした理由であろうか）。

こうした歴史・伝統との親和性のためかどうか断言は控えるが、鹿鳴館《ろくめいかん》外交が極端な欧化の象徴として内外の非難を受けたのに対し、観桜会と観菊会についてはそうした批判の形跡が見あたらない。外国人による批判にしても、西洋化された服装や飲食時の席割などの細部に対するものであり、園遊会の開催それ自体に対する苦言は管見の限りでは見られない。ただ、こうしたことには、はじめに触れた通り、天皇皇后主催の園遊会を批判することは憚られたという理由もあったかもしれない。

そして、観桜会・観菊会の性質は変化していった。もともと条約改正交渉の側面工作であるが故に特に招待客の人選には弾力性・機動性があったが、明治末年に条約改正が達成され側面工作としての役割が終了すると、その傾向は一層強まり「臣民ノ一人モ多クコノ光栄ニ浴セシメン」(71)というように、爵位や官位を持たない一般国民やそのほか外国人に名誉・栄誉を与える場となった。宮殿で行われる三（四）大節宴会などにも公的な地位を持たない者は招かれないため、それを埋め合わせる受け皿となったのだ。すなわち、従来の枠組みに入りきらない人々にも栄誉を均霑させる機能として園遊会が利用されていたことが理解される。これもまた、批判の声が上がらなかった要因であると推察される。同時に、条約改正が達成されてなお昭和戦前期まで継続された理由でもあるだろう。

ただし、栄誉の均霑は、同時に栄誉の体系を広く目に見える形で示し補完するものともなったが、一方では経費の増加や招待客のマナーの問題など、均霑される範囲が拡がれば様々な問題も湧き上がってくるのも事実であった。

そして長崎省吾《ながさきしょうご》が昭和二年（一九二七）当時、「今日では皆さん御承知の通り観桜会観菊会と云ふやうなものは年中行事の一として格別何でもございませぬが(712)」と語り、遡っては明治四十四年（一九一一）にはすでに前出『東京年中行事』に年中行事として紹介されているように、その位置づけはかつての「側面工作」から「年中行事」へと明らかに変化したのである。横関愛造編『俳諧歳時記』（改造社、昭和八年）では、季題として掲載されている。そもそも宮内省自身も「現行宮中年中行事調査部報告十六　観桜会」「現行宮中年中行事調査部報告二十八　観菊会」の作成に見られるように、「宮中年中行事」として取り扱っているのである。

しかしながら、開催理由が条約改正交渉の側面工作という役割から広く栄誉を均霑する機能にシフトして年中行事化しながらも、「外交上的意味(713)」は失われることはなかった。外交団の招待は継続し、そのほか広い範囲の外国人が招待された。西洋諸国が骨格を成す国際社会の枠組みの中で日本の国際的地位を高め、国益につなげることを期待するイメージ戦略のため、園遊会はそうした意味での役割を担い続けたのである。

ところで、観桜会・観菊会は必ず毎年開催されたわけではなかった。明治天皇、大正天皇の崩御や皇太后を含む皇族の崩御・薨去による諒闇・服喪、大礼の際などには行われなかった（その他雨天の際など）。またこのほかに、時局により中止となったこともあった。たとえば明治二十七年観菊会や、大正七年（一九一八）観桜会・観菊会は、それぞれ日清戦争、第一次世界大戦の影響により開催されなかった。また、大正十二年九月の関東大震災の後も同年観菊会と翌年観桜会が中止となっている。ちなみに、昭和五年の観桜会は四月十九日開催の予定だったが、スウェーデンの皇后ヴィクトリアが崩御したために二十六日に延期されている。

また、昭和六年九月に満洲事変が勃発したことで、同年の観菊会の開催期日が例年より遅く十一月末になったこともあった。一旦は中止の方向に傾いたのだ。最終的には開催の運びとなったが、開催期日がずれ込んだために菊花の盛りは過ぎており、通常より少ない数が展示された。(714)

そして昭和十二年七月の蘆溝橋《ろこうきょう》事件により日華事変が開始され、八月第二次上海事変が起こるに至り開催の有無が考慮されたが、九月十日に開催中止の決定が下った。(715)これ以後、観桜会・観菊会が開かれることはなかった。ただし十四年観菊会までは「本年観菊会ハ御都合ニ依リ御催不被為(716)」というように観桜会・観菊会ともにその時期になると開催なしとの旨が関係各所に通牒されている。なお十五年の観桜会では、本来ならばそれまでと同じく通牒がなされるべきところ、この時は三月に故恒久《つねひさ》王妃昌子《まさこ》内親王（竹田宮《たけだのみや》）が薨去し宮中喪であったためにその通牒の必要はなくなった。(716)そしてこの記録が「観桜会録」および「観菊会録」の最後となっている。

条約改正交渉の一助、という政策上から始まった観桜会・観菊会は、同じように、国際政治情勢に従って一旦その幕を閉じることになるという数奇な来歴を背負った催しだったのである。

# 注

はじめに

(1) ただし、昭和三十四年は九月に伊勢湾台風があった影響で取り止めとなり、代わって翌年四月に開催された。

(2) 佐々木隆『明治人の力量』講談社、平成十四年、八〜一〇頁。

(3) 宮内庁宮内公文書館所蔵「現行宮中年中行事調査部報告十六　観桜会」九四頁。

(4) 鹿鳴館はそれ自体が人目を惹く建築＝モノであり、また深夜に開催された夜会も日本の伝統の線上にはなく、人心を刺激する要素を備えていた。それが極端な欧化主義の象徴として激しい非難を招き、その存在を有名にさせたという側面がある。

(5) 宮内庁宮内公文書館所蔵「長崎省吾手記写」（大正十二年二月採集）、同「長崎省吾第一回談話速記」（昭和二年採集）。

(6) 宮内庁宮内公文書館所蔵「観菊会録」明治十三年、第四号および第十八号（「観菊会録」と「観桜会録」はそれぞれ年ごとに簿冊がまとめられ、さらに各簿冊の中で案件ごとに第〇〇号と整理番号が付せられているのでそれを示した）。

(7) 宮内庁宮内公文書館所蔵「典式録」（皇后宮職）明治二十六年、第三号（「典式録」は侍従職、東宮職、皇后宮職、皇太后宮職によって分類され、それぞれ年ごとにまとめられ簿冊となっている。さらに各簿冊の中で第〇〇号と案件ごとに整理番号が付せられている。これはこの後に用いる宮内公文書館所蔵の「日記」や「例規録」などにも共通する。

(8) 宮内庁宮内公文書館所蔵「徳大寺実則日記」明治十八年十一月九日条。

(9) 「徳大寺実則日記」明治二十六年十一月二日条。

(10) 宮内庁宮内公文書館所蔵「土方久元日記」明治十七年十一月七日条。

(11) 宮内庁宮内公文書館所蔵「侍従日録」。

(12) 伊藤隆・広瀬順晧編『牧野伸顕日記』山川出版社、平成七年、三五七頁、昭和四年四月十八日条。

(13) 宮内庁宮内公文書館所蔵「観櫻観菊会ニ関スル件」（明確な作成年は不詳。昭和期か）。

第一章

(14) 宮内省臨時帝室編集局編『明治天皇紀』第五、吉川弘文館、昭和四十五年、二〇〇〜二〇一頁、明治十三年十一月十八日条。

(15) 「長崎省吾談話速記第一回」。

(16) 「現行宮中年中行事調査部報告十六　観桜会」九四頁。

(17) 「現行宮中年中行事調査部報告十六　観桜会」九五頁。

(18) 「長崎省吾第一回談話速記」。

(19) 「現行宮中年中行事調査部報告十六　観桜会」九四頁。
(20) 「現行宮中年中行事調査部報告十六　観桜会」九五頁。
(21) 宮内庁宮内公文書館所蔵「現行宮中年中行事調査部報告二十八　観菊会」九頁。
(22) 「長崎省吾手記写」。
(23) 「長崎省吾第一回談話速記」。
(24) ヴィクトリア女王は夫の早世後喪服を着用し続けた。
(25) 「長崎省吾手記写」。
(26) 「現行宮中年中行事調査部報告十六　観桜会」九七頁。
(27) 明治六年五月の皇城の炎上以後、赤坂離宮が仮皇居となっていた。
(28) 「現行宮中年中行事調査部報告二十八　観菊会」一〇頁。
(29) 「現行宮中年中行事調査部報告二十八　観菊会」五五頁。
(30) 「現行宮中年中行事調査部報告十六　観桜会」五頁。
(31) 「現行宮中年中行事調査部報告十六　観桜会」一七七頁および「現行宮中年中行事調査部報告二十八　観菊会」三頁。
(32) 「長崎省吾手記写」および「長崎省吾第一回談話速記」。
(33) 「長崎省吾手記写」。
(34) 「長崎省吾第一回談話速記」。
(35) 宮内庁宮内公文書館所蔵「例規録」(式部職)明治十七年、第三十七号および第四十一号(「例規録」は大臣官房総務課、式部職、侍従職、皇后宮職など、多数の部局によって分類されている)、および「現行宮中年中行事調査部報告十六　観桜会」一一二頁。
(36) 「例規録」(式部職)明治十七年、第四十一号。
(37) 佐々木克『幕末の天皇・明治の天皇』講談社学術文庫、講談社、平成十七年、一八頁。
(38) 『幕末の天皇・明治の天皇』二一七頁。
(39) 多木浩二『天皇の肖像』岩波書店、昭和六十三年、一一九頁。
(40) 以上、中山和芳『ミカドの外交儀礼』朝日新聞社、平成十九年、参照。
(41) 「長崎省吾手記写」。
(42) 「例規録」(総務課)明治十八年、第百十八号。
(43) 宮内庁宮内公文書館所蔵「熾仁親王御日記」明治十八年十一月六日条。
(44) 高木博志『近代天皇制の文化史的研究—天皇就任儀礼・年中行事・文化財』校倉書房、平成九年、一一五頁。
(45) 槌田満文編『明治東京歳時記』青蛙房、一九六八年、三一一頁。
(46) 「現行宮中年中行事調査部報告十六　観桜会」九五〜九六頁。
(47) 『明治天皇紀』第三、二四二頁、明治七年四月十七日条。
(48) 『明治天皇紀』第四、三〇九〜三一〇頁、明治十年十一月十二日条。
(49) 旧公卿および大名華族、親任官および明治維新の際に勲功のあった者に対し、宮中席次、待遇において優遇を受ける名誉の称（井原頼明『増補皇室事典』冨山房、昭和五十七年、三二一頁）。

(50)『明治天皇紀』第四、五六八頁、明治十一年十一月十八日条。

(51)『明治天皇紀』第四、七九七頁、明治十二年十一月九日条。

第二章

(52)明治二十一年十月、新皇居が落成し、そちらが「宮城」となった。

(53)「現行宮中年中行事調査部報告二十八　観菊会」一一頁。

(54)「観菊会録」明治四十三年、第三十五号。

(55)「現行宮中年中行事調査部報告二十八　観菊会」一一～一二頁。

(56)「現行宮中年中行事調査部報告十六　観桜会」一〇九頁。

(57)宮内庁宮内公文書館所蔵「観桜会録」大正六年、第三号。

(58)新宿植物御苑には宮内省主猟局主管の動物園も含まれていたこともあり改称された（「例規録」〈総務課〉明治三十九年、第二十八号）。

(59)『東京朝日新聞』大正六年二月十日付。

(60)「観菊会録」明治十三年、第四号。

(61)『ミカドの外交儀礼』二二～二四頁。

(62)『ミカドの外交儀礼』一一二～一一四頁。

(63)「長崎省吾第一回談話速記」。

(64)日野西資博『明治天皇の御日常―臨時帝室編修局ニ於ケル談話速記―』新学社教友館、昭和五十一年、一三一～一三二頁。

(65)「観菊会録」明治十三年、第四号。

(66)「観桜会録」明治十四年、第一号。

(67)ただし、十四年観菊会の次第書に限っては、会釈の対象は「各公使」に限定されている（「観菊会録」明治十四年、第三号）。

(68)「観桜会録」明治十五年、第十号。

(69)「観桜会録」明治十五年、第三号。

(70)「観桜会録」明治十五年、第十号。また「侍従日録」（明治十五年四月二十一日条）によっても、対象者は不明だが握手があったことが明らかだ。「観桜会録」明治十五年、第十号の記載には「各国公使夫妻娘等」とあり、各国公使夫妻娘のほかにも握手があったようであるが、やはり対象者は不明である。なお「娘」とは一五歳以上の未婚の者に限った。

(71)「観桜会録」明治十五年、第十号。

(72)「侍従日録」明治十五年四月二十一日条。

(73)「観菊会録」明治十五年、第二号。

(74)「観桜会録」明治十六年、第三号。

(75)「観桜会録」「観菊会録」では「立食所」と「立食場」の二様の記載があるが、特に使い分けはされていないようであるため、本書では便宜上「立食所」に統一する。
(76)「侍従日録」明治十六年四月二十五日条。
(77)「観菊会録」明治十六年、第三号。
(78)「侍従日録」明治十七年四月二十五日条。
(79)伊藤隆・尾崎春盛編『尾崎三郎日記』上巻、中央公論社、平成三年、明治十七年四月二十五日条。
(80)「観桜会録」明治十七年、第六号。
(81)「侍従日録」明治十七年四月二十五日条。
(82)(83)「観菊会録」明治十七年、第三十四号。
(84)「観桜会録」明治十七年、第六号および「観菊会録」明治十七年、第二十一号。ただし「侍従日録」明治十七年十一月七日条には「御会釈」とのみ記載されている。
(85)「観桜会録」明治十八年、第二十七号。
(86)「観桜会録」明治十八年、第一号。
(87)「観桜会録」明治十八年、第二十七号。扈従は前年観菊会からの可能性もあるが判然としない。
(88)「観桜会録」昭和五年、第二号。
(89)「観菊会録」明治十八年、第十六号。
(90)(91)「観菊会録」明治十八年、第二十八号。
(92)「観菊会録」明治十九年、第四十三号によれば、通路の右へ各大臣とその夫人、左へ各国公使と夫人を並列させたとあり、その他の招待客は加えられなかった（十九年観桜会については判然としない）。また「観桜会録」明治二十一年、第三十九号によると、前年二十年の観桜会で、「各大臣各国公使等拝謁ノ場所へ各員麕集《きんしゅう》シ頗ル混沓ヲ極メタルヲ以テ当度ハ右等ノ事ナキ為メ御場所前後ニ舎人ヲ配置シ各員此所ニ底止セス逐次進入可致様」とあり、同年の「観菊会録」第三十三号でも同様に、一般招待客が賜謁所に集まらないように注意がされていることがわかる。また二十二年観桜会でも、一般招待客は政府高官や外交団の賜謁所を避けて仮立食所へ向かうよう誘導している（「観桜会録」明治二十二年、第四十四号）。つまり、政府高官や外交団以外の招待客は賜謁所に列立しないことになっていたということだ。なお、二十四年観菊会では、賜謁所は仮立食所入口前に設けられ、一般招待客は仮立食所の方に入らないように誘導されている（「観菊会録」明治二十四年、第三十五号）。果たしてこの時に彼らがどこに居たのかは不明である。
(93)「観桜会録」明治十九年、第二号。
(94)「観菊会録」明治十九年、第四十三号。
(95)「観菊会録」明治十九年、第五号。
(96)「観桜会録」明治二十年、第二号および「観菊会録」明治二十年、第八号。
(97)「観菊会録」明治二十年、第十六号。
(98)「観桜会録」明治二十一年、第十六号。
(99)ただし少なくとも二十五年観桜会以降は、皇后は公使へ言葉をかけている。また後で触れるように、二十六年観菊会では、天皇、皇后からベルギー公使に対して談話があった。皇后は男性にも話しかけている。なお、この際公使夫人への談話は皇后からのみで天皇からはなかったようだ。このように談話の方法については判然としないことが多い。

(100)「侍従日録」明治二十二年四月二十四日条。

(101)「現行宮中年中行事調査部報告十六　観桜会」（一一五頁）には「各国公使夫妻以外ノ諸員」とあるが、実際には「侍従日録」によれば〝「各大臣各公使夫妻等」以外〟が正しいようだ。

(102)「観桜会録」明治二十二年、第四号および第四十四号。

(103)「観菊会録」明治二十年、第八号。

(104)「観菊会録」明治二十年、第三十四号および、オットマール・フォン・モール著／金森誠也訳『ドイツ貴族の明治宮廷記』新人物往来社、昭和六十三年、一二三頁。

(105)「観菊会録」明治二十年、第三十四号。

(106)「観菊会録」明治二十三年、第四十四号および「観桜会録」明治二十四年、第三号。「観菊会録」明治二十三年に所収の次第書（第十一号）では、以前と同様に通り掛けでの談話と握手のままの記載になっているが、実際には変更されていた。

(107)「娘」への握手については「典式録」（皇后宮職）明治二十六年、第十五号による。

(108)「観桜会録」明治二十四年、第二十七号。

(109)宮内庁宮内公文書館所蔵「齋藤桃太郎日記　巻八」明治三十四年四月十九日条および「観桜会録」明治三十四年、第二十九号。

(110)「観菊会録」明治二十四年、第三十五号。

(111)たとえば明治二十五年観菊会では、フランス海軍少将、イギリス貴族で上院議員の夫妻や同じく下院議員夫妻、イギリスの侯爵とその娘、イギリス海軍少将代理の妻、といった人物に皇后から談話があった（「典式録」〈皇后宮職〉明治二十五年、第十二号）。こうした外国人への賜謁は増加する。日露戦争中の明治三十七年観桜会では、各国従軍武官一同への賜謁を外務大臣が要請し、許可された（本来は、将官以上に限った〈「観桜会録」明治三十七年、第三十二号〉）。

(112)「観菊会録」明治三十八年、第三十九号。

(113)「観菊会録」明治四十二年、第三十九号、「例規録」（式部職）明治四十二年、第十四号および「現行宮中年中行事調査部報告十六　観桜会」一一八・一三三〜一三四頁。

(114)明治四十四年観桜会以降、「仮」の文字が取られ「立食所」になる（「観桜会録」明治四十四年、第三号および「観菊会録」明治四十三年、第三十五号）。

(115)「観菊会録」大正五年、第二号および第二十八号。

(116)大正十年観菊会からは次第書に「大使公使同夫人並外国人ニシテ賜謁ノ向ヘハ御握手」とある（「観菊会録」大正十年、第二号）。ただし、前述の通り次第書に記載がなくとも「外国軍艦乗組将校等」へも談話や握手があったことを鑑みると、それ以前から「外国人ニシテ賜謁ノ向」への握手は続いていたと思われる。ただし、史料上は判然としない。
(117)「観菊会録」大正五年、第二十八号。
(118)「観菊会録」昭和五年、第十二号。「記事」は、気付きの点や反省点などを記した綴りのこと。
(119)(120)「観菊会録」昭和六年、第十号。
(121)「観菊会録」昭和五年、第十五号。
(122)「観桜会録」明治三十二年、第三十五号の「記事」に記載されている。しかし「記事」には削除する文字は「御談話」としか記載されていないが、実際には文脈から「御談話」と「御握手」の二つを指していることがわかる。
(123)「観桜会録」明治三十二年、第三十五号。
(124)「観菊会録」明治三十二年、第三十八号。
(125)「典式録」(皇后宮職)明治二十六年、第十五号。
(126)宮内庁『昭和天皇実録』第四、東京書籍、平成二十七年、五六二頁、大正十五年十一月十日条。
(127)「齋藤桃太郎日記　巻六ノ一」明治三十二年四月十二日条および『明治天皇紀』第九、六三〇頁、明治三十二年四月十三日条。
(128)「齋藤桃太郎日記　巻三」明治二十九年四月二十三日条。
(129)「長崎省吾第一回談話速記」。
(130)『The Illustrated London News』一八六八年七月四日付。
(131)「観桜会録」明治二十二年、第四十四号。宮内庁宮内公文書館所蔵「日録」(皇后宮職)明治二十二年四月二十四日条。「侍従日録」明治二十二年四月二十四日条。
(132)「観菊会録」明治十七年、第三十四号および明治十九年、第四十三号。
(133)宮内庁宮内公文書館所蔵「日記」(皇后宮職)明治十九年十一月六日条および明治二十年十一月八日条。「侍従日録」明治十九年十一月六日条。
(134)次第書でいうところの立食所での談話のこと。
(135)エリアノーラ・メアリー・ダヌタン著/長岡祥三訳『ベルギー公使夫人の明治日記』中央公論社、平成四年、一八～一九頁、明治二十六年十一月十日条。
(136)「典式録」(皇后宮職)明治二十六年、第三号および第十五号。
(137)『ドイツ貴族の明治宮廷記』一二三頁。
(138)「観菊会録」明治二十年、第三十四号。明治十九年観菊会も同様(「観菊会録」十九年、第四十三号)。
(139)「観菊会録」大正二年、第三十六号。
(140)『ミカドの外交儀礼』二四〇～二四二頁。
(141)トク・ベルツ編/菅沼竜太郎訳『ベルツの日記』上巻、岩波書店、一九七九年、一五八頁、明治二十四年六月六日条。
(142)『明治天皇紀』第四、七〇五頁、明治十二年七月七日条。
(143)『明治天皇紀』第四、七八二～七八三頁、明治十二年十月十五日条。

(144) 「観桜会録」大正六年、第一号および第三十三号、大正七年、第七号および第八号、大正八年、第六号、大正九年、第十一号、大正十年、第十四号。
(145) 「観菊会録」大正八年、第九号。
(146) 「観菊会録」明治十三年、第一号。
(147) 「観桜会録」(明治十四年)所収の四月七日付文書(第一号、召状の見本)では「罷ム」とあり、四月二十日付の文書(第七号、皇族宛の召状文案)には「御延引」とある。
(148) 「観菊会録」明治十四年、第六号。
(149) 観桜会については、「観桜会録」(明治十五年)所収の四月十二日付の文書(第三号、召状の見本)には「罷ム」とあるが、四月十四日付の文書(第六号、召状文案)で「延引」に改められている。しかし観菊会については、「観菊会録」(明治十五年)所収の十月二十七日付の文書(第二号、召状の見本)には「罷ム」とあるが、十月三十日付の文書(第五号、召状文案)では「延引」となっており、実際、園遊会当日は降雨となり、宮内省から外務省に対し「延引」が伝えられている(第二十号)。しかし『明治天皇紀』には延引された記述は見当たらない。また「現行宮中年中行事調査部報告　二十八　観菊会」では「御止メ」となっている。
(150) 「観桜会録」明治十六年、第一号。なお当初は当日雨天ならば翌日、それもまた雨天ならば中止とする予定だったが、最終的に中止とすることに決定したようだ(「観桜会録」明治十六年、第一号および第七号)。
(151) 「観菊会録」明治十六年、第四号。
(152) 「観桜会録」明治十七年、第一号、「観菊会録」明治十七年、第一号、「観桜会録」明治十八年、第一号、および「観菊会録」明治十八年、第十一号。
(153) 「観菊会録」明治十八年、第二十四号、第二十五号、第二十八号。
(154) 「観桜会録」明治十九年、第二号。その他の年については当該年の「観桜会録」「観菊会録」に所収されている次第書による。
(155) 「観菊会録」明治二十六年、第四十五号および「例規録」(式部職)明治二十六年、第二十八号。
(156) 「観菊会録」明治四十一年、第三十八号および「例規録」(式部職)明治四十一年、第二十七号。
(157) 「現行宮中年中行事調査部報告二十八　観菊会」一五頁。

第三章

(158) 「観菊会録」明治十三年、第四号。
(159) 「現行宮中年中行事調査部報告十六　観桜会」一三八頁。
(160) 「観桜会録」明治十四年、第十一号。
(161) 「観桜会録」明治十四年、第四号および第十号。
(162)(163) 「観菊会録」明治十四年、第八号。
(164) 「観桜会録」明治十五年、第十号。

(165)「観桜会録」明治十七年、第六号。
(166)「観菊会録」明治十九年、第二十六号（本件は、同年「観桜会録」ではなく「観菊会録」に記載されている）。
(167)「観菊会録」明治十九年、第二十六号。
(168)「例規録」（式部職）明治十九年、第六十四号。
(169)明治二十三年観菊会の際には、それ以降は各国軍艦乗組将校と貴客等の招待に関しての連絡は園遊会開催三日前までに行うよう式部長が外務大臣に申し立てをしている。すなわち、外務省を通じて開催直前まで申請があったということだろう（「例規録」〈式部職〉明治二十三年、第三十七号）。
(170)「観桜会録」明治二十年、第二十四号。
(171)政府が招聘する雇外国人とは異なる。ただし同校は表向きは私学だが、「内閣機密金勘定書」によると機密金で運営されていた。
(172)「観桜会録」明治二十二年、第四十四号。
(173)「観桜会録」明治二十四年、第二十四号および第二十七号。
(174)「観菊会録」明治二十四年、第七号。
(175)「観菊会録」明治二十四年、第三十五号。
(176)「観桜会録」明治四十年、第四十二号。
(177)大正二年観菊会では、資格欄の存在が「却テ取扱上差支ヲ生シ且往々均衡ヲ生スル」として、同欄を用紙から取り除き、園遊会に関する内規を公表して各国使臣長に「責任ヲ負ハセ」ることを伊藤博邦式部次官が提案するに至ったが、実際には資格欄は削除されなかった（「観菊会録」大正二年、第三十六号）。
(178)「観菊会録」明治三十一年、第四十三号。
(179)「観桜会録」明治三十五年、第二十九号。
(180)「例規録」（式部職）明治四十一年、第八号。
(181)「徳大寺実則日記」明治三十二年四月十二日条。
(182)「観菊会録」明治四十四年、第三十五号。
(183)原圭一郎編『原敬日記』第二巻、福村出版、昭和五十六年、一七六頁、明治三十九年四月二十日条。
(184)『原敬日記』第二巻、二三七頁、明治四十年四月二十六日条。
(185)山本四郎編『京都女子大学研究叢刊5　寺内正毅日記―一九〇〇〜一九一八―』京都女子大学、昭和五十五年、五〇四頁、明治四十三年四月二十七日条。
(186)落合孝幸「Pierre Loti（ピエール・ロティ）と日本」（『仏蘭西学研究』一二、昭和五十七年所収）。
(187)『世界教養全集』七、平凡社、昭和三十六年、一〇〇頁。
(188)ピエール・ロティ著／下田行夫訳『秋の日本風物誌』勁草書房、昭和二十八年。
(189)ピエール・ロティ著／村上菊一郎・吉氷清共訳『秋の日本』（『世界教養全集』七、所収）平凡社、昭和三十六年。
(190)『ドイツ貴族の明治宮廷記』一二二頁。
(191)『世界教養全集』七、一〇〇頁。

(192)『ベルギー公使夫人の明治日記』四八頁、明治二十七年四月十二日条。

(193)『ベルギー公使夫人の明治日記』一一二頁、明治二十九年四月二十三日条。

(194) Francis Brinkley, *Japan: Described and Illustrated by the Japanese*. Boston, J. B. Millet Company, 1897, p. 285.

(195)(196)「観菊会録」明治二十四年、第三十五号。

(197)(198)「観桜会録」明治三十一年、第三十二号。

(199)「観菊会録」明治三十二年、第五号および第十三号。

(200)「観菊会録」明治三十二年、第三十八号。

(201)「観菊会録」明治三十二年、第十三号。

(202)「観菊会録」明治十七年、第二十六号。

(203)佐々木隆「明治時代の政治的コミュニケーション（その3）」（『東京大学新聞研究所紀要』三五号、一九八六年）。

(204)『ベルギー公使夫人の明治日記』二六八頁、明治三十六年四月十六日条。

(205)『東京朝日新聞』明治四十五年四月二十八日付。

(206)「観桜会録」明治四十五年、第三十二号。

(207)『京都女子大学研究叢刊5　寺内正毅日記―一九〇〇〜一九一八―』七四一頁、大正六年四月十七日条。

(208)『ベルツの日記』上巻、三四二頁、明治三十六年十一月十三日条。

(209)「観菊会録」大正六年、第十三号。

(210)「観菊会録」大正八年、第十二号。

(211)「観菊会録」大正九年、第十六号。

(212)「観菊会録」大正十年、第十一号。

(213)なお、これ以前にも前述のブリンクリーのようなケースもある。しかし一方で、明治四十二年にはフランスの新聞通信員が園遊会当日の参苑を許可されず、内国新聞記者通信社員などへの拝観日に「厚意上」許可されたこともある（「観菊会録」明治四十二年、第三十九号）。大正二年観菊会では、イギリス大使館より同国人通信員夫妻の招待申請があり、一度は却下されたが、同国大使の懇願により最終的には外務大臣の要請により招待されている（「観菊会録」大正二年、第三十六号）。

(214)「観菊会録」明治二十年、第一号。

(215)六等、五等と変更が行われたのは、官等改正後、等級の境界線上にあった者を考慮した移行措置であると思われる。

(216)「観桜会録」明治十七年、第一号。

(217)「観菊会録」明治十七年、第十一号。なお両者は明治十九年二月には勅任に準ずる取り扱いとなった（「例規録」〈式部職〉明治二十年、第十六号）。

(218)「観菊会録」明治三十二年、第十三号。

(219)三大節という呼称については、紀元節と天長節は明確に「節」がついているのに対し新年にはそれがないためか、新年の何をもって三大節とするのか、疑問に思われていた向きがあった。明治三十五年十二月に文部省が教科書編纂の参考とするため、宮内省側に「三大節トハ何々ナルカ（或ハ紀元節天長節及新年宴会ヲ以テ三大節トシタルアリ或ハ紀元節天長節及元旦ヲ以テ三大節トシタルアリテ一定セサルカ如シ）」と回答を求めている。これに対する答えは「三大節トハ新年朝拝及宴会ヲ包含ス紀元節天長節ヲ併称セシコトニ候」というものだ。新年に行われる一連の行事が多いため、数日に分けて挙行されていたことにより生じた疑問だったようだ。なお、文部省と宮内省間の問い合わせと回答のやりとりは二十七年にも行われている（「例規録」〈式部職〉明治三十五年、第二十五号）。この件は周知されていなかったらしく、明治四十一年には海軍省から同様の問い合わせが行われている（「例規録」〈式部職〉明治四十一年、第三号）。また遡っては明治三十二年にも軍事教育会と宮内省間で同様のやりとりが行われている（「例規録」〈式部職〉明治三十三年、第三号）。

(220)「はじめに」と第三章で触れた通り、昭和二年に明治節が加わり四大節となる。

(221) 明治四十二年十二月、貴衆両院議長副議長の宮中における身分取り扱いについて、議長は親任官待遇、副議長は勅任官の取り扱いとなった（「例規録」〈式部職〉明治四十二年、第二十一号）。

(222) 伯子男爵は、当初は華族局（後に芝離宮、赤坂離宮へ変更）で賜饌があり、明治三十二年以降は宮中の東溜ノ間で賜饌が行われた。開催時刻は、三十二年では豊明殿での宴会終了後だったが、三十三年からは同時刻の開催となった。しかし宴会の招待客増加のため、大正六年天長節からは時刻をずらして宴会会場である豊明殿で行われるようになった（「例規録」〈式部職〉大正六年、第十号および宮内庁宮内公文書館所蔵「現行宮中年中行事調査部報告十一　紀元節」二五四頁）。なお、大正二年天長節からは皇族が一名臨席した（「例規録」〈式部職〉大正二年、第十九号）。

(223)「観菊会録」明治十三年、第四号。

(224)「現行宮中年中行事調査部報告十六　観桜会」一三八頁。

(225) 以上「例規録」（式部職）明治二十九年、第三十二号。

(226) この他、宮内省御用掛の加賀美繁子、女子高等師範学校教授の加藤錦や後閑菊野なども本人の資格で招待されている。加賀美繁子は明治四十年に夫の加賀美光賢（海軍軍医総監、のち宮中顧問官）が他界するまではその夫人として招待されていた。

(227)「例規録」（式部職）明治四十一年、第一号。

(228) 宮内庁宮内公文書館所蔵「儀式録」明治四十一年、第一号。加賀美繁子についての記載はないが、下田歌子と同様であると思われる。

(229)「観菊会録」明治二十一年、第三十三号。

(230)「例規録」（式部職）明治二十一年、第十六号。

(231)「観菊会録」明治二十二年、第六十号。

(232)「観菊会録」明治四十年、第五十一号。

(233) なお、地方在勤者が職務のために上京中の場合、所属官庁から度々招待の要請があり、許可された。しかしそれは三分の一の規定数の外に数えられたため、宮内省は上京者と在京者を合わせて三分の一とするよう各官庁に規定の遵守を求めることとなった（「観菊会録」明治四十四年、第三十五号）。

(234) 注（215）でも述べたが、六等、五等と変更が行われたのは、官等改正後、等級の境界線上にあった者を考慮した移行措置であると思われる。

(235)「観菊会録」明治三十二年、第十三号および「例規録」〈式部職〉明治三十二年、第二十一号。

(236)「観桜会録」明治三十八年、第二十六号。

(237)「観菊会録」明治三十八年、第三十号。

(238)「帝国学士院会員ハ帝国ノ碩学ニシテ勅旨ニ依リ任命セラル、帝国大学名誉教授ト等シク勅旨ヲ以テ命セラルヘキ者ニ有之候ニ付テハ自今右名誉教授ト同様観桜観菊両会ヘ被為召度」という旨の文部大臣からの照会により実現した（「例規録」〈式部職〉明治四十年、第十七号）。

(239)「例規録」〈式部職〉大正三年、第五号。

(240)「例規録」〈式部職〉明治三十三年、第二十七号。

(241)「観桜会録」明治三十二年、第三十五号。

(242)『官報』号外、明治二十二年二月十一日付。

(243) 以上「例規録」〈式部職〉明治四十五年／大正元年、第十四号。なお先送りはされ続けたようで、再び同様の問題が発生した。四十五年五月十四日に任期満限を迎える衆議院議長を同月二十八日の皇后陛下御誕辰の節の参賀には招かないこととなった。衆議院事務局側はそれを納得しがたく宮内省側に照会を行ったが、この件はまず衆議院と内閣との間で協議することになった。その間、宮内省内では大臣・渡辺千秋と次官・河村金五郎が、内閣において引き続き議長として取り扱うならば宮内省においても同様に扱うが、内閣において前議長の名称を用いるならば議長として取り扱うことは困難との結論を出し、その旨を内閣書記官長・南弘へ回答した。しかしそれに対し内閣側から何らの申し出がなかったため、将来こうした状況の場合には招待しないことを決定したのだった。内閣側からは、ようやく約二ヵ月後に内閣書記官長・南弘から宮内次官・河村金五郎宛に、「議院法第十五条ニ依リ議長ノ職務ヲ継続スル者ハ議長ナリト解釈致ス事ニ決定相成候」と申し出があったのだった（「例規録」〈式部職〉明治四十五年／大正元年、第十六号）。

(244)「徳大寺実則日記」明治四十年十月二十九日条。

(245)「観桜会録」明治四十一年、第二号（ご沙汰を告げる侍従長から宮内大臣への書簡は四十一年「観桜会録」所収）。

(246)「観桜会録」明治四十一年、第三十五号。

(247)「観菊会録」明治四十一年、第三十八号。

(248)「観桜会録」明治四十二年、第四十号。

(249) JACAR（アジア歴史資料センター）Ref.A15111910200「公文類聚・第十四編・明治二十三年・第二巻・政体二・親政体例朝堂諸則附・詔勅・議会一」明治二十三年（国立公文書館）、および「例規録」（式部職）明治二十三年、第三十四号。

(250)「観桜会録」大正三年、第二十号および「例規録」（式部職）大正三年、第五号。

(251)「観桜会録」大正三年、第二十号。

(252)(253)「観桜会録」明治三十八年、第二十六号。

(254)「観菊会録」明治三十七年、第三十二号。

(255) 外務省外交史料館所蔵「観桜観菊会例規雑件」（6門4類9項5号）、および外務省外交史料館所蔵「観菊会関係雑件」（6門4類9項3号）第二巻。外交史料館所蔵の観桜会・観菊会関連の簿冊（ファイル）は同タイトルのものが多いため、分類番号を付しておく。

(256)「例規録」（式部職）昭和八年、第六号。

(257)「観菊会録」大正十一年、第十八号。

(258)「観菊会録」昭和五年、第八号。

(259)「観菊会録」大正十年、第十三号。

(260)「観桜会録」明治三十八年、第二十六号。

(261)「観菊会録」明治三十七年、第二十七号、明治三十八年、第十八号、明治三十九年、第三十三号。

(262)「観菊会録」明治三十八年、第十九号。

(263) 明治十四年二月十二日（紀元節の翌日）には、三大節宴会の後にも勅任官は御礼参内するよう通達が出た（「例規録」〈式部職〉明治十四年、第九号および第十号）。

(264)「観菊会録」明治十三年、第十二号および第十三号。

(265) 明治十三年十一月十八日、宮内卿・徳大寺実則発陸軍省歩兵中佐・児島益謙宛書簡（JACAR：C04028818100、明治十三年「大日記 十二月月 陸軍省総務局」〈防衛省防衛研究所〉）。

(266) JACAR：C02030759400、「大日記甲輯 大正05年」（防衛省防衛研究所）。

(267)「例規録」（式部職）明治十四年、第十号。

(268)「例規録」（式部職）大正六年、第六号、「観桜観菊会例規雑件」（6門4類9項5号）所収「大正六年四月十三日付本野外務大臣発在京英国大使宛書簡（案）」および「現行宮中年中行事調査部報告十六　観桜会」一四七頁。

(269)「観桜観菊会例規雑件」（6門4類9項5号）。

(270)「観桜観菊会例規雑件」（6門4類9項5号）所収、大正六年四月十三日付本野外務大臣発在京英国大使宛書簡（案）。

(271)(272)「観桜観菊会例規雑件」（6門4類9項5号）および「例規録」（式部職）大正六年、第六号。

(273)―(276)「観桜観菊会例規雑件」（6門4類9項5号）。

(277)(278)「観桜観菊会例規雑件」（6門4類9項5号）および「例規録」（式部職）大正十二年、第五号。

(279)「観菊会関係雑件」（6門4類9項3号）第三巻（大正十五年度）、および「例規録」（式部職）大正十五年、第五号。

(280)「観桜観菊会例規雑件」（6門4類9項5号）。

(281)―(284)「観菊会関係雑件」（6門4類9項3号）第三巻（大正十五年度）。

(285) 外務省外交史料館所蔵「観桜会関係雑件」（L門1類5項0目3号）（昭和七年度、八年度、九年度）。

(286)「観菊会関係雑件」（6門4類9項3号）第三巻（大正十五年度）。

(287)「観菊会録」明治十五年、第十二号。

(288)「観菊会録」大正六年、第十三号。

(289)『東京朝日新聞』大正六年十一月二十日付。

(290)『東京朝日新聞』大正六年十一月二十一日付。

(291)『読売新聞』大正七年七月二十七日付。

(292)「観菊会録」大正十五年、第七号および「観菊会関係雑件」（6門4類9項3号）第三巻（大正十五年度）。

(293)「観菊会録」大正十一年、第十六号。

(294) 外務省外交史料館所蔵「観桜会関係雑件」（6門4類9項1号）第三巻（大正十五年度）。なお文書の作成者の考えによるのか、ソヴィエト連邦を「露国」と記載している。

(295)「観菊会関係雑件」（L門1類5項0目1号）（昭和四年度）。

(296)「観桜会録」昭和十二年、第二十五号および『読売新聞』昭和十二年四月十七日付。

(297)「観桜会関係雑件」（L門1類5項0目3号）（昭和十二年度）。

(298)「観桜会録」昭和十二年、第十五号。

(299)「観桜会関係雑件」（L門1類5項0目3号）（昭和十二年度）。

(300)「観桜会録」昭和十二年、第五号および『読売新聞』昭和十二年四月十七日付。

(301)「観桜会録」昭和十二年、第二十五号。

(302)「観菊会録」昭和七年、第三十一号。

(303)「観菊会録」明治十三年、第二十四号。

(304)「観菊会録」明治二十年、第三十五号。

(305)「観桜会録」明治三十二年、第四〇号。

(306)「観桜会録」明治四十五年、第三十三号。ただし第十五号によれば、参苑人員は内国人一四八四人、外国人五五七人というように差違がある。

(307)「観菊会録」大正五年、第九号および第十六号。

(308)「観桜会録」大正十年、第八号および第十五号。

(309)「観菊会録」昭和四年、第四号。

(310)「例規録」（式部職）明治三十二年、第十八号。ただし伯子男爵の人数については在京であっても未成年や勅任官以上、勅任官待遇、勲一等、宮内官五等以上の者は入っていない。こうした点につき、従二位以下従四位以上については不明である。

（311）（312）「例規録」（式部職）明治三十一年、第十三号。
（313）（314）「例規録」（式部職）明治三十五年、第十九号。
（315）「現行宮中年中行事調査部報告　十一　紀元節」二五四頁。
（316）三大節宴会の勅任待遇以上の有資格者数は明治三十九年からは恒常的に一〇〇〇名を超え（それ以前には三十六年に一度超えた）、参苑者数は三十六年以降五〇〇名を超える（「例規録」〈式部職〉大正六年、第十号）。
（317）「観桜会録」昭和五年、第二号および「例規録」（式部職）昭和五年、第二号。
（318）日本人の娘が範囲から外れたことについては、少なくともこの回については「御内儀」によるものだった（「観桜会録」明治十七年、第八号）。
（319）「観桜会録」明治二十一年、第十六号。
（320）「現行宮中年中行事調査部報告十六　観桜会」一四〇頁。
（321）「現行宮中年中行事調査部報告十六　観桜会」一四九頁。
（322）「現行宮中年中行事調査部報告十六　観桜会」一四九〜一五〇頁。
（323）尚友倶楽部編『岡部長景日記　昭和初期華族官僚の記録』柏書房、平成五年、七八頁、昭和四年四月一日条。
（324）『岡部長景日記』二九七頁、昭和五年二月十四日条。
（325）「例規録」（式部職）昭和八年、第四号。
（326）「例規録」（式部職）昭和八年、第五号。
（327）「観菊会録」昭和八年、第二十六号および「例規録」（式部職）昭和八年、第五号。
（328）「例規録」（式部職）昭和十二年、第七号。
（329）（330）「例規録」（式部職）昭和八年、第六号。
（331）「例規録」（式部職）昭和八年、第六号および「例規録」（総務課）大正十四年、第十号。
（332）「例規録」（式部職）昭和八年、第六号。
（333）以上「例規録」（式部職）昭和八年、第六号。発明家については、昭和五年十月に一〇名以内が民間功労者中に加えられることになった。発明家の銓衡は内閣の随意だったが、「一応」帝国発明協会会長の阪谷芳郎の意見を求める旨、口頭によって宮内省側から内閣側に通達された（「例規録」〈総務課〉昭和五年、第二十一号）。
（334）「例規録」（総務課）昭和七年、第三号および「例規録」（式部職）昭和八年、第六号。
（335）「例規録」（総務課）昭和八年、第二号および「例規録」（式部職）昭和八年、第六号。
（336）「例規録」（総務課）昭和八年、第十三号。
（337）（338）「例規録」（式部職）昭和八年、第五号。
（339）「例規録」（式部職）昭和八年、第五号、第六号および「例規録」（総務課）昭和八年、第十三号。
（340）「現行宮中年中行事調査部報告十六　観桜会」一八五頁。
（341）「観桜会録」明治四十三年、第三十三号。
（342）「観菊会録」明治十五年、第一号および十六年、第四号。

(343)「観菊会録」明治十七年、第七号。このほか、有爵者にして勅任官以上にある者の家族のうち華族の礼遇を受くべき者も招かれたようだ（「観菊会録」明治十七年、第十号）。十八年からは「勅任官以上」の制限は外された。

(344)「観菊会録」明治十七年、第三十四号。

(345)「観菊会録」明治十七年、第三十四号および明治十九年、第三十号。

(346)「観菊会録」明治十九年、第三十号、第四十三号および「例規録」（式部職）明治十九年、第五十六号。

(347)「観菊会録」明治十八年、第十一号および「例規録」（式部職）明治十九年、第五十六号。

(348)「観菊会録」明治十七年、第三十四号。

(349)「観菊会録」明治十七年、第二十六号および第三十四号。

(350)「観菊会録」明治十九年、第三十九号。

(351)「観菊会録」明治二十年、第二十九号。

(352)「観菊会録」明治三十八年、第三十九号および「例規録」（式部職）明治三十八年、第九号。

(353)「観菊会録」明治十九年、第三十六号。

(354)「観菊会録」明治十九年、第三十四号、第三十九号および「例規録」（式部職）明治十九年、第六十五号。

(355)「観菊会録」明治三十四年、第三十号。

(356)「観菊会録」明治四十四年、第三十五号。すでに明治四十年二月に内務大臣の原敬が照会したことにより拝観が許可されていたが（「例規録」〈式部職〉明治四十年、第十二号）、それにも拘わらず招待の願い出がなく（その都度招待申請が必要だった）、実施は四十四年になった。

(357)「観菊会録」明治三十二年、第四号。

(358)「観菊会録」明治三十四年、第三十号。

(359)「観菊会録」大正五年、第十一号。

(360)「例規録」（式部職）明治三十三年、第二十七号。

(361)『官報』第二四九二号、大正九年十一月二十日付。

(362)『官報』第二一八七号、大正八年十一月十八日付。

(363)各庁奏任三等以上についてはこの年の観桜会からという「噂」もあったが立ち消えとなり、観菊会からとなった（「観菊会録」明治十七年、第三十四号）。

(364)「例規録」（式部職）明治三十二年、第十八号。

(365)「観菊会録」明治二十四年、第三十五号。

(366)「例規録」（式部職）明治三十二年、第二十六号。

(367)本件を記載した文書は「観菊会録」明治十七年、第三十四号に紛れ込んでいる。

(368)「現行宮中年中行事調査部報告十六　観桜会」一四七頁。

(369)『明治東京歳時記』一九九頁。彼らの拝観の開始時期は不明だが、遅くとも明治三十三年の観菊会では実施されている（「例規録」〈式部職〉明治三十三年、第二十七号）。

(370)若月紫蘭『東京年中行事』上の巻、春陽堂、明治四十四年、二二九〜二三〇頁。

(371)「観菊会録」明治十三年、第三号。
(372)「観桜会録」明治十四年、第七号。
(373)「例規録」(侍従職)明治二十八年、第九号、「例規録」(総務課)明治二十八年、第四十五号および「例規録」(式部職)明治二十八年、第三十四号。
(374)「観桜会録」大正十四年、第二号。
(375)「例規録」(式部職)明治十三年、第七号および「例規録」(総務課)明治十三年、第四十三号。
(376)「観菊会録」大正八年、第六号。
(377)「現行宮中年中行事調査部報告十六　観桜会」九七～九八頁。
(378)「観桜会録」明治四十五年、第二十八号。
(379)「例規録」(総務課)明治十六年、第九十二号および明治二十年、第二十五号。なお天皇に対する「皇帝陛下」「天皇陛下」の使い分けについて、明治二十年に内閣記録局長・曾禰荒助から問い合わせがあり、宮内省内事課長・桜井能監が「天皇陛下」は内事に用い、「皇帝陛下」は内外に通用している旨の回答を行っている(「例規録」〈総務課〉明治二十年、第二十五号)。
(380)「例規録」(式部職)明治十六年、第十四号。
(381)「例規録」(式部職)明治十六年、第二十三号。
(382)「例規録」(総務課)明治二十年、第二十四号。
(383)『秋の日本』七九頁。
(384)「観菊会録」明治二十年、第三十四号および第十七号。
(385)後の話になるが、ある子爵と男爵一名ずつが、四大節宴会に度々無断欠席し、それに対する宮内省側の注意にも返答をしなかった。そのため、昭和七年十一月には、両名を四大節宴会だけでなく観桜会・観菊会にも招待しないことが決まった。翌年二月には、子爵の方が宮内省式部職に対し、転居届を出したはずであるのに宮内省からは何らの通知も届かないのでいかなることかという書状を送っている。これに対し式部職は、転居届云々については返答せず次の返事を送った。「貴下ハ左記宴会ニ際シ召サセラレ御召状御届致候ニモ拘ラス無届ニテ不参相成候ノミナラス御照会ニ対シ正当ナル御回答スラ無之依テ宴会御召状等ハ差上サルコトニ決定セラレ居候条御承知相成度此段及回答候也」。この厳しい返答の前に子爵某は陳謝し、それにより招待せずとの処分は取り消しとなったという事例がある(「例規録」〈式部職〉昭和七年、第十六号および八年、第二号)。
(386)「観桜会録」明治三十八年、二十六号。
(387)「例規録」(式部職)明治三十八年、第七号。ただし三大節宴会の召状では、日本人用には参内時刻が記載されているが、外国人用にはそれがない。
(388)後述する「添紙」が日本人と同じものなので、召状も日本人と同じものと推測される。
(389)「例規録」(式部職)明治四十五年/大正元年、第四号。

(390)　大正十二年観桜会からの可能性もあるが、判然としない。同年観菊会と十三年観桜会は関東大震災の影響により開催されていない。
(391)　「観菊会録」明治二十年、第三十四号。

第四章

(392)　『明治天皇紀』第二、五三一～五三二頁、明治四年八月二十五日条。
(393)　陸軍・海軍の武官の制服は現在では一般的に軍服と呼ばれるが、実際には時期により、また陸軍・海軍で呼称は違っていた。しかしこの点については本書の主眼ではないので詳述はせず、便宜上、通称である「軍服」を用いることにする。
(394)　北村恒信編『陸海軍服装総集図典―軍人・軍属制服、天皇御服の変遷―』国書刊行会、平成八年、二一九～二二〇頁。
(395)　『明治天皇紀』(第五、二〇〇頁、明治十三年十一月十八日条)では「軍装」着用となっている。
(396)　勅令第四十八号(明治十九年七月六日公布)で改正された陸軍将校服制のうち、大将の軍衣と同じものである(『官報』号外、明治十九年七月七日付)。
(397)　天皇が初めて海軍式を着用したのは明治三十八年十月二十三日に行われた観艦式で、山本権兵衛の勧めによるものだった(『陸海軍服装総集図典―軍人・軍属制服、天皇御服の変遷―』二二一頁)。明治三十九年には海軍省から不満の声が出、海軍大演習、観艦式、進水式、海軍諸学校の学生生徒の卒業式や海軍部内へ行幸の際、海軍服着用の外国皇族に対面する際、内外の海軍武官に賜謁の際に海軍式の着用を要望している(「例規録」〈総務課〉明治三十九年、第三十九号)。
(398)　波多野澄雄・黒沢文貴責任編集『侍従武官長　奈良武次日記・回顧録』第二巻、柏書房、平成十二年、一〇七頁、大正十三年十一月十七日条。
(399)　『明治天皇の御日常―臨時帝室編修局ニ於ケル談話速記―』一二八～一二九頁。
(400)　この一件が起こった年は不明だが、明治天皇は日清戦争を契機にフロックコートの着用を止めている(刑部芳則『明治国家の服制と華族』吉川弘文館、平成二十四年、一一八頁)。日清戦争以後の観菊会であれば、その意向に沿ったものだろう。
(401)　『明治天皇紀』第三、一七二頁、明治六年十二月九日条。
(402)　『秋の日本』八九頁。
(403)　「現行宮中年中行事調査部報告十六　観菊会」一七七頁。
(404)　明治三十二年の時点では、フロックコートは黒または濃紺。ズボンは黒羅紗を除き、縞柄色合いは随意。靴は黒皮、手袋は皮(白、黒は不可)という決まりだった(「例規録」〈式部職〉明治三十二年、第二十六号)。
(405)　「例規録」(式部職)明治二十年、第十五号。なおフロックコートに該当する海軍武官の制服の名称は度々変更される。

(406)「観菊会録」明治三十一年、第五号。
(407)『秋の日本』八〇頁。
(408)「観菊会録」大正十年、第十三号。
(409)「観菊会録」昭和十年、第十八号。
(410)「例規録」(式部職)昭和四年、第五号および「現行宮中年中行事調査部報告十六　観桜会」一八〇～一八一頁。
(411) 河井弥八著／高橋紘ほか編『昭和初期の天皇と宮中　侍従次長河井弥八日記』第三巻、岩波書店、平成五年、五四頁、昭和四年四月一日条、および『岡部長景日記』七八頁、昭和四年四月一日条。
(412)『岡部長景日記』七八頁、昭和四年四月一日条。
(413) 以上、国立国会図書館憲政資料室所蔵「倉富勇三郎日記」昭和四年四月十七日条。
(414)『岡部長景日記』昭和四年二月十八日・三月三十一日・四月一日条。
(415)『官報』第一〇四二号、昭和五年六月二十一日付および「例規録」(式部職)昭和五年、第十三号。
(416)『官報』第一三二七号、昭和六年六月四日付および「例規録」(式部職)昭和六年、第四号。
(417)「例規録」(式部職)昭和六年、第四号。
(418) 宮内庁『昭和天皇実録』第五、東京書籍、平成二十八年、八二八頁、昭和六年六月十三日条。
(419)「観菊会録」昭和六年、第四号。
(420) ピエール・ロティや、外交官夫人、外国人紀行作家などの手記や日記など。
(421)「観桜会録」明治十四年、第十六号。
(422) エリザ・ルーアマー・シドモア著／外崎克久訳『シドモア日本紀行　明治の人力車ツアー』講談社学術文庫一五七三、講談社、平成十四年、一五七頁。
(423) 武田佐知子『衣服で読み直す日本史　男装と王権』朝日選書六〇一、朝日新聞社、平成十年、二二四頁。
(424)「例規録」(式部職)明治十三年、第十九号および内閣官報局編『法令全書』明治十三年、内閣官報局、明治四十五年／大正元年、一五一〇頁。
(425)「例規録」(総務課)明治十七年、第二十六号および『法令全書』明治十七年、内閣官報局、明治四十五年／大正元年、一三〇七～〇九頁。
(426)「例規録」(総務課)明治十七年、第三十号および『法令全書』明治十七年、一三〇七～〇九頁。
(427)「観菊会録」明治十七年、第十八号。
(428) ただし、大正四年七月の皇室令第八号によって袿袴の種類(ランク)は礼服と通常服の二種類に改められ、同九月、宮内省令第十一号において、観桜会・観菊会での通常服着用が定まった。これにより、大正五年観桜会以降の服装規程では通常服となっている。
(429)『法令全書』明治十七年、一三〇九～一一頁。

(430)「例規録」(総務課)明治十七年、第二十六号および『法令全書』明治十七年、一三〇九頁。
(431)「例規録」(総務課)明治十七年、第三十一号。
(432)「例規録」(総務課)明治十九年、第七十一号。
(433)『法令全書』明治十七年、一三二一頁。
(434)ただし女官については徹底しておらず、明治二十年観菊会に供奉した者の中には袿袴姿もあった(「日記」〈皇后宮職〉明治二十年十一月八日条)。
(435)「例規録」(総務課)明治二十年、第六号。
(436)『シドモア日本紀行　明治の人力車ツアー』一五九頁。
(437)『シドモア日本紀行　明治の人力車ツアー』一六〇頁。
(438)『シドモア日本紀行　明治の人力車ツアー』一五九頁。
(439)佐佐木信綱『昭憲皇太后御集謹解』朝日新聞社、大正十三年、一六四頁。
(440)『昭憲皇太后御集謹解』一七五頁。
(441)坂本一登『伊藤博文と明治国家形成—「宮中」の制度と立憲制の導入—』吉川弘文館、平成三年、一八八〜一八九頁。
(442)『ドイツ貴族の明治宮廷記』一一二〜一一三頁。
(443)『ベルツの日記』上巻、三五五〜三五六頁、明治三十七年一月一日条。
(444)『ベルギー公使夫人の明治日記』二〇頁、明治二十六年十一月十一日条。
(445)アレクサンダー・F・V・ヒューブナー『オーストリア外交官の明治維新　世界周遊記〈日本篇〉』新人物往来社、昭和六十三年、一二九頁。
(446)『オーストリア外交官の明治維新　世界周遊記〈日本篇〉』一三四頁。
(447)ウィリアム・エリオット・グリフィス著／亀井俊介訳『ミカド　日本の内なる力』研究社、昭和四十七年、一四四〜一五五頁。
(448)張偉雄『文人外交官の明治日本—中国初代駐日公使団の異文化体験—』柏書房、平成十一年、三四頁。
(449)『文人外交官の明治日本—中国初代駐日公使団の異文化体験—』三八頁。
(450)エドワード・モース著／石川欣一訳『日本その日その日』一巻、東洋文庫一七一、平凡社、平成二十一年、二四三頁。
(451)『文人外交官の明治日本—中国初代駐日公使団の異文化体験—』三四〜三五頁。
(452)「観菊会録」明治十九年、第四十三号。明治二十年観菊会では少なくとも二人の女官が袿袴を着用している(「日記」〈皇后宮職〉明治二十年十一月八日条)。
(453)「観菊会録」明治三十四年、第四十一号。
(454)「観菊会録」大正五年、第二十八号。
(455)「観菊会録」明治十三年、第七号。
(456)「観菊会録」明治十三年、第四号。
(457)「観菊会録」明治二十年、第十号および第三十四号。

(458)「観菊会録」明治二十年、第八号および第三十四号。
(459)「観桜会録」明治二十二年、第六十号。
(460)「観桜会録」明治二十五年、第二十九号。
(461) 以上、「例規録」（式部職）明治四十三年、第六号。
(462)「観桜会録」明治四十四年、第三十一号。
(463)「観菊会録」明治四十四年、第三十五号。
(464)「観桜会録」大正四年、第三十三号。
(465)「観桜会録」大正十年、第二号、第十二号および「例規録」（式部職）大正十年、第七号。
(466)『東京朝日新聞』大正十年四月八日付。
(467)「観桜会録」大正十年、第三号。
(468)「観桜会録」大正十年、第十五号。
(469)「観桜会録」大正十年、第十二号。
(470)「観桜会録」大正十年、第十五号。
(471)『原敬日記』第五巻、三六七頁、大正十年四月二十日条。
(472)「観菊会録」昭和六年、第四号。
(473) 昭和六年に「思召し」によってモーニングコートが通常服となった際、昭和天皇は「併せて夫人の服装についても、理想として白襟紋付を以て大礼服に相当せしめたい」とも考えていた（『昭和天皇実録』第五、八二八頁、昭和六年六月十三日条）。また、すでに昭和四年九月には「現〔浜口〕内閣が主張する緊縮節約政策に関し、拝謁時の服装としてフロックコートを廃してモーニングコートのみとし、婦人の服装についても白襟紋付を大礼服相当とし、縫紋を通常礼服として認めれば、一般に多くの被服を調整する必要がなくなり、現在より良い結果をもたらす」などと意見を述べている（『昭和天皇実録』第五、四二四頁、昭和四年九月三十日条）。昭和天皇は服装規程による負担の軽減を望んでいたのだ。
(474) 以上「例規録」（式部職）大正十四年、第三号。
(475)『岡部長景日記』昭和五年四月二日条に関連記事あり。
(476)『官報』第一〇四二号、昭和五年六月二十一日付および「例規録」（式部職）昭和五年、第十三号。本件に関して『岡部長景日記』昭和五年四月二日条および十日条に関連記事があり、それによるとこの改正は昭和天皇の「御思召」によるものだったらしい。なお、この決定以前には「現今我国女子一般社会ノ趨勢ハ白襟紋付ヲ以テ礼服トナシ居ル実情」に鑑み、特別の指示がなく男性が通常服を着用する場合に限り、「御陪食　拝謁　賜餐　賜茶菓　観桜会及観菊会　天機奉伺　御機嫌奉伺並御礼参内ノタメノ参内　御下賜拝受　行幸啓奉送迎」にも通常服の代用として許可してはどうかと、より許容範囲の広い伺いが出ていた（「例規録」〈式部職〉昭和五年、第十二号）。観桜会・観菊会については大正十年から特例で白襟紋付の着用は許可されているので、ここでは特例ではなく正式に代用を許可することを示しているものと考えられる。
(477)「観菊会録」大正十四年、第八号。
(478)「観菊会録」明治三十一年、第四十二号および三十三年、第六号。

(479)「観菊会録」明治二十五年、第四十号および「観桜会録」大正六年、第二十五号。

(480)「観桜会録」大正十四年、第二号。

(481)「観桜会録」大正六年、第二十五号。

(482)『読売新聞』大正四年九月九日付。なお、通常服については注(428)参照。

(483)袿袴の着用について、大正四年九月の宮内省令第十一号で次の如く定まった。

第一条　礼服は別段の定あるとき、および左の場合に之を著用すべし

一　新年朝賀に参内するとき

二　新年参賀の為東宮御所に参入するとき

三　皇后陛下御誕辰に参賀するとき

四　前各号の外臨時指示したるとき

第二条　通常服は別段の定あるとき、及び左の場合に之を著用すべし

一　天機伺　御機嫌伺　御例等の為参入するとき

二　観桜会又は観菊会に参苑するとき

三　前各号の外臨時指示したるとき

第三条　皇室令其の他の命令に、大礼服又は中礼服を著用すべき場合に於て、袿袴を以て之に代ふることを得べき、定あるときは総て礼服とす

(『官報』第九四〇号、大正四年九月十八日付)

(484)「倉富勇三郎日記」昭和四年十一月十二日条。

(485)「観菊会録」明治三十二年、第三十八号。

(486)「観菊会録」大正十四年、第八号。

(487)『読売新聞』明治二十二年四月二十六日付。

(488)「観菊会録」明治三十一年、第四十二号。

(489)「観菊会録」明治三十二年、第十四号。

(490)「観菊会録」大正二年、第三十六号。

(491)「観桜会録」昭和十二年、第十九号。

(492)「観桜会録」昭和十二年、第十九号。『Japan Advertiser』は英字新聞であり、引用は宮内省内の訳文である。

(493)『ベルツの日記』上巻、三四二頁、明治三十六年十一月十三日条、『ベルギー公使夫人の明治日記』二八四頁、明治三十六年十一月十三日条、および穂積重行編『穂積歌子日記—明治一法学者の周辺 1890-1906—』みすず書房、平成元年、七九二頁、明治三十六年十一月十三日条。

(494)「観菊会録」明治四十三年、第三十五号。昭和十年観桜会でも、中華民国の民族衣装が許可された(「観桜会録」昭和十年、第十八号)。

(495)「観桜会録」昭和五年、第五号および「現行宮中年中行事調査部報告十六　観桜会」一七七頁。これより前、昭和三年の昭和天皇の大礼において、十一月十六日に大饗《だいきょう》第一日の儀が行われたが、同日、各地方でも地方饗饌の儀が行われた。

参列者の服装規程のなかで、朝鮮・台湾など固有の礼服のあるものはその服装とするとされた（『昭和天皇実録』第五、二二八〜二二九頁、昭和三年十一月十六日条）。

(496)「観桜会録」昭和五年、第十八号および第十九号。

(497)以上「例規録」（式部職）昭和五年、第十四号。

(498)「観桜会録」昭和九年、第四十五号。

(499)「観桜会録」昭和十年、第十八号。

(500)「観菊会録」明治十六年、第四号。

(501)「観菊会録」明治十七年、第九号。

(502)「観菊会録」明治三十四年、第十号。

(503)『官報』第二七八五号、大正十年十一月十二日付。

(504)『官報』大正八年十一月十八日付および「観菊会録」大正八年、第二十二号。「現行宮中年中行事調査部報告十六　観桜会」三三頁では、着袴の許可は大正九年からとなっているが、八年が正しいと思われる。

(505)「観菊会録」大正二年、第三十六号。

第五章

(506)『ミカドの外交儀礼』一四〇頁。

(507)『明治天皇紀』第二、五二八頁、八月十八日条。

(508)『ミカドの外交儀礼』一一〇頁。

(509)『明治天皇紀』第二、六〇四〜六〇五頁、明治四年十二月四日条。

(510)『明治天皇紀』第二、六〇七頁、明治四年十二月十七日条。

(511)「観菊会録」明治十三年、第四号。

(512)「観菊会録」明治十三年、第二十二号。

(513)『秋の日本』九四頁。

(514)『ベルギー公使夫人の明治日記』一九頁、明治二十六年十一月十日条。

(515)『婦女新聞』第三百四十四号、明治三十九年十二月十日付。

(516)「観菊会録」明治十四年、第三号、十五年、第二号、十六年、第三号。

(517)「観菊会録」明治十四年、第四号。

(518)「観菊会録」明治十四年、第三号。

(519)「観菊会録」大正五年、第二号。

(520)「観桜会録」明治十四年、第一号。

(521)「観桜会録」明治十五年、第二号。

(522)「観桜会録」明治十六年、第三号。

(523)「観桜会録」明治十八年、第一号。

(524)「観桜会録」明治十九年、第二号。

(525)『読売新聞』大正十年四月二十日付。

(526)「観桜会録」大正十一年、第三号、第十三号、第十四号、第十六号。

(527)「観菊会録」大正十四年、第八号。

(528)「観菊会録」昭和四年、第十二号。

(529)「観桜会録」昭和五年、第十四号。

(530)「観桜会録」昭和五年、第十号。すでに昭和三年二月にはインペリアルテントと呼ばれている（宮内庁宮内公文書館所蔵「観菊会ニ関スル件」）。
(531)(532)「観桜会録」昭和五年、第十三号。
(533)「観菊会録」昭和五年、第十二号および第十五号。
(534)「観菊会録」昭和五年、第十五号。
(535)「観菊会録」昭和五年、第十二号。
(536)『東京朝日新聞』昭和八年十月三日付。
(537)「観菊会録」昭和十年、第十八号。
(538)「観桜会録」昭和十一年、第四号。
(539)「観桜会録」昭和六年、第九号。
(540)宮内庁宮内公文書館所蔵「内匠寮雑　七　観菊会、観桜会、花陰亭家具類（写真帳）／大正・昭和」。
(541)宮内庁宮内公文書館所蔵「内匠寮雑　八　花陰亭家具類、旧高松宮邸工事中、旧庁舎、現庁舎基礎工事、宮家喪儀（写真帳）／大正・昭和」には、昭和五・七年観菊会と八年観桜会と目される写真が集録されている。「目録名称」に「観菊会」「観桜会」とは記載されていないが、写真に付せられた日付から間違いないと思われる。
(542)「観菊会録」明治十三年、第四号。
(543)「侍従日録」明治十三年十一月十八日条。この後、明治二十年観桜会までは侍従試補、同年観菊会からは大膳職職員が給仕していたようだ。
(544)『ドイツ貴族の明治宮廷記』一四三～一四四頁。
(545)「観桜会録」昭和四年、第九号。
(546)「観菊会録」明治十五年、第二号。
(547)アーネスト・サトウ著／長岡祥三訳『アーネスト・サトウ公使日記コンパクト版Ⅰ』新人物往来社、平成二十年、七一頁、明治二十八年十一月十八日条。
(548)『秋の日本』九五～九六頁。
(549)『秋の日本』九六頁。
(550)「典式録」（皇后宮職）明治二十六年、第十五号。
(551)「典式録」（皇后宮職）明治二十九年、第十四号。水害地方とは、この年十月に西日本を襲った台風による被害を指すと思われる。
(552)『ベルギー公使夫人の明治日記』一三二頁、明治二十九年十一月十一日条。
(553)『ベルギー公使夫人の明治日記』三四六頁、明治三十七年十一月十一日条。
(554)なお、ダヌタン夫人の夫で駐日ベルギー公使を一七年間勤めたアルベアール・ダヌタンは、明治四十三年に日本で客死する。夫人はその後イギリスに戻り、ロンドン日本協会の会員となった。大正三年に第一次世界大戦が勃発しドイツ軍のベルギー侵攻により多数の難民が発生すると、ベルギー難民救済のための義捐金募集活動に乗り出し、四年に来日して講演等で義捐金を得ている（『ベルギー公使夫人の明治日記』

四〇五〜四〇八頁)。その来日時かさらにその後の再訪になるのかは不明だが、大正五年の観桜会には当時のベルギー公使からの招請があり、ダヌタン夫人は「特別」を以て招待されている(「観桜会録」大正五年、第二十号)。

(555)「典式録」(皇后宮職)には、皇后が観桜会・観菊会やその他の賜謁の機会に発する御言葉が入念に準備されていることが多数記録されている。

(556) 内閣総理大臣と外交団長による奉答は、明治三十三年新年宴会で行われたのが「儀式録」(明治三十三年、第一号)により明らかだが、それ以前についても行われていた可能性はあるものの、不明である(宮内庁宮内公文書館所蔵「現行宮中年中行事調査部報告五　新年宴会」四二〜四三頁)。また三十三年以降についても史料上、奉答の有無が判然としないことが多い。しかし三十三年の場合を見ると、「儀式録」の次第書には奉答に関する記載はなく、「記事」の中に行われたことが記されている。「観桜会録」「観菊会録」と同様、次第書に記載はなくとも実際には行われていたというパターンと同様である。それに鑑みると、やはり勅語に対する奉答も三十三年以前から行われ、それ以降も継続的に行われていたと考えられるだろう。

(557)「観菊会録」明治二十三年、第四十四号。

(558)「観菊会録」明治四十年、第五十一号。

(559)「観菊会録」大正八年、第二号。

(560)『読売新聞』大正十年四月二十二日付。

(561)「観桜会録」大正十年、第十二号。

(562)『読売新聞』大正十年四月二十二日付。

(563)(564)『読売新聞』大正十年四月二十四日付。

(565)『読売新聞』大正十年四月二十三日付。

(566)『読売新聞』大正十一年三月十六日付。

(567)『牧野伸顕日記』大正十三年十一月二十日条。

(568) 宮内庁宮内公文書館所蔵「観菊会に関する会議資料」(昭和三年作成)。

(569)「観櫻観菊会ニ関スル件」。

(570)「観桜会録」昭和四年、第九号。

(571)「観櫻観菊会ニ関スル件」。

(572) 宮内庁宮内公文書館所蔵「例規録」(大膳寮)明治二十六年、第三十九号、明治三十八年、第十一号、明治四十年、第十四号および正岡子規「仰臥漫録」(『明治文学全集　五十三　正岡子規集』筑摩書房、昭和五十年、三四二頁)。

(573)『秋の日本』八九頁。

(574) 当時は「欧州楽」と言った。

(575)『皇室 our imperial family』編集部編『宮内庁楽部　雅楽の正統』扶桑社、平成二十年、二一頁。

(576)『ミカドの外交儀礼』四七頁。

(577)『ミカドの外交儀礼』一一九〜一二一頁。

(578)『ミカドの外交儀礼』一二一頁。

(579) 『ミカドの外交儀礼』一四〇頁。

(580) 『ニューヨーク・タイムズ』一八六九年四月二十五日付（国際ニュース事典出版委員会・毎日コミュニケーションズ編『国際ニュース事典　外国新聞に見る日本①一八五二―一八七三』毎日コミュニケーションズ、平成元年、四八一頁所収）。

(581) ヒュー・コータッツィ著／中須賀哲朗訳『維新の港の英人たち』中央公論社、昭和六十三年、二〇六頁。

(582) 塚原康子『十九世紀の日本における西洋音楽の受容』多賀出版、平成五年、一二二～一二三頁。

(583) 「例規録」（総務課）明治十一年、第三十二号。

(584) 「例規録」（式部職）昭和九年、第四号。

(585) 『The Illustrated London News』一八六八年七月四日付。

(586) 本来は同年観桜会からだったが、「小太鼓打」が病気のために取り止めとなった（「観桜会録」明治十六年、第三号および第九号）。

(587) 「観菊会録」明治十九年、第十二号。

(588) 「観菊会録」明治十三年、第六号。引用元では海軍の曲目リストに番号は付されていないが、陸軍に合わせて便宜上付してある。

(589) 宮内庁宮内公文書館所蔵「雅楽録」。

(590) 宮内庁宮内公文書館所蔵「奏楽録」。

(591) 「観菊会録」昭和五年、第九号。

(592) 『秋の日本』八八頁。

(593) 『日本その日その日』二巻、東洋文庫一七二、平凡社、平成二十年、一五～一六頁。

(594) 『日本その日その日』三巻、東洋文庫一七九、平凡社、平成二十年、一五六～一五七頁。

(595) 「観桜会録」大正十四年、第四号。

第六章

(596) 『ベルギー公使夫人の明治日記』一八～一九頁、明治二十六年十一月十日条。

(597) 『ベルギー公使夫人の明治日記』二八四頁、明治三十七年十一月十三日条。

(598) メアリー・フレイザー著／ヒュー・コータッツイ編／横山俊夫訳『英国公使夫人の見た明治日本』淡交社、昭和六十三年、一一六頁。

(599) 『英国公使夫人の見た明治日本』二一九頁。

(600) 『英国公使夫人の見た明治日本』二二六～二二八頁。

(601) 『英国公使夫人の見た明治日本』二六五～二六七頁。

(602) 『ドイツ貴族の明治宮廷記』一二三～一二四頁。

(603) 以上『ベルツの日記』上巻、三四二頁、明治三十六年十一月一三日条。

(604) エルヴィン・ベルツ著／若林操子監修／池上弘子訳『ベルツ日本再訪―草津・ビューティヒハイム遺稿／日記篇―』東

海大学出版会、平成十二年、二〇五頁、明治四十一年四月二十七日条。

(605)『ベルツ日本再訪—草津・ビーティヒハイム遺稿／日記篇—』二〇四頁、明治四十一年四月二十三日条。

(606)ルードヴィッヒ・リース著／原潔・永岡敦訳『ドイツ歴史学者の天皇国家観』新人物往来社、昭和六十三年、一七五頁。

(607)『秋の日本』八二頁。

(608)『秋の日本』八六頁。

(609)『秋の日本』八八頁。

(610)『秋の日本』八九頁。

(611)『秋の日本』九七頁。

(612)『秋の日本』八九頁。

(613)『秋の日本』八四〜八五頁。

(614)『秋の日本』八五〜八六頁。

(615)『秋の日本』九二頁。

(616)『秋の日本』九〇頁。

(617)『秋の日本』九八〜九九頁。

(618)『秋の日本』九五頁。

(619)落合孝幸「Pierre Loti（ピエール・ロティ）と日本」。

(620)『シドモア日本紀行』一五五〜一五八頁。

(621)「観菊会録」明治二十年、第三十四号。

(622)『ドイツ貴族の明治宮廷記』一二三頁。

(623)『ドイツ貴族の明治宮廷記』一四三頁。

(624)『ドイツ貴族の明治宮廷記』一二四頁。

(625)以上『東京朝日新聞』大正十一年十一月二十二日付。

(626)「観菊会録」明治十八年、第二十七号。

(627)(628)『東京朝日新聞』大正二年十一月五日付。

(629)「観菊会録」大正十三年、第十六号。

(630)『読売新聞』大正二年九月二十九日付。

(631)農商務省『巴里万国大博覧会報告　園芸部報告』農商務省、明治三十五年、八〜一二頁。

(632)『読売新聞』明治三十四年四月二十日付。

(633)『東京朝日新聞』大正九年四月十九日付。

(634)宮内庁宮内公文書館所蔵「嵯峨実愛日記」明治十三年十一月十八日条。

(635)「嵯峨実愛日記」明治十四年四月二十六日条。

(636)宮内庁宮内公文書館所蔵「三峰日記（吉井友実日記）四」明治十三年十一月十八日条。

(637)『穂積歌子日記』一九二頁、明治二十四年十一月六日条。

(638)『穂積歌子日記』一九三頁、明治二十四年十一月十日条。

(639)『穂積歌子日記』二三五頁、明治二十五年四月二十三日条。

(640)『穂積歌子日記』二七三〜二七四頁、明治二十五年十一月十日条。

(641)『穂積歌子日記』三四二頁、明治二十九年四月二十三日条。

(642)『穂積歌子日記』三九六頁、明治二十九年十一月十一日条。

(643)『穂積歌子日記』五八〇頁、明治三十三年十一月十二日条。

(644)『穂積歌子日記』五七四頁、明治三十三年十月十六日条。
(645)『穂積歌子日記』五八〇頁、明治三十三年十一月十日条。
(646)『穂積歌子日記』六〇七～六〇八頁、明治三十四年四月十五日条。
(647)『穂積歌子日記』六〇八頁、明治三十四年四月十九日条。
(648)『穂積歌子日記』六〇八頁、明治三十四年四月十七日条。
(649)『穂積歌子日記』六〇八頁、明治三十四年四月十九日条。
(650)『穂積歌子日記』六七二頁、明治三十五年三月二十日条。
(651)『穂積歌子日記』六七二頁、明治三十五年三月二十八日条。
(652)『穂積歌子日記』六七六頁、明治三十五年四月十五日条。
(653)『穂積歌子日記』六七六頁、明治三十五年四月十六日条。
(654)『穂積歌子日記』六七六頁、明治三十五年四月十七日条。
(655)『穂積歌子日記』七一七頁、明治三十五年十一月十二日条。
(656)『穂積歌子日記』七五六～七五七頁、明治三十六年四月十六日条。
(657)『穂積歌子日記』七九一頁、明治三十六年十一月八日条。
(658)『穂積歌子日記』七九一～七九二頁、明治三十六年十一月十三日条。
(659)『穂積歌子日記』八八〇頁、明治三十八年四月十二日条。
(660)『穂積歌子日記』八八三頁、明治三十八年四月二十九日条。
(661)『穂積歌子日記』八八二頁、明治三十八年四月二十四日条。
(662)『穂積歌子日記』九二〇頁、明治三十八年十一月十七日条。
(663)蘆谷重常『伝記叢書一六八　穂積歌子』大空社、平成七年、一六九頁。
(664)『穂積歌子日記』九二二頁、明治三十八年十一月十七日条。
(665)『原敬日記』六巻、一七一頁。
(666)『原敬日記』一巻、一八五頁、明治二十四年十一月十日条。
(667)「倉富勇三郎日記」大正十年四月二十日条。
(668)池井優・波多野勝・黒沢文貴編『浜口雄幸日記・随感録』みすず書房、平成三年、二五四頁、昭和四年十一月十二日条。
(669)浜口雄幸著／浜口富士子編『浜口雄幸遺稿　随感録』三省堂、昭和六年。
(670)『日本その日その日』第三巻、一五五～一五六頁。
(671)『日本その日その日』第三巻、一五五頁。
(672)大町桂月『桂月全集』第一巻、桂月全集刊行会、大正十五年、七～一一頁。
(673)『明治天皇紀』第五、五七六頁、明治十四年十一月十六日条。
(674)『明治天皇の御日常―臨時帝室編修局ニ於ケル談話速記―』一二八～一二九頁。
(675)以上『明治天皇の御日常―臨時帝室編修局ニ於ケル談話速記―』一三一～一三二頁。
(676)「観菊会録」明治四十二年、第三十九号。
(677)以上、明治神宮編『新輯　明治天皇御集』上・下巻、昭和三十九年（前半の三首は上巻、後半の五首は下巻に掲載）。
(678)『昭和天皇実録』第五、四六七～四六八頁、昭和四年十一月十二日条。
(679)「観桜会録」昭和四年、第九号および『昭和初期の天皇と宮中　侍従次長河井弥八日記』第三巻、六四頁、昭和四年四月十八日条。

第七章

(680)『読売新聞』大正十年四月二十三日付。
(681)『読売新聞』大正十一年四月十七日付。
(682)「観桜会録」大正十一年、第十一号。
(683)「観菊会録」昭和四年、第十四号。
(684)「観菊会録」昭和十年、第十八号。昭和十二年観桜会後には、入苑証の裏に写真機携帯を不許可とする旨を和文英文で記載すべきとの意見が出ている（「観桜会録」昭和十二年、第二十五号）。
(685)「観菊会録」昭和四年、第十四号。
(686)『読売新聞』および『東京朝日新聞』大正十三年十一月二十一日付。
(687)『東京朝日新聞』大正十三年十一月二十一日付。
(688)『東京日日新聞』大正九年一月三十一日付。
(689)『東京日日新聞』大正九年二月二日付。
(690)『東京日日新聞』大正九年二月四日付。
(691)『東京朝日新聞』大正十一年二月十九日付。
(692)『官報』号外、大正十一年二月十七日付。



(693)『報知新聞』大正十一年二月十七日付。
(694)『官報』号外、大正十一年三月八日付。
(695)『東京朝日新聞』大正十一年二月十九日付。
(696)(697)『官報』号外、大正十一年三月八日付。
(698)『東京朝日新聞』大正十一年二月十九日付。
(699)「観菊会録」明治三十二年、第三十八号。取り扱いの慣例として、入苑証を提出しない公使には強いて提出を求めなかった。そのため翌三十三年観桜会からは公使分についてもあらかじめ記名されたものが送付されることになった（「観桜会録」明治三十三年、第二十九号）。なお、明治四十四年（観桜・観菊いずれであるかは不明）には「某」大使館員が召状の名義を改ざんして流用している（『東京朝日新聞』明治四十五年四月十九日付）。
(700)「観菊会録」明治四十年、第三十四号。
(701)「観菊会録」明治二十四年、第三十五号。
(702)平出鏗二郎『東京風俗志』下の巻、原書房、昭和四十三年、一一〇～一一一頁（覆刻原本、明治三十四年刊）。
(703)『原敬日記』等参照。
(704)『明治文学全集　九二　明治人物論集』所収、鳥谷部春汀篇「明治人物月旦（抄）」筑摩書房、昭和四十五年、二四頁。
(705)『アーネスト・サトウ公使日記コンパクト版I』一九六頁、明治二十九年十一月十七日条。
(706)以上、フェノロサ夫人著／村形明子編訳「フェノロサ夫人

の東京日記」(『望星』四三巻四号、東海大学出版会、平成二十四年、八六〜八八頁)。

(707) George Trumbull Ladd, *Rare Days in Japan*, New York, Dodd, Mead and Company, 1910, p. 146. ラッドは日本の心理学の発展に貢献した人物。

(708)『読売新聞』明治四十二年十一月二十二日付。

(709)『読売新聞』昭和二十八年七月十六日付。

(710)『読売新聞』昭和三十九年十二月二十九日付。

おわりに

(711)「現行宮中年中行事調査部報告十六　観桜会」。

(712)「長崎省吾第一回談話速記」。

(713)「観櫻観菊会ニ関スル件」。

(714)「観菊会録」昭和十二年、第三号。

(715)「観菊会録」昭和十二年、第四号。

(716)「観菊会録」昭和十四年、第一号。

(717)「観桜会録」昭和十五年、第一号。

# あとがき

著者が戦前の皇室の園遊会について研究を開始したのは、はじめに述べた通り平成十二年のことで、『日本歴史』六三〇号（日本歴史学会編集、吉川弘文館発行）の「小特集年中行事の世界」に「観菊会小史」を掲載させていただいたことに始まる。顧みれば、観桜会・観菊会という、いわば一つで二つの行事の一方のみを扱ったことは不十分なことであったが、条約改正交渉の側面工作という性質と、それが次第に栄誉の配分・均霑へと変化する過程に力点を置いたこと、また小特集という紙幅の関係で、先に開催された観菊会のみ論ずるにとどまった。

しかし執筆からしばらく経ち、観桜会を含めてこの園遊会の全貌を明らかにする必要があると強く思うようになった。同様の理由から開催されたいわゆる鹿鳴館外交が大きく歴史に刻まれているのに比し、観桜会・観菊会はほとんど語られることなく、ほぼ歴史の中に埋没している不均衡を解消すべきであると考えたからである。

著者はそれ以降、宮内庁書陵部所蔵の「観桜会録」の筆写作業を開始した。また、かつて利用した「観菊会録」も再度筆写し直した。当時は宮内公文書館が発足する前で、史料の利用に際しては手書きで必要事項を写し取る作業をしなければならなかったのだが、これが難作業であった。「観桜会録」「観菊会録」は簿冊数が多く、また重要な情報ばかりが綴じられているため、筆写に長時間を要したのだ。しかしそれでも必要と思う箇所を写し終え、相前後して機会をいただいた『ビジュアル・ワイド　明治時代館』（宮地正人他監修、小学館、平成十七年）の観桜会・観菊会の項目を執筆することができた。

この後、宮内公文書館が設置されるとともに史料のカメラ撮影が可能となり、かつて筆写しきれなかった多くの情報を手元に残すことが可能となった。また他の史料の閲覧も格段に行いやすくなったため、「観桜会録」「観菊会録」を補う多くの情報を得ることができた。特に「例規録」「儀式録」「典式録」「侍従日録」や内匠寮の写真帳は情報の宝庫であった。これらとの出会いによって、本書の執筆が本格的に始まったのである。

本書では、拝謁の形式、服装規程、食事、奏楽、天皇の感慨、各種寸話・余聞など、「観菊会小史」や『ビジュアル・ワイド　明治時代館』の項目執筆で割愛した多くのテーマを取り上げることができた。これに続いて、今後は戦後の皇室の園遊会についても取り組んでいきたい。観桜会・観菊会は、なぜ、どのように「復活」したのか、招待範囲やプログラムにどのような連続性・不連続性があるのか、興味が尽きないところである。また、観桜会・観菊会は宴という色彩が濃かったが、これに関連し、三（四）大節宴会や天皇主催のその他の招宴についても、深く考察を進めてみたい。これら宴会の全容を明らかにするとともに、観桜会・観菊会との一層の比較検討を試みるのも次の目標の一つである。

さて、本書の執筆内容のなかには、例えば拝謁時の談話や握手の有無など細かな点を含み、やや複雑煩瑣なところもあるが、それは観桜会・観菊会のプログラムや繰り広げられる光景を忠実に再現することを心がけたからである。歴史に埋没する行事に光を当てるからにはその正確な復元の作業が必要であると判断したためであるが、同時に明治から昭和戦前期にかけての対外関係、およびそれに伴う皇室の社交活動を巡る様々な試行錯誤の様を描くことが目的でもあった。本書の表題が「観桜会・観菊会全史」と題しているのはそのためである。

果たして、著者のこうした試みが完全に達せられたのかと言えば、決してそのようなことはない。本書では観桜会・観菊会録をできるだけ子細に述べたが、それでも割愛した微細部分があるのは事実であり、また、膨大な史・資料があるなかで、それらを忠実に利用し論を組み立てたつもりであるが、導いた考察が十分なものであったかについて、さしたる自信はない。本書をお読みくださった方々のご判断を仰ぐ次第である。

最後に、これまでお世話になった諸氏に御礼を申し述べさせていただきたい。

そもそも、『日本歴史』の企画「小特集年中行事の世界」と小学館の『ビジュアル・ワイド　明治時代館』刊行に際し、著者を執筆者として紹介してくださったのは聖心女子大学文学部の恩師である佐々木隆教授である。著者は学部二年次に日本史研究の世界に入り、その年には、佐々木先生をはじめ四名の先生方に、一次史料を読む楽しさを教えていただいた。三、四年次には、佐々木先生のゼミに在籍し、『伊藤博文関係文書』『真崎甚三郎日記』を利用した実証史学の研究方法をご教授いただいた。また、卒業論文執筆時には、国立国会図書館憲政資料室所蔵の「倉富勇三郎日記」をご紹介くださり、倉富の独特な崩し字の解読にご助言を賜っただけでなく、実物の史料（「倉富勇三郎日記」は、当時は実物で閲覧するのが通常だった）を手に取ることによって、その当時の人々の活動を目の前で見ているような高揚感を味わう醍醐味を教えていただいた（著者が現在まで細々ではあるが研究を続けているのは、この面白さが忘れられないからである）。また、先生は、研究の着眼点に始まり、明治から昭和にかけての政治・社会・文化など、これまでに蓄積された多くの知識を惜しみなく与えてくださった。

そして、先生のご尽力がなければ本書出版の実現はなく、さらに著者が本書に限らずこれまで研究を続けてこられたのは、ひとえに先生の忍耐強いご指導とご鞭撻があったからであり、ここに心からの感謝を申し上げる次第である。

聖心女子大学歴史社会学科／史学科の先生方にも御礼申し上げたい。著者は学部卒業後、史学研究室に副手として勤務し、その後大学院に進学した。院修了後も、研究室を利用させていただき、時には様々な質問をさせていただいて、何かとご教示を賜った。平成十七年からは非常勤講師として授業を持たせていただき、ここに感謝申し上げる次第である。

特に、聖心女子大学名誉教授の高牧實先生には、度々著者の研究活動を後押ししていただいた。永年の学恩に謹んで御礼申し上げたい。

宮内庁書陵部の編修調査官である梶田明宏氏には、観桜会・観菊会に関し様々なご教示を賜った。また、「観桜会録」「観菊会録」をはじめとする多くの貴重な史料をご紹介いただいた。研究の大本となるこれらの史料に巡り会えたことにより本書の執筆は可能となったのであり、氏には幾重にも感謝申し上げたい。

また、それら史料の閲覧にあたっては、宮内庁書陵部の旧公文書係、現在の宮内公文書館の皆様に大変お世話になった。ここに厚く御礼申し上げる次第である。

そして、出版の機会を与えていただいた吉川弘文館と、担当してくださった編集部の斎藤信子氏と冨岡明子氏および大熊啓太氏にも謹んで御礼申し上げたい。特にお三方には、格別のお世話をいただいた。ここに改めて御礼申し上げる次第である。

さらに、私事で恐縮であるが、長年私を見守り支えてくれた父母、家族にも併せて感謝の念を示したいと思う。

川上寿代

平成二十八年師走

## 関連年表

| 西暦 | 和暦 | 観桜会 | 観菊会 | 事項 |
| --- | --- | --- | --- | --- |
| 一八七七 | 明治一〇 | | 一一月一二日大臣、参議以下勅任官の夫妻に吹上御苑および青山御所御苑の菊花拝観を許可<br>一一月一五日有位華族夫妻に拝観を許可 | |
| 一八七八 | 明治一一 | | 一一月一八日赤坂仮皇居御苑において、皇族は家族同伴で、大臣、参議以下在京文武勅任官、麝香間祗候は妻帯で菊花拝観を許可<br>一一月二三日有位華族に家族同伴で拝観を許可 | |
| 一八七九 | 明治一二 | | 一一月九日近衛士官、近衛局奏任官に赤坂仮皇居御苑の菊花拝観を許可<br>一一月一一日皇族、勅任官、海軍諸艦長、宮内省奏任官に拝観を許可<br>一一月一二日有位華族に拝観を許可（海陸武官を除いては家族の同伴が許可される）<br>一一月一七日各国公使（妻子とも）および各国公使館書記官などに拝観を許可<br>一一月二〇日従二位毛利元徳と従三 | 九月一〇日井上馨、参議兼外務卿に就任 |

| | | | | |
|---|---|---|---|---|
| | | | 位尚泰に家族同伴で拝観を許可 | |
| 一八八〇 | 明治一三 | | 一一月一八日観菊会開始（於赤坂仮皇居御苑） | |
| 一八八一 | 明治一四 | 四月二六日観桜会開始（於吹上御苑） | | |
| 一八八二 | 明治一五 | | 朝鮮国の閔泳翊と金玉均を「東京在留紳士」として招待後日拝観開始 | |
| 一八八三 | 明治一六 | 会場を浜離宮御苑に変更 | | 鹿鳴館竣工 |
| 一八八四 | 明治一七 | 日本人の娘の招待中止<br>白襟紋付の着用不可 | | |
| 一八八五 | 明治一八 | | ピエール・ロティ招待される | |
| 一八八七 | 明治二〇 | | 奏任官夫人に限り白襟紋付着用が認められる（二五年観桜会〈カ〉から再び不可） | 四月オットマン・フォン・モール、宮内省雇となる<br>七月井上馨、条約改正打ち切り |
| 一八八八 | 明治二一 | 日本人の娘の招待再開 | | ロティ、フランス誌『REVUE DES DEUX MONDES』に「L'Imperatrice Printemp」発表 |
| 一八九〇 | 明治二三 | | | 一一月第一回帝国議会開院 |
| 一八九一 | 明治二四 | | 「貴客」定義設定 | |
| | | | 日清戦争のため開催中止 | 七月日英通商航海条約調印（領 |

| | | | | |
|---|---|---|---|---|
| 一八九四 | 明治二七 | | | 事裁判権撤廃）<br>七月日清戦争開始<br>一一月鹿鳴館払い下げになる |
| 一八九六 | 明治二九 | | 下田歌子初めて招待される | |
| 一八九七 | 明治三〇 | | | ブリンクリー『Japan』出版 |
| 一八九九 | 明治三二 | ロビンソン横浜商法会議所長招待 | 伯子男爵者、園遊会当日の招待となる | 七月日英通商航海条約実施 |
| 一九〇〇 | 明治三三 | | 貴衆両院議長招待開始 | |
| 一九〇四 | 明治三七 | 貴衆両院副議長・日本銀行総裁招待開始<br>「時局ニ貢献」する実業家を招待（雨天により中止） | 戦死・戦病死した将校、文武高等官の未亡人を後日拝観に招待（三九年まで）<br>実業家を後日拝観に招待 | 二月日露戦争開始 |
| 一九〇五 | 明治三八 | 日露戦争の戦地より帰京中の奏任官五等以上の将校全員招待<br>実業家の招待恒常化 | | |
| 一九一〇 | 明治四三 | | | 八月韓国併合 |
| 一九一一 | 明治四四 | | | 二月日米通商航海条約調印（関税自主権完全回復） |
| 一九一二 | 明治四五／大正元 | | | 七月明治天皇崩御。大正天皇即位 |
| 一九一三 | 大正二 | | 天皇皇后、会場へ同乗で向かう | |
| 一九一四 | 大正三 | 貴衆両院議員招待開始（実施は四年 | | 四月昭憲皇太后崩御 |

| | | | | |
|---|---|---|---|---|
| | | 観桜会から） | | 七月第一次世界大戦開始 |
| 一九一五 | 大正四 | | | 一一月即位礼 |
| 一九一七 | 大正六 | 会場を新宿御苑へ変更 | ハーデー（ペリー艦隊来航時の元水兵〈カ〉）を招待 | 二月宮内省・外務省間で外国人招待客増加について協議（九・一二・一五年にも協議） |
| 一九一八 | 大正七 | 第一次世界大戦により開催中止 | 第一次世界大戦により開催中止 | |
| 一九一九 | 大正八 | 後日拝観開催 | | |
| 一九二一 | 大正一〇 | 女性招待客に白襟紋付の着用を許可 | 民間功労者の夫人招待開始 | 一一月皇太子、摂政就任 |
| 一九二二 | 大正一一 | イギリス皇太子参苑 | アルベルト・アインシュタイン夫妻を招待 | |
| 一九二三 | 大正一二 | | 関東大震災により開催中止 | 九月関東大震災 |
| 一九二四 | 大正一三 | 関東大震災により開催中止 | | |
| 一九二六 | 大正一五／昭和元 | 後日拝観本格化 | ベルモント・ティファニー（ペリー提督義理の孫）を招待 | 一二月大正天皇崩御。昭和天皇即位 |
| 一九二八 | 昭和三 | | | 一一月即位礼 |
| 一九二九 | 昭和四 | モーニング・コート着用を許可 | 会場を新宿御苑へ変更<br>ウィルソン元アメリカ大統領未亡人を招待 | 七月浜口内閣発足 |
| 一九三〇 | 昭和五 | 招待客数の削減開始<br>外交団以外の娘の招待を中止 | | |
| 一九三一 | 昭和六 | | | 九月満洲事変 |

| | | | | |
|---|---|---|---|---|
| 一九三二 | 昭和七 | 駐日満洲国代表鮑観澄ならびに館員を招待 | | 三月満洲国樹立 |
| 一九三六 | 昭和一一 | 二・二六事件により開催中止 | 最後の観菊会 | 二月二・二六事件 |
| 一九三七 | 昭和一二 | 最後の観桜会<br>ヘレン・ケラー、ガーランド夫妻（アメリカの国際オリンピック委員）を招待 | 日華事変開始により開催中止 | 七月日華事変 |

著者略歴

一九六八年　神奈川県生まれ
二〇〇三年　聖心女子大学大学院文学研究科修士課程修了
現在　聖心女子大学非常勤講師

〔主要論文〕
「観菊会小史」（『日本歴史』六三〇、二〇〇〇年）
「徳大寺実則と政治的意思伝達」（『メディア史研究』一七、二〇〇四年）
「観菊会と観桜会」（宮地正人他監修『ビジュアル・ワイド　明治時代館』小学館、二〇〇五年）

事典　観桜会・観菊会全史
戦前の〈園遊会〉

二〇一七年（平成二十九）二月一日　第一刷発行

著　者　川《かわ》上《かみ》寿《ひさ》代《よ》

発行者　吉川道郎

発行所　株式会社　吉川弘文館
郵便番号一一三―〇〇三三
東京都文京区本郷七丁目二番八号
電話〇三―三八一三―九一五一〈代〉
振替口座〇〇一〇〇―五―二四四番
http://www.yoshikawa-k.co.jp/

印刷＝株式会社　精興社
製本＝誠製本株式会社
装幀＝黒瀬章夫


ISBN978-4-642-03865-2

# 索　　引

○固有名・固有名詞が明確に表れていない場合でも，文意が明らかに特定の個人・事項を指す場合は採録した.
○一般名詞としての「天皇」「皇后」は，特に必要のない限り採録していない.
○注の史料名の人名は採録していない.

## Ⅰ 事　　項

### あ　行



### か　行

## さ　行

## た 行

## な　行

## は　行



## ま　行



## や　行



## ら　行

# Ⅱ 人　　名

## あ　行

## か　行



## さ　行



## た　行

## な　行



## は　行



## ま　行

## や　行



## ら　行



## わ　行

# 図版一覧

図1　ヴィクトリア女王のガーデンパーティー　『The Illustrated London News』1870年7月2日付……13
図2　赤坂仮皇居／離宮略図……34
図3　吹上御苑略図……35
図4　浜離宮略図……36
図5　賜謁所の招待客と握手をする貞明皇后　『The Illustrated London News』1922年5月27日付……37
図6　外国大使と握手をする昭和天皇　「内匠寮雑　五　振天府，旧病院工事，観桜会（写真帳）／大正・昭和」　宮内庁宮内公文書館所蔵……37
図7　『The Graphic』1905年1月14日付……60
図8　『The Graphic』1887年8月20日付……62
図9　ハーデーとアメリカ大使　『読売新聞』大正6年11月21日付……87
図10　帝国ホテルを出るアインシュタイン夫妻　『写真通信』大正12年1月号　大正通信社……87
図11　御苑を進む貞明皇后，摂政とイギリス皇太子　大阪毎日新聞社編『答礼使御来朝記念写真帖』中巻　大正11年　国立国会図書館所蔵……89
図12　明治13年観菊会召状　「観菊会録」明治13年，第1号　宮内庁宮内公文書館所蔵…106
図13　明治14年観桜会召状　「観桜会録」明治14年，第1号　宮内庁宮内公文書館所蔵…106
図14　明治14年観菊会召状　「観菊会録」明治14年，第3号　宮内庁宮内公文書館所蔵…106
図15　明治15年観桜会召状　「観桜会録」明治15年，第3号　宮内庁宮内公文書館所蔵…106
図16　明治15年観菊会召状　「観菊会録」明治15年，第2号　宮内庁宮内公文書館所蔵…107
図17　明治16年観桜会召状（日本人用雛形）「観桜会録」明治16年，第1号　宮内庁宮内公文書館所蔵……109
図18　明治16年観菊会召状（外国人用）「観菊会録」明治16年，第3号　宮内庁宮内公文書館所蔵……109
図19　明治16年観菊会召状（日本人用）「観菊会録」明治16年，第3号　宮内庁宮内公文書館所蔵……109
図20　明治17年観桜会召状（日本人用）「観桜会録」明治17年，第1号　宮内庁宮内公文書館所蔵……110
図21　明治17年観菊会召状（外国人用）「観菊会録」明治17年，第18号　宮内庁宮内公文書館所蔵……110
図22　明治18年観菊会召状（外国人用）「観菊会録」明治18年，第1号　宮内庁宮内公文書館所蔵……111
図23　明治20年観菊会召状（外国人用）「観菊会録」明治20年，第17号　宮内庁宮内公文書館所蔵……113
図24　明治20年観菊会召状（日本人・雇外国人用）「観菊会録」明治20年，第17号　宮内庁宮内公文書館所蔵……113
図25　明治45年観桜会召状（日本人用）「観桜会録」明治45年，第28号　宮内庁宮内公文

書館所蔵……115
図26　大正6年観桜会召状（日本人用）「観桜会録」大正6年，第5号　宮内庁宮内公文書館所蔵……115
図27　大正13年観菊会召状（外国人用）「観菊会録」大正13年，第16号　宮内庁宮内公文書館所蔵……115
図28　明治14年観菊会陪観者心得書　「観菊会録」明治14年，第3号　宮内庁宮内公文書館所蔵……117
図29　大正11年観桜会入苑証　「観桜会録」大正11年，第14号　宮内庁宮内公文書館所蔵……117
図30　大正14年観桜会入苑証　「観桜会録」大正14年，第2号　宮内庁宮内公文書館所蔵……117
図31　明治17年観菊会後日拝観召状　「観菊会録」明治17年，第4号　宮内庁宮内公文書館所蔵……118
図32　明治24年観菊会板垣退助夫妻宛後日拝観召状　「観菊会録」明治24年，第1号　宮内庁宮内公文書館所蔵……118
図33　観桜会用自動車識別表　「観桜会録」昭和8年，第3号　宮内庁宮内公文書館所蔵…119
図34　観菊会用自動車識別表　「観菊会録」昭和8年，第4号　宮内庁宮内公文書館所蔵…119
図35　明治天皇　御着用軍服　明治神宮所蔵……123
図36　黒木半之助「芝浜離宮ニ両陛下観桜ノ宴ヲ御開催之光景」　岡コレクション　川崎市市民ミュージアム所蔵……123
図37　中沢弘光「観菊会」　聖徳記念絵画館所蔵……125
図38　鏑木清方「初雁の御歌」　聖徳記念絵画館所蔵……130
図39　守正王妃伊都子（梨本宮）　大久保利謙監修『日本の肖像―旧皇族・華族秘蔵アルバム第十二巻　旧皇族・閑院家 旧皇族・東久邇家 旧皇族・梨本家―』毎日新聞社，平成3年……134
図40　大正8年観菊会に参苑した婦人　『読売新聞』大正8年11月22日付……135
図41　昭和3年観桜会での昭和天皇と香淳皇后　「内匠寮雑　五　振天府，旧病院工事，観桜会（写真帳）／大正・昭和」　宮内庁宮内公文書館所蔵……135
図42　白襟紋付を着用した多数の女性招待客　「内匠寮雑　五　振天府，旧病院工事，観桜会（写真帳）／大正・昭和」　宮内庁宮内公文書館所蔵……151
図43　観菊会に召された浜口雄幸一家　浜口富士子編著『随感録　浜口雄幸遺稿』三省堂昭和6年　国立国会図書館所蔵……151
図44　明治42年観菊会仮立食所　「菊花写真帖」　宮内庁書陵部所蔵……165
図45　明治37年観菊会仮立食所①　「菊花写真帖」　宮内庁書陵部所蔵……165
図46　明治37年観菊会仮立食所②　「菊花写真帖」　宮内庁書陵部所蔵……165
図47　大正期観菊会 立食所／仮御茶屋と招待客の席　「内匠寮　壱　観菊会，菊の写真（写真帳）／大正・昭和」　宮内庁宮内公文書館所蔵……166
図48　大正期観菊会 招待客の席　「内匠寮　壱　観菊会，菊の写真（写真帳）／大正・昭和」宮内庁宮内公文書館所蔵……166
図49　大正6年新宿御苑略図……167
図50　大正11年観桜会新宿御苑略図……167
図51　昭和5年観桜会新宿御苑略図……169
図52　昭和5年観菊会新宿御苑略図……169

図 53　昭和 8 年観菊会新宿御苑略図……172
図 54　昭和 11 年観桜会新宿御苑略図……172
図 55　立食所／仮御茶屋「内匠寮　弐　観菊会，名古屋城（写真帳）／大正・昭和」宮内庁宮内公文書館所蔵……174
図 56　仮立食所「観桜会関係　観桜会立食所中央外部（写真）／大正 8 年」宮内庁宮内公文書館所蔵……174
図 57　大正 15 年観桜会仮御茶屋「内匠寮雑　四　大正 15 観桜会，旧秩父宮邸工事，伏見櫓ほか石垣改修（写真帳）／大正・昭和」宮内庁宮内公文書館所蔵……174
図 58　昭和 3 年観桜会仮御茶屋「内匠寮雑　五　振天府，旧病院工事，観桜会（写真帳）／大正・昭和」宮内庁宮内公文書館所蔵……175
図 59　昭和 4 年観桜会仮御茶屋と喫茶所「内匠寮雑　六　御茶屋（霜錦亭），観桜会（写真帳）大正・昭和」宮内庁宮内公文書館所蔵……175
図 60　昭和 5 年観菊会仮御茶屋「内匠寮雑　八　花陰亭家具類，旧高松宮邸工事中，旧庁舎，現庁舎基礎工事，宮家喪儀（写真帳）／大正・昭和」宮内庁宮内公文書館所蔵……175
図 61　昭和 3 年観桜会「内匠寮雑　五　振天府，旧病院工事，観桜会（写真帳）／大正・昭和」宮内庁宮内公文書館所蔵……177
図 62　仮御茶屋を後にする昭和天皇（昭和 4 年観桜会）「内匠寮雑　六　御茶屋（霜錦亭），観桜会（写真帳）大正・昭和」宮内庁宮内公文書館所蔵……180
図 63　昭和 3 年観桜会 演奏する軍楽隊「内匠寮雑　五　振天府，旧病院工事，観桜会（写真帳）／大正・昭和」宮内庁宮内公文書館所蔵……193
図 64　大造菊花壇「菊花写真帖」宮内庁書陵部所蔵……211
図 65　厚物「内匠寮　壱　観菊会，菊の写真（写真帳）／大正・昭和」宮内庁宮内公文書館所蔵……211
図 66　一文字菊「内匠寮　壱　観菊会，菊の写真（写真帳）／大正・昭和」宮内庁宮内公文書館所蔵……211
図 67　管物菊「内匠寮　壱　観菊会，菊の写真（写真帳）／大正・昭和」宮内庁宮内公文書館所蔵……212
図 68　江戸菊「内匠寮　壱　観菊会，菊の写真（写真帳）／大正・昭和」宮内庁宮内公文書館所蔵……212
図 69　嵯峨菊「写真（観菊会・宮殿・吹上御苑他）／大正 4 年」宮内庁宮内公文書館所蔵……212
図 70　接分花壇「菊花写真帖」宮内庁書陵部所蔵……213
図 71　懸崖「内匠寮　壱　観菊会，菊の写真（写真帳）／大正・昭和」宮内庁宮内公文書館所蔵……213
図 72　萩御茶屋脇中菊花壇　東京都立中央図書館特別文庫室所蔵……214
図 73　御苑を散策する招待客①「内匠寮雑　五　振天府，旧病院工事，観桜会（写真帳）／大正・昭和」宮内庁宮内公文書館所蔵……229
図 74　御苑を散策する招待客②「内匠寮雑　五　振天府，旧病院工事，観桜会（写真帳）／大正・昭和」宮内庁宮内公文書館所蔵……229
図 75　喫茶所に集う招待客「内匠寮雑　六　御茶屋（霜錦亭），観桜会（写真帳）／大正・昭和」宮内庁宮内公文書館所蔵……230
図 76　園遊会での大隈重信　早稲田大学大学史資料センター所蔵……246
図 77　園遊会（大隈信常等，大隈邸テント）　早稲田大学大学史資料センター所蔵……246

図78　大隈邸の園遊会　Ogawa, Kazumasa, *Souvenir of a Garden Party at Waseda,* Yokohama, Kelly & Walsh, 1898. ……*248*
図79　大隈邸の江戸菊花壇①　Ogawa, Kazumasa, *Souvenir of a Garden Party at Waseda,* Yokohama, Kelly & Walsh, 1898. ……*248*
図80　大隈邸の江戸菊花壇②　Ogawa, Kazumasa, *Souvenir of a Garden Party at Waseda,* Yokohama, Kelly & Walsh, 1898. ……*249*